一起高潮

從無性關係到極致性愛，在生活中創造屬於你們的愉悅

COME TOGETHER

Emily Nagoski PhD

艾蜜莉．納高斯基 著　廖桓偉 譯

目錄
CONTENTS

獻給 rstevens，我那說也說不清的另一半。

引言

你無法被「修好」，因為……

從前從前（大約二〇一四年），我寫了《性愛好科學》（*Come as You Are*），這本書在談的是女性性愛幸福的科學。諷刺的是，每天思考、閱讀和寫作性愛相關內容的過程，讓我壓力很大，反而沒有真正去做愛的興致。

好幾個月都沒做。

即使我很有罪惡感，我的伴侶仍非常有耐心且體貼。然後這本書就出版了！我到處宣傳這本書，遊歷各地，跟所有願意聽女性性愛幸福科學的人談話，當我結束旅程回家時，試著跟伴侶建立性聯繫，但大多數時間我都是上床……睡覺。

然後又好幾個月！都沒做!!

這種狀況持續很久，以至於最後我跟伴侶還有「性慾的自我」疏遠了，疲勞、壓力、健康問題和存在危機，把我擊垮、令我失控，而這似乎是我經過一波又一波的反性慾日常生活後，所招致的結果。

我想念性愛。我想念跟伴侶的聯繫，也想念那個享受性慾的自己。

我是那種想要跟某個特定對象發展性聯繫、一直到老為止的人。我希望到我們九十五歲時，還依偎在一起邊互舔、邊傻笑，假如我們有幸活這麼久的話。

而且我並不孤單——所以才會有這麼多書籍、文章和建議，提供給想知道該怎麼在長期關係中擁有快樂性生活的情侶。我們大多數人在維持這種聯繫時，都會在某個時點遇到難關，而人人都想找到解方。

身為愛好科學的性教育者，當我想解決我自己的性愛難題時，我有個很「書呆子」的方法：直接投入同儕審查研究。而我在研究中發現的事情，跟所有普遍（但錯誤）的「維持火花」說法互相矛盾。優良的長期關係該是什麼樣子？你腦海裡可能有畫面——這些人的性愛類型是什麼？他們有多常做愛？他們在哪裡做、什麼時候做？他們做的時候是什麼感覺？

沒想到，上述這些事情大概都是錯的。

你覺得很棒的長期性愛的關鍵是什麼？有些人覺得是頻率，但並非如此[1]。性愛頻率和性愛或關係滿意度之間幾乎沒有關係。所有人都很難經常做愛，因為我們都很忙。

有些人覺得是新奇和冒險，但也不是。而且也不是高潮、性愛體位、性行為變化，或其他任何東西。真的假的？能夠預先決定性愛和關係滿意度的「性行為」，其實只有做愛之後的摟抱[2]。你可能很享受（或不享受）狂野而原始的性愛，但對大多數人而言，這並不能促成令人滿意的長期性生活。

你以為令人滿意的長期性愛，關鍵在於是不是單一配偶？有沒有看色情片？性癖是否奇怪[3]？

答案並非如此。這些只是人們在性愛和情緒方面不同的處世之道，至於它們對你有沒有用，就是個人經驗了。不管哪種方法，都可能會讓性愛更棒或更糟。

很多人以為重點在於吸引力、長得好看（符合傳統審美觀）或擁有完美的關係或肉體，又或是「技巧」，例如很懂怎麼幫伴侶口交。但這些東西都無法預先決定很棒的長期性愛。「技巧很好的愛人」這個概念是個迷思，除非你試著認真要求對方實踐BDSM[i]，像是窒息式性愛；否則，你唯一需要的技巧，就是同時關注「你的伴侶」和「自身內在體驗」的能力[4]。

或許最重要的是，人們認為這是一種突如其來的性衝動，那種炙熱難耐的慾望，讓人不斷想把舌頭伸進彼此的嘴裡。當人們談到那個我們都想維持的「火花」時，通常指的是這個。

科學告訴我，維持長期聯繫的情侶有三個必備特質，而且可能跟你想像的不一樣。我樂意一開始就告訴你結論。能夠維持深厚性聯繫（sexual connection）的三個伴侶關係特質是：

1. 他們是朋友——更準確地說，他們信任和欣賞彼此。
2. 他們以性愛為優先——也就是說，他們認為性愛對他們的關係很重要。
3. 他們不會接受別人對於「你們交往時該怎麼做愛」的意見，反而以他們的真實感受，以及對他們的獨特關係有用的方法為優先。

---

i 編按：束縛與調教、支配與服從、施虐與受虐等，一系列涉及身體和心理方面的互動和角色扮演。

那麼這些以性愛為優先、讓彼此優先於預設性愛觀念的「朋友」，會怎麼做呢？

他們會共同創造一個脈絡，讓自己更容易獲得愉悅感。

就這樣。

我觀察到模式之後，頓時覺得它好自在、好寬容，而且非常可行，所以我想分享給所有人。於是我寫了這本書，解釋這個跟長期關係中的性愛有關、意外單純的真相，並提供具體、特定的方法，盡可能提高任何快樂的長期性聯繫中的潛在性慾。

這本書代表了我數十年的性教育者經驗、十年的研究文獻發展，以及十年的婚姻——期間我與伴侶的性聯繫起起伏伏。

你可能處於單一配偶的伴侶關係、開放式關係，或是忠誠的「三人行」（thruple）、「多人行」（multuple，這個名詞是我編的，但聽起來很順耳對吧？）或多邊戀（poly-cule）；或許你處於一段長期關係中，但性聯繫沒有持續下去，而你想了解為什麼會發生這種事、該怎麼預防未來再度發生；或許你尚未進入一段長期關係，但你有這樣的想法，想知道該怎麼從第一天就建立能持續下去的性聯繫。如果你是有血有肉的人類，想知道更多知識，讓你能跟長期交往的對象一起享受很棒、超棒、霹靂無敵棒、棒到能毀滅宇宙的性愛，那麼這本書很適合你。

本書承諾：**你將學到現實生活中優良的長期性愛是什麼模樣，該怎麼在自己的生活中創造它，以及出現難關時該怎麼辦**——畢竟，你絕對會遇到難關。

該怎麼使用這本書

我二十五年的性教育者生涯教會我一件事：人們渴望簡單、按部就班的指示，幫助他們擺脫現狀、達成他們想要的目標；而這些指示，必須用一系列定義明確且可預測的階段來表達。

有時候人們拿起這種書時，就已經等不及想知道他們的特定處境有什麼解答，他們希望我只要解釋該怎麼做就好。

「快點修好它啦！」他們對著這本書大叫。

我感同身受。我當時也這樣對著自己大吼。

但是，**我無法教你怎麼「修好」你的性能力……因為你沒有壞掉**。

你不該把你的性能力想成必須修正的問題，而是要想成一片花園——這是在《性愛好科學》中貫串整本書的隱喻：從你出生的那天起，就得到一片嶄新、豐饒、肥沃的土地——你的性能力花園。接著你的家人立刻開始種植關於身體、性別、性愛、愉悅感、安全感和愛情的概念。你的文化是由各種野草和侵略性物種帶來的——關於「理想性愛人選」的迷思宛如隨風飄揚的種子，審美標準則宛如一束束的藤蔓，像毒藤一樣布滿籬笆和整面圍牆。

有些人很幸運，他們的家人會除掉侵略者，只種植健康、愉悅、正向的概念，所以只要照料跟收穫就好。

不過，大多數人都會踩到一些超毒的糞便，然後動彈不得。我們被迫一排排地檢查花園，審視我們發現的東西，並抉擇：哪些要留著繼續種？哪些應該拔起來、扔在堆肥上任其腐爛？

必須自己做這份苦差事，實在很不公平。畢竟我們無法挑選自己花園內的植物，這些都是我們的家人和文化種下的。沒有人等待我們給予許可，並問道：「我把這株巨大又令人窒息的『羞恥藤蔓』種在這裡ＯＫ嗎？」他們只是任其生長——有時甚至用他們的羞恥感為其施肥。

我們的花園裡有這些有毒物質，實在很不公平；我們根本沒有挑選它們。但這是一個機會，你有機會創造一種你自己選擇的性愛思維，而不是繼承自家人或文化，而且後者幾乎沒有機會讓你表達意見：什麼方法對你成長中的花園有用？

你的性能力並不是你必須解決的問題、等待治療的疾病，你的性能力是你可以栽培的花園。

我在前一本書中沒提到的是，當你決定與另一個人共同創造一座共享花園時，會發生什麼事？而且你的構想是，未來好幾年都要持續照料這座花園。

你們各自從自己的花園中帶植物來種，也協助繁殖來自伴侶花園的植物，設法讓每株植物都獲得茁壯成長的必備條件。因為你們打算要在一起好幾年，所以你們有很多時間；你們可以做實驗，如果事情沒有按照計畫發展，仍有機會修復任何無意間造成的傷害。

一開始，共享的花園可能充滿熱情，但到了某個時點，你所移植的花園內，不相稱的植物可能會令你吃不消，於是你就放棄了；或者關係當中的變化沒有提供夠好的環境，讓花園能夠茁壯成長；又或者，有其他更急迫的事情，於是花園被忽略了。這種事真的會發生，也曾發生在我身上。

隨著時間經過，我們栽培花園的能力會越來越好，將它的美麗與收穫最大化，從花園本身學習照料花園的最佳方法。幾年下來，從又短又冷的貧瘠日子，到又長又溫暖的富足日子，你會熟習它的週期。

當你用心栽培自己和與對方共享的花園時，這不只對你自己和你的性關係有益，也對世界有益。每當你拔掉這些名為「身體自我批評」或「性羞恥」的侵略性野草，你就弱化了社會的藤蔓，而你的姊妹、女兒、姪女、客戶、病人、戀人或性伴侶，也會因此更容易拔掉他們花園裡的野草。當你栽培出一座專屬於你自己的花園，種滿令你喜悅的東西，你會讓其他所有人更容易照著做。

本書的編排方式

本書分成兩個部分：在第一部，我會描述情侶如何在長期關係中維持深厚的性聯繫。我會談到性聯繫的重點是什麼、將性愛視為優先的意義是什麼、我們的大腦會怎麼促進或抑制性趣，以及該怎麼應對。我也會描述一些必要的方式，以便創造一個脈絡，更容易獲得愉悅。

在第二部，我會應用這些方法來解決長期性關係中經常出現的問題，包括關係困境和文化障礙。第二部的目標是提供實用的指南，讓你建立並維持持久的性聯繫。沒有人和我說過，而我希望大家都知道的一件事是：急躁是愉悅的大敵。即使我們無法預測未來，我們仍有很多時間可以應對性關係中的變化。

如同我過去的著作《性愛好科學》和《情緒耗竭》（*Burnout*），你會讀到一些複合角色[i]的故事。這些都是我為了舉例，而混合在一起的真實故事：不同類型的伴侶，該怎麼將本書中的資訊應用於他們的實際關係。麥克（Mike）與肯德拉（Kendra）、阿瑪（Ama）與迪（Di）、瑪格（Margot）與亨利（Henry），都不是我認識的特定人士，但這些故事是由我認識的人的故事改編而成。我運用這樣的複合角色，不只展現一對情侶生活中的某個時刻，而是一段完整的故事情節，敘述伴侶該怎麼隨著時間一起進展、改變和成長。

在附錄1中，你會找到我所謂的「可是艾蜜莉！」問題——有些人可能已經理解了科學的部分，卻不知道該怎麼將它融入自己的生活，他們就會問我這些問題。這些問題包括「可是艾蜜莉，如果問題只出在我伴侶身上呢？」或「可是艾蜜莉，我只是希望我的伴侶想要我，想要到控制不了自己！我該怎麼辦到這件事？」我在這裡的回應，將會指引你到本書（或其他書）的特定部分，幫助你找到解答。

最後，你將擁有知識與技巧，將你和長期伴侶之間的潛在性慾最大化。或許最重要的是：你將會看到我們都能取得的巨大潛力與機會，只要我們與對方決定共同創造一座花園，而且持續好幾季、好幾年。

關於科學的警告

我愛科學。我們許多人在成長過程中都接收到錯誤的說教訊息，而科學就是強力的解藥。所以這本書和我的其他著作一樣，都仰賴科學。但科學不是學習處世之道的唯一方法，而且科學就跟所有求知方式一樣，都有極限。我在所有著作都附上科學警告，但這本書中的警告比其他書更重要：

科學是人創造的，而人是時間的產物。我在搜尋包含各種不同人的研究時，為了篩掉有偏見、缺乏包容性的論文花掉的時間，比閱讀有價值的文本的時間還多。

舉例來說，關於女性性能力的研究，幾乎只談順性別女性；而且不只如此，九〇%以上參與者是白人女性的研究，會被描述成「所有女性的性能力研究」，而不是「白人女性的性能力研究」。

有一份自閉症人士的性能力研究，將自閉症人士跟「健康的對照組」相比，而且這份研究是在二〇一〇年代後期發表的，居然還沒人覺得這很荒謬、有問題（拜託，自閉症人士並不「病態」〔diseased〕）。

多邊戀和單一配偶關係很常被分開研究，好似人類的聯繫會根據關係結構而有根本性的差異。跨性別人士參與了性愛研究，而研究人員用來撰寫結果的語言，幾乎肯定會嚴重冒犯跨性別參與者。我不會在尾註納入上述例子，因為我不覺得任何人有必要讀這些研究。

直到科學變得更好之前，我無法寫出一本具有包容性、與這些研究緊密且透明地連結在一起的書。因為本書是寫給所有對於長期關係中的性愛有興趣的人，所以本書也非常仰賴與真人的對話，他們都是經驗老到的真正專家，就跟學術研究一樣。

i 譯註：composite character，由許多人共同構成一個角色。

另一個警告——這也是科學領域應該更常使用、參照的警告：我寫這本書的時候，處於一個特定的社會地位，涉及許多特權。我是白人順性別女性，來自美國東北部，擁有三個學位。我不是異性戀，但我因異性戀特權而受益。我的殘疾大部分都是看不見的，所以我因為身體健全者的特權而受益。我的年齡和身材跟其他人一樣一直在變化，但目前我不偏不倚地位於正中間——X世代[i]、身形「微胖」[5]。

儘管我的社會地位本身就有所限制，但我的目標是讓所有讀者都在本書中找到自己，所以我納入了跟我非常不同的人的故事與研究，有不同人種、宗教、種族、性別、性傾向、性愛或戀愛關係結構的人們；不同的童年和父母經驗、不同的正式教育和神經特異經驗的人們，不同身材、不同年齡、不同身體能力、不同心理健康經驗的人們。我希望我可以用公正的角度寫下他們的故事。

所以，深呼吸。準備好花一點時間探索你的花園，並弄懂這座花園需要什麼。

開始讀第一章第一頁時，提醒自己：我沒有壞掉。沒有人壞掉。**在這個不完美的世界，我們都是運用不完美的資源盡力而為**。正如被長期忽視的花園，可以透過照料重獲新生與光彩，性慾的花園也能再度開花。這本書已經為我辦到這件事，它也能為你辦到。

---

i 編按：一九六〇年代中期至一九七〇年代出生的人。

第 1 部

愉悅就是衡量標準

Pleasure Is the Measure

第一章

性愛重要嗎？

在第一部，我會介紹一種不同的性愛思維：如果我們先把「慾望」整個觀念擺一旁，並把「愉悅」和「我們該怎麼在生活中創造愉悅」視為優先事項（讓它們歸位），那會如何？無論你有多渴求或不渴求性愛、無論你有多常或不常做愛，假如你很享受現在的性愛，就代表你做得很棒。

長期關係中的優良性愛，重點不在於你多渴望或多常做愛。重點不是你做了什麼、用什麼體位、什麼時候做、在哪裡做、穿什麼衣服做，甚至也不是你高潮了幾次。重點在於你喜不喜歡。

身為伴侶，你的任務是要探索方法，共同創造一種共享的情境——一種共享的生活、聯繫、心境、相處之道——讓你能夠輕易獲得愉悅。一開始是理解性愛為什麼對你的關係很重要（也可能不重要），接著是思考你什麼時候、為什麼、該怎麼覺得性愛很舒服（也可能不舒服）。

所以性愛有多重要？

¯_(ツ)_/¯

對某些人、關係或特定脈絡來說，性愛真的很重要。但以過日子來說，性愛其實並沒有很重要，沒有人會因為沒做愛而死亡或生病[1]。就算你覺得性愛帶來的麻煩似乎比價值更多，你也沒有生病或失常；同理，就算你每天都覺得性愛非常重要，這也不是生病或失常。

無論你覺得性愛重不重要，一週都只有七天，一天只有二十四小時。沒人有更多時間，而且我們在這些時間內，還有一大堆事情要做。或許我們要照顧家人，或是要工作、完成學業、做家事、訓練狗狗大小便、管理慢性病。我們還必須睡覺、吃飯、洗澡，或許還要跟不是我們性伴侶的朋友聊天，甚至我們只是想看一下電視、然後小睡片刻。

當我自己的性生活消失時，我有一項大多數人沒有的優勢：我知道能夠維持滿意性聯繫的情侶，都認為性愛對他們的關係來說很重要，重要到他們會為了性愛而騰出時間、空間與體力。他們會放下其他事情，暫時遠離其他責任和樂趣，然後面對彼此的性慾自我。

但為什麼當我們有這麼多事情可以做的時候，我們要選擇性愛？

為什麼要做愛？

面對現實吧，性愛其實有點蠢。我們這群端莊的人，會把舌頭伸進彼此的嘴巴，用嘴巴含彼此的生殖器，像小狗一樣磨蹭肌膚、扭成一團，任由身體達到高潮，哪怕對方把一切看在眼裡。我們會彈跳、喘息、抽搐、分泌液體。既然性愛這麼蠢，放下其他事情去做愛真的值得嗎？這個世界是怎麼回事？

對某些人來說，這根本不必多想，甚至不知道這有什麼問題。假如你是那種覺得性愛非常、非常重要的人（或許你讀到「對某些人來說，性愛只是偶爾很重要而已」就會有點恐慌），千萬別害怕。你很正常！但即使你不做這件事，你也不會死掉、受傷或生病。

對另一些人來說，「為什麼要做愛」是你們私下問了自己好幾年的問題。當你讀到「性愛其實沒那麼重要」，你或許會覺得鬆一口氣，甚至覺得這證明了自己是對的，你也很正常！

無論你對「性愛其實沒有很重要」這個概念有什麼感覺，我希望你非常認真地思考一個問題：

提示：答案通常不是「高潮」。假如你想要高潮，那就高潮吧[2]，你自己就可以辦到了。可是當你想跟伴侶做，而且打算跟對方在可預見的未來維持性聯繫，你是想要什麼？

請花時間深入思考這個問題。跟這個對象做愛，會激勵和啟發你的什麼？當伴侶給你情慾上的關注時，他給了你什麼？當你接受他的碰觸，你接受了什麼？假如你們有人心想：「我只是想做愛，而且只能跟這個人做，所以……」那就思考一下：跟這個人做愛為什麼重要？如果是另一個人跟你互相撫摸，會有什麼變化？

過去幾年來，我已經問過幾百個人這個問題。在工作坊、線上活動和網路調查當中，我請大家回答這個問題，讓我更了解他們腦中浮現的意象和優先度[3]。在我的非正式調查中，「當你想跟伴侶做愛時，你是想要什麼？」這個問題的答案，通常分成四大類：聯繫、共享愉悅、被需要、自由。

1. 聯繫。最多人（而且是壓倒性多數）表示自己想要的東西是「與伴侶聯繫」。人們說的聯繫是什麼意思？你可以自己定義。但我收到的某些回應，顯示出聯繫可以是身體和情感上，或是更勝這兩方面的，例如：

「我想抱住對方，也被對方抱住，然後親熱、探索彼此的身體。」

「我想要感到自己被傾聽和照顧。」

如果聯繫是你的答案之一，那你可以再問自己：聯繫是什麼感覺？我的身、心、靈當中，哪個地方在體驗聯繫？有哪些言語或行為會增加聯繫感？

2. 共享愉悅。愉悅就跟高潮一樣，我們可以自己體驗，但人們想跟伴侶做愛的時候，可不是想要那種愉悅。最常見的情況是，我們是想要「見證伴侶的愉悅、體驗到伴侶很享受我們自己的愉悅、或是共享愉悅」。人們想要的不只是跟別人磨蹭身體的感覺，也想要「所有人都有參與其中」的愉悅感。

人們會說：

「我希望有人關心我的愉悅。」

「我想專注於我伴侶的身體——她的動作、味道、聲音和氣味。」

伴侶的愉悅，對我們來說很重要，而我們也希望自己的愉悅，對伴侶來說很重要。

3. 被需要。它被提到的次數跟愉悅一樣多。當人們想要做愛時，他們是想被伴侶需要，不只是回應我們共同創造的愉悅，也是盼望我們能夠共享愉悅：

「我想感受到伴侶喜愛、欣賞我身心的所有層面，甚至缺陷。」

「我想被認同和接受。」

其他人則形容自己想要「覺得自己有性魅力」或「覺得自己很性感」。當我跟這樣的人談話時，其實他們最想要、藏在被渴望的體驗之下的是「認可」。我們有許多人隨身帶著自己的傷痛，某種程度上讓我們以為自己沒有性魅力、甚至無法被愛，而被人渴望能夠撫慰這部分的痛苦。

有一位圍停經[i]的酷兒女性，反思自己在二十幾歲隨便跟別人做愛的經歷，這樣說道：「有一部分的我認為『沒人想上我』，而這個部分想要被人渴望。我有一種身體上的渴求，非常興奮，而性愛滿足了我這部分『必須被人渴望』的需求。」

當你跟伴侶做愛時，假如你是想覺得自己很性感／有性魅力，或是想被人渴望、抑或感到被渴望，那就再問以下這些問題：當我想要覺得自己很性感或有性魅力，我是想要什麼？「性魅力」和「被人渴望或感到被渴望」有什麼不同？

4. 自由。這是一種完全沉浸於肉慾體驗之中的感覺。人們想要一種逃離平凡日常生活帶來的感受、讓他們可以停止思考其他事情，以體驗充滿愉悅的時刻。他們想要沉醉在色慾之中，例如：

「我想讓腦袋放空、停止思考。深陷於我的伴侶，彷彿整個世界都消失了。」

「我想放鬆、交出控制權，並完全處在當下。」

但也可能出現相反的情況，應答者描述自己不想或不喜歡什麼。當人們覺得自己分心、心思飄到一百萬個地方時，就不想或不喜歡做愛；他們不想或不喜歡「表演」的壓力；不想或不喜歡感到做愛的義務。簡言之，**當人們想做愛，他們通常是想要「讓自己不想要其他東西」**。他們想要遠離壓力因素、苦惱、不滿和憂傷。他們想要走進一個充滿愉悅、容不下其他事物的空間。

「我不想做」

講個重點：有些人即使想要性愛帶來的其他事物，但仍然不想做愛。他們會說：

「我已經忘記上次我真的很想做愛是什麼時候了。」

「我很少會真的很想做愛。我覺得我以前想做的時候，我真正想要的是認同，不是性愛。」

---

i 編按：perimenopause，更年期卵巢開始衰老前的過渡期。

如果你就是這樣，讓我告訴你，沒人要求你「想做愛」！你可以透過非性愛體驗來滿足自己的需求和慾望。

人們不想做愛的理由很多。或許他們是無性戀——也就是說，他們沒有被勾起性慾的經驗，即使他們可能在戀愛或審美方面受到別人的吸引；或者，他們可能體驗過許多失望、痛苦或不想要的性愛，而他們的身心已經認為性愛不值得追求；或許他們以前體驗過性吸引力、有過很棒的性愛，但壓力太大、過於憂鬱、焦慮、沮喪或疲憊。假如你的生活沒有休息、愉悅或享樂的餘地，那麼不想做愛也很合理。

在上述情況中，下一步最好是取得你自己或伴侶的許可，讓你「不必試著想要做愛」。對無性戀者來說，這種「不必嘗試」的許可，等於是擺脫「必須的性能力」這種文化陳述——它會讓不想、不喜歡或經常做愛的人覺得自己很失敗。假如你不必再試[4]，你就永遠自由了！

對於有過許多壞經驗的人來說，你不必試著想要做愛，仍可以創造出一個環境，治癒被糟糕或不想要的性愛帶來的傷害（我在第五章會談及從受傷到痊癒的循環；在第七章直接處理創傷、忽視與虐待等問題）。試著聯繫各種愉悅感吧，先從非性愛類型的愉悅感開始——吹在你臉上的一陣微風、你喜愛的香味、一口美味的食物、或看著你最好的朋友大笑。

對於被壓垮和累垮的人來說，透過不去試著想要做愛，可以讓焦點從「我和我的伴侶該怎麼更想要做愛」，變成：「我該怎麼幫助我和伴侶獲得更多休息和幫助？」

人們回答「我不想做愛」的時候，背後有很多痛苦的故事，包括痛苦的陰道酵母菌感染、停經時所經歷的身心變化以及各種創傷經驗。諸如此類的事情會使你不想或不喜歡做愛，尤其當伴侶似乎沒有意識到，他們應該為這些歷史騰出空間、溫柔以待時。但或許最重要的是，**當人們回答自己不想、不喜歡做愛時，就透露了自己是在盡義務**，例如「我覺得自己是在盡義務，像在表演」、「我覺得不舒服，但這是義務」、「感覺就像我的伴侶只在乎自己的高潮，而我覺得我在盡義務」。

所以我在本書花了很多時間，允許大家別再試著去做愛、想要做愛或喜歡做愛，這是為了協助讀者擺脫義務的感覺，並協助伴侶認清「創造空間」的必要性——這個空間裡沒有壓力、期望或義務，每個人都多了一點自由，能夠在一個既安全又自主的情境中探索愉悅感。

自己一個人安靜地思考上述這些問題的答案，這樣當然不錯，但我鼓勵你跟伴侶（有的話）、朋友或治療師談談。人們想跟伴侶做愛時，他們想要的東西可是五花八門，近乎無限。我不曉得你想跟伴侶做愛的時候是想要什麼，但我邀你思考這個問題。

你的答案很可能會隨著時間改變，因為你的環境也會改變。現在就寫下你的答案，然後明年、五年或二十年後再回顧，看看你對自己寫的東西有什麼感覺。

瑪格與亨利

亨利自稱開放性關係的泰德・拉索（Ted Lasso，美國體育喜劇主角，樂觀的足球教練），一直都很樂觀，相信自己的信念，有自信只靠希望就能做到任何事情。他在一九八〇年代就已經結婚，而他們的婚姻總是開放給其他伴侶（無論性愛、情感或其他方面），只要他們對彼此還有愛意和熱情就好。

我想告訴你的，不是亨利跟他太太（一位很精彩的人物，有許多自己的故事）的關係，而是他跟一位沒有住一起的長期伴侶瑪格的關係。我說的「長期」是二十年，他跟瑪格相愛的時間，比我認識我老公的時間還長。

亨利認識瑪格時，瑪格剛結束一段痛苦的婚姻。一開始她很樂意當「次要者」（secondary），也就是她的交往對象已經有別人能滿足所有實際需求、有別人能夠養小孩和做家事，所以她可以只跟他一起享樂就好。

他們在一起越久，彼此的生活就越交織……所以身為額外伴侶的瑪格，逐漸不再那麼像小三了。她幫他帶小孩、帶孫子，他也幫她帶小孩、帶孫子（只有一些小孩察覺他們的性聯繫，但沒有孫子察覺。關於向自己的子孫公開非單一配偶關係，不同人會有不同選擇）。

因為他們沒有住在同一個屋簷下，所以他們的性聯繫多半是發生於罕見、特殊的週末，將自己隔絕於其他責任之外。他們通常會開幾個小時的車，到一間美麗的度假村，在地理上真正遠離一切，只為了享受一個恢復精力、治癒、有趣、既開心又愉悅的週末。你可能會想像，這樣應該能自動創造一個環境，讓他們很輕易就想做愛、喜歡做愛。

那你就錯了。

打從他們的故事開始時，瑪格的生活就已經很複雜了，因為她上一段婚姻有個子女已經成年，同時還要養育一個有特殊需求的小孩。瑪格不但要照顧小孩，也要提供情感方面的支持，而且她的兒子和孫子可能搬來跟她住，所以她還得預先準備。這實在是太辛苦了。

就算在輕鬆的情況下，開放式關係還是需要許多愛、慷慨、時間和合作，才能創造一個情境，讓兩人能離家兩個晚上，所以瑪格很感激亨利的大老婆，也很感激自己的大老公，他已經承擔了許多家庭責任；同時，她也感激其他所有促成這個平靜週末的人……有這麼多人幫忙，而還是無法獲得他們想促成的平靜和愉悅，這種感激之情還真是意外地沉重。

瑪格不只把她所有壓力和憂慮都帶到美麗的度假村，還加上自己的罪惡感和痛苦，因為她在這個特別的時光無法擺脫所有事情、只專注在亨利身上；可是所有人都非常努力替她創造這個時光。她覺得自己不只虧欠亨利，也虧欠自己，和所有在她不在家時，替她照料一切的人。

而且因為他們只有兩晚，她想盡快產生「性致」，但這反而使她有壓力。除了壓力之外，她感受不到任何東西。

樂觀的亨利建議：想做愛的時候，只要講清楚他們想要什麼就好。

這對亨利來說很簡單：「嗯，我當然想要性愛的歡愉——身體溫暖、又熱又濕又跳地滾來滾去。但我也喜歡讓愉悅感淹沒我們，我喜歡看著你興奮起來，我喜歡你拋開一切，像個頹廢的享樂主義者一樣狂歡作樂，宛如傑瑞米·邊沁（Jeremy Bentham）[i]語中的『滿足的豬』、純粹的愉悅、激烈到足以抗衡充滿紀律的人生。而且我喜歡跟你一起達到『那裡』，就像是在過我們所能想像的最棒假期，很自由、美妙、淫蕩，而這就是我們。這就是性愛對我而言很重要的原因。你呢？」

「先別提什麼『滿足的豬』，」瑪格說道：「性愛對我很重要的原因是什麼？我為什麼要花時間跟你做愛，而不是做其他事情？這主要是為了和你在一起。你很輕易就能抵達『那裡』，而我也想跟隨你的腳步。你說你是跟我一起抵達的，但其實都是你告訴我方法而已。這才是問題所在，不是嗎？究竟為什麼要去『那裡』？」

「『那裡』指的是無拘無束的愉悅感。」亨利補充。

「為什麼要達到無拘無束的愉悅感？」瑪格很疑惑。「老實說，我只知道這樣對我很好。我雙手和關節的疼痛會一次消失好幾分鐘，我感覺自己活在當下，於這具我仍不熟悉的軀體中。我感覺自己被人的聯繫所支撐，而且這種方式是無法複製的。我們就像在熱氣球上一絲不掛，而我重回二十三歲，遇到的都是好事、沒有壞事。而當我們回到地球，我會帶著一些這種感受，跟我一起度過以後的日子。」

「這很重要。」亨利說道。

「沒錯，」瑪格同意：「這確實能驅使我去為我們擬定計畫、為我們付出。但我不會說這讓我更容易從生活中抽離，或是不再覺得對你或所有人有義務、不再有特定的感受。」

別擔心，下次我們在第四章見到他們的時候，他們已經弄懂這個部分了。

順帶一提：二十世紀中期的流行樂和民謠裡的「亨利」真的多到嚇人。有一首歌叫〈跟我一起滾動吧，亨利〉（Roll with Me, Henry），有時會被唱成「跟我一起跳舞吧，亨利」；此外還有

〈我是亨利八世，我是〉（I'm Henry VIII, I Am）、所有關於約翰・亨利（John Henry）的民謠——以及瑪格最愛的〈喔，亨利〉（Oh, Henry），一首斯卡風格的波普爵士樂，由米莉・史莫（Millie Small）演唱，講述一隻流浪小狗跟著歌手回家的故事。

最後，若不提及這一點，我的對話描述將有所遺漏——他們在談話進行到一半時，曾特意停下來播放這首歌，在飯店房間裡跳舞，輪流切換 pony、hitchhiker 和 swim[ii] 這幾種舞步。

我見證了長輩們的智慧，感到既敬畏又感激。

油門與剎車

藉由回答「當我想做愛時，我真正想要的是什麼？」，你就能建立一種概念：你甘願為了做愛而不看電視的理由是什麼？假如我們知道為什麼跟伴侶做愛很重要，接著就能專心思考：該怎麼創造一個框架來辦到這件事？

性愛究竟重不重要，你的大腦對比其實很有意見。這是基於一種大腦機制所致，讀過《性愛好科學》的朋友都很熟悉。第一次得知這件事時，會感覺很具有啟發性，但一旦懂了之後，你會覺得

---

i 編按：英國哲學家。
ii 編按：皆為一九六〇年代的流行舞步。

自己其實一直都明白此事。

事情是這樣的：**管理性反應的大腦機制有兩個部分：油門與剎車**。油門會察覺環境中所有跟性愛有關的刺激物——一切你所看到、聽到、聞到、碰到、嚐到、想到、相信或想像的事物，加上你體內所有跟性愛有關的感覺——而它會傳遞出「性」奮的訊號，這種訊號我們許多人都很熟悉，它無時無刻都在潛意識運作。所有類型的事物都可能啟動這個油門，包括伴侶的聲音、看見性感的身體部位，或看著對方做某件跟性愛無關的事情，使你很欣賞他，覺得能當他的伴侶真是幸運……「當我想做愛，我真正想要的是什麼？」這個問題的答案，其實很多都能夠啟動這個油門。

至於剎車，則會察覺所有不要「性奮」的好理由——一切你所看到、聽到、聞到、碰到、嚐到、想到、相信或想像的事物，加上體內被大腦視為潛在威脅的感覺——然後傳遞「冷靜下來」的訊號，這個剎車也無時無刻都在潛意識中運作。所有類型的事物都可能拉緊剎車，包括關係衝突、壓力、精疲力竭、創傷、身體意象問題、性愛方面的負面文化訊息、擔心被小孩打斷、床笫之間的惱人摩擦等。

任何特定時刻的性興奮程度，都是「油門啟動多少」和「剎車拉多緊」之間的平衡。

當人們在性功能的任何層面遇到困難（無論是高潮、慾望、興奮或愉悅），有時是因為油門受到的刺激不夠。我有一位老友，已婚、有兩個小孩，跟她的伴侶溝通非常融洽；她用不同的角度思考「想做愛時，我是想要什麼？」這個問題。她問道：「什麼樣的性愛，值得我不去做其他事情？」她思考這個問題之後，跟伴侶說：「我真正喜歡的是你有時候會拉我的頭髮，尤其是當你從後面幹我的時候，你知道嗎？」

這時，她的伴侶怎麼回答？他說：「哦！好耶！這個我會！」她這麼直言不諱，有困擾到他嗎？他有感到被批判或評斷嗎？才沒有呢，因為他只聽到自己已經做得很好的事情被稱讚了。

有時就是這麼單純。

但是，通常情況沒有這麼單純。**問題之所以存在，通常不是因為油門缺乏刺激，而是因為剎車受到太多刺激**。剎車啟動了，因為對你的大腦而言，此刻性愛並非優先事項。

這意味著你感到不興奮、沒慾望、不愉悅，都很正常。你可能擔心財務或小孩；你可能工作壓力很大；你可能正在與伴侶爭執；你可能覺得你有義務做愛來滿足伴侶，但其實你比較想邊摺衣服、邊聽 Podcast；或者你覺得性愛很痛苦、無聊或不愉快。這很正常！沒有失常！性反應方面的問題都可以透過改變情境來修正。

試著問自己這些問題：

- 什麼東西會啟動油門？這些東西會增加性愛的興奮、愉悅和興致。
- 什麼東西會拉緊剎車？這些東西會減少性愛的興奮、愉悅和興致。
- 該怎麼創造能幫助你催油門，甚至還能放鬆剎車的情境？

請隨意、不假思索地寫下你覺得能幫助你放鬆剎車、催油門的東西。

我在工作坊和研討會中請大家寫這些清單，至今已有十年以上的經驗。表1是他們說出的一點意見，提供給你腦力激盪。

如你所見，有些東西對某些人來說能催動油門，對其他人來說卻是踩了剎車。對某些人來說，與伴侶做愛時，如果有被打斷的可能性，那就是一種剎車；但他們自慰時，幻想這種風險反而讓人「性奮」。

你可以再問自己和伴侶一個問題：當你回想以前能夠輕易愉悅起來的時光，你當時對工作、財務、家庭或世界局勢有什麼感受？

許多人，尤其是性愛方面有困難的人，通常能夠列出一大堆拉緊剎車的東西（小孩！工作！我伴侶的父母！錢！新聞！我好累！），但接著他們就任由自己被妨礙，只試著去想像能夠催油門的東西。無論什麼時刻，假如你覺得自己卡住了，不妨**回想你曾有過的正面性經驗或性幻想，並思考這種經驗或幻想為何對你有用**，這樣通常會有幫助。

有時候，你對於「如何組成一個美好性感情境」的假設，轉換到現實生活時不一定會如你所預期。我認識一對年長的同性戀情侶，他們許下新年新希望，決定每天都要做愛。他們認為每二十四小時就有一次性聯繫，能讓「火花」持續。一開始確實是這樣，他們嘗試了新事物，還一起探索與實驗。但在幾週後，他們就被一種感覺壓垮了：性愛是一件家事，他們只是在交差而非享受，而這都是因為這個計畫是他們自己決定的。他們在無意間創造出一種情境，讓自己覺得做愛是一種義務，而「覺得有義務」是最普遍的剎車之一。

表1　可能影響油門和剎車的因素

可能催動油門的東西	可能拉緊剎車的東西
● 非性愛的碰觸 ● 各種類型的親密 ● 信任——既信任伴侶、也感到被伴侶信任 ● 壓力——腎上腺素、戰或逃反應、感到寂寞 ● 調情和深情的逗弄 ● 智識或情感上的親密對話 ● 知道擁有的時間很足夠 ● 跟伴侶一起享受放鬆的時光 ● 聊性愛 ● 伴侶的熱情／知道伴侶想要做愛 ● 可能被「逮到」的刺激感 ● 穿性感的衣服／看到伴侶穿性感的衣服 ● 可能被無意間聽到的刺激感	● 疼痛 ● 焦慮或憂鬱（或兩者皆有） ● 外在壓力／期望／義務或職責的感覺 ● 壓力——被壓垮、耗損、對任何事情都感到挫折，包括性愛 ● 覺得厭倦／精疲力竭／疲勞 ● 缺乏情感聯繫 ● 覺得匆忙／覺得伴侶沒耐心 ● 覺得受到操縱或壓力才做愛 ● 聊性愛 ● 不覺得伴侶想要做 ● 分心／想到別的事情 ● 擔心可能被打斷 ● 擔心身體意象 ● 擔心別人無意間聽見

於是，他們把「每天做愛」改成「每天只做點清淡的東西，但每週選定一天，那天什麼都能做」。所謂「清淡的東西」，多半指非生殖器的碰觸，他們可以親吻、愛撫、碰觸、摩擦，但不口交、不手交（handjob）、生殖器不接觸。這樣有趣多了，因為這些「清淡」的日子就像長達一週的前戲，一直延續到「什麼都能做」的那一天。

像這樣的實驗，證明最佳的性愛建議並非來自書中，而是來自你們運用油門和剎車知識的方式、彼此想要和喜歡怎樣的性愛，以及你們彼此溝通這些事情的方式。

舉一個我很喜歡的例子：有一名女性，跟她老公還有三個小孩，總是到同一個地中海小鎮度假，每年都租同一棟既古老又美麗的住宿。他們在度假時做愛總是很開心。有一年，他們沒租到平常這棟住宿，但別擔心，他們租到的另一棟也很漂亮。但是這一年……做愛的感覺卻很普通！怎麼回事？

收假回家之後，她跟老公仔細思考兩棟房子的內在體驗，然後明白了一個簡單的道理：他們平常那間度假屋太古老，床是固定在牆邊的！所以那張床既不會嘎吱作響、也不會顛簸，他們就不必擔心吵醒小孩、導致過程被打斷！少了那件令人分心的事情，他們就能自由地享受兩人時光，不必一直分神去控制噪音。不會嘎吱作響的床，居然成了美妙性愛的關鍵。

面對困境時，這對夫妻沒有擔心和羞恥，而是兩人一起抱持好奇心。而且沒想到，這居然成為解決性愛問題的必要方法之一。他們不是問：「哪裡出了問題？」而是改問：「什麼東西在拉緊剎車？」

這個故事有個曲折但快樂的結局，後來，他們自己蓋了每天住的房子（不是度假屋），並把床固定在主臥室的牆邊。

我永遠不會想到要建議某人，要像古老的地中海房子一樣，將床固定在牆邊。若要找到這個解方，你必須了解你為什麼要做愛，以及你有時為什麼不做。

▲地中海有些老房子的床，是固定在牆邊的，不會發出嘎吱噪音。

第一章懶人包

- 人們想要做愛的時候，不只是想要高潮而已，也想要聯繫、愉悅、感覺被需要，以及一種擺脫平凡生活的自由感受。
- 有些人基於各種理由，可能不想做愛。這種情況下可以問自己一個好問題：「當我不想做愛時，我是不想要什麼？」
- 你的大腦有一個性愛油門，會傳遞「性」奮的訊號來回應任何性愛相關刺激；同時也有一個性愛剎車，會傳遞「冷靜下來」的訊號來回應任何受到的威脅。當人們經歷性愛困境，有時是因為油門受到的刺激不夠，但更常見的原因是剎車受到的刺激太多。

一些好問題

- 當我想要做愛的時候，我是想要什麼？
- 當我喜歡做愛的時候，我是喜歡什麼？
- 什麼東西會啟動我的油門？
- 什麼東西會拉緊我的剎車？
- 什麼情境可以鬆開我的剎車？

第二章

火花不是重點，愉悅才是

在大學時期，剛開始進入較長期的性關係時，我曾經相信一種老派說法——我認為我們很多人都被教導過——關於慾望是如何運作的。他人告訴我們，重點在於關係早期的熱情和火花，而這或許會持續個幾年；接著，我們會生小孩、買一棟待修的房子，或是忙於工作和生活，然後火花逐漸熄滅（尤其過了五十歲以後），我們的荷爾蒙似乎會隨著歲月流逝，使我們失去性趣，只能攜手望向夕陽。別人告訴我們，我們的選項，只有接受性慾火花逐漸熄滅，或者起身反抗，也就是投入時間、關注、甚至金錢來維持這份火花。

嗯，沒想到這段陳述每一個部分都錯誤百出，甚至本末倒置。有很多談論長期性關係的書籍，都在談該如何「維持火花」，這個論述也非常本末倒置。它們實在太「二十世紀」了，對於性愛與演化有著頑固的「性別腳本」，以及過度簡化到令人難堪的觀念。

我將這種執迷不悟的糟糕想法，稱為「慾望教條」（desire imperative）[1]。慾望教條這麼說：

- 剛開始一段性關係或戀愛關係時，我們應該會感到火花——一種自發且飄飄然的渴求，想跟我們的（潛在）伴侶親熱，甚至有種痴迷的感覺。
- 在關係剛開始時感到火花般的慾望，是正確、最佳、健康、正常的慾望類型，假如我們沒有這種慾望，就沒有任何東西是值得擁有的。
- 假如我們必須為性生活做任何準備或規劃，那表示我們「不夠」想要性。
- 假如我們的伴侶並不是自發地（沒有任何努力或準備、經常且突然地）想要我們，那就代表他們「不夠」想要我們。

慾望教條將慾望視為決定性愛幸福的中心。它告訴我們，體驗慾望的正確方式只有一種，沒有照這個方式的話，其他事情都不重要，所以人人都對性慾感到擔憂。如果慾望改變或似乎消失了，大家就會擔心是不是出錯了。這是情侶尋求性愛治療最常見的理由。

這就是慾望教條的諷刺之處：難道光是擔心火花，就能啟動油門、讓自己更容易想要、更喜歡做愛嗎？剛好相反，擔憂多半是剎車、讓性愛更加遙不可及。

但還有另一條路可走：以愉悅為中心。

慾望不是重點，重點不是熱情和維持火花。

愉悅（pleasure）才是重點。

請以愉悅為中心，因為優良的長期性愛，重點不在於你有多想做愛，而是你有多喜歡現在的性愛。我會再三強調這件事，因為我們已經花了太多歲月深陷於慾望教條之中，就連懂比較多的人（包括我！）都可能默默回頭為慾望擔憂。

愉悅和慾望有個很實用的類比，我跟性治療師克莉絲汀．海德（Christine Hyde）學來的：

想像你最好的朋友邀請你去派對。你答應了，因為他是你最好的朋友，而且，有派對你當然要去！

隨著日期接近，你開始擔憂：唉，我們要安排保母……路上一定會大塞車……剛結束漫長的一週，我真的還要把自己塞進派對服裝裡嗎？

但你已經說你會去了，於是你安排保母，忍受塞車，穿上派對服裝——或許你甚至一邊隨著音樂起舞、一邊修剪耳毛和鼻毛，接著塗上亮粉、穿上厚底高跟鞋。

你在派對現身。

然後發生什麼事？

你通常都會在派對玩得很開心！

如果每個人在派對上都玩得很開心，你就做對了。

這個派對隱喻既溫和又簡單地解釋了一件事：**性愛滿意度的重點不在於「火花」，而在於「用你覺得對你和伴侶都值得的方式來聯繫」**。更簡單的解釋方法是：愉悅就是衡量標準（pleasure is the measure）。

愉悅是性愛幸福的衡量標準。就跟我在引言中講的一樣，優良的長期性愛，重點不在於你有多常做愛、在哪裡做、跟誰做、用什麼體位、高潮幾次，甚至也不在於你有多麼期待，而是你有多喜歡現在的性愛。

在本章中，我們要釐清「愉悅」和「慾望」的意思，接著我會說明為什麼要將愉悅視為決定性愛幸福的中心，並將慾望邊緣化。到本章結尾時，我希望你開始察覺自己是什麼時候開始擔心（你和伴侶的）慾望，並改變想法：「啊！慾望教條又來了，這倒是提醒了我，要以愉悅為中心。」

自發式vs.反應式慾望

若要改變我們對慾望和愉悅的想法，有個簡單的起點，就是去了解性愛研究者和治療師對於慾望的說法。他們把慾望教條中的火花稱為「自發式慾望」（spontaneous desire），而它是一種體驗性慾的正常方式，但跟優良的長期性關係無關。

他們也描述了「反應式慾望」（responsive desire），它不是火花般的感受，而是抱持開放態度探索愉悅感，看看它會怎麼發展。它的形式通常是「排好行程」的性愛，也就是你事先計畫、準備、打扮、找好保母，然後才現身。躺到床上，讓你和伴侶的肌膚互相碰觸，然後你的身體就醒了！你的身體說：「哦，這就對了！我喜歡這樣！我很喜歡這個人！」**盼望愉悅感時會出現自發式慾望，而回應愉悅感時會出現反應式慾望**。

兩種都很正常，沒有哪種比較好……但只有反應式慾望跟優良的長期性愛有關[2]。反應式慾望不是熱情、不是火花，而是愉悅、信任和相互性。這就是將愉悅置於火花之上的基本實證理由。

那麼，什麼是愉悅？

愉悅就是脈絡當中的體感

愉悅是性愛幸福的衡量標準——也就是你喜不喜歡現在的性愛，愉悅就是衡量標準。那麼愉悅到底是什麼？

這個感覺好嗎？有多好？糟嗎？有多糟？

就這樣而已。就判斷一種感覺舒不舒適而言，愉悅應該是世上最單純的東西。下次吃你最愛的食物時，請留意愉悅是什麼感覺——食物的外觀、質感、香味和口味。請留意愉悅對你身體形成的影響。

愉悅其實很單純，但這不代表它一定很容易辦到。我們被灌輸了關於愉悅本質的謊言，正如我們被灌輸了關於慾望本質的謊言。別人告訴我們，性愉悅應該既容易又明白，如果並非如此，那就是哪裡出錯了。對某些人來說，體驗愉悅就像在找《威利在哪裡》（*Where's Wally?*）當中的威利：實在太令人挫折了，不禁開始懷疑自己為什麼要找。

別人告訴我們，愉悅來自「被對的人以對的方式碰觸對的地方」，而如果那個人碰你那個地方，你有時很舒服、有時卻沒有很舒服，那就是有問題。這些謊言出現於電影、戀愛小說和色情片，主角可能剛逃離反派的魔掌、甚至只是被生活累死和壓垮，但伴侶A碰了伴侶B身體上的「神奇開關」，然後其他事情都不重要了，伴侶B膝蓋軟掉，兩人的生殖器有如通電。

假如愉悅對你的作用是這樣，那當然很棒。

但對其他人來說，**愉悅並不是「用對的方式碰觸對的地方」，而是「在對的外在環境和內在狀態之下，被對的人在對的時間以對的方式碰對的地方」**。簡言之：就是對的脈絡中的整體感受。

一個簡單的例子就是搔癢。不是每個人都喜歡被搔癢，但你能想像一個場景：一對情侶在嬉鬧且情色的氛圍中已經興奮起來，而伴侶A搔癢伴侶B，感覺很舒服！但假如同樣一對情侶正在為了錢吵架，而A試著搔癢B，這樣會很舒服嗎？還是說，B只會想揍人，而不是依偎著對方？

因為愉悅是對的脈絡中的整體感受，這意味著任何感覺很好、很棒、很舒服、還好、很糟的感受，都取決於你體驗時的脈絡。

有意識的愉悅跟有意識的疼痛不一樣。因為疼痛是危險訊號、警告我們可能不安全，所以它在我們的大腦中是優先的。

愉悅可能有回饋感，但考慮到我們的基本生存需求，疼痛是最優先的。疼痛是個粗魯的顧客，堅持引起你的注意：「喂！喂！聽我說！出問題了！喂！」疼痛也很頑固，就算痛苦的事件已經結束、傷口已經痊癒，它仍可能持續很久。你解決了這個奧客的抱怨，但還不夠，只要有事情令你回想起這段不好的經驗，疼痛可能又會開始抱怨。

有意識的愉悅就比較脆弱。愉悅是害羞的動物。我們可以從安全的距離觀察牠，但如果我們靠近得太快，牠就會跑走。假如我們試圖捕捉牠，牠就會恐慌。你必須先跟愉悅感建立信任，牠才會允許你靠近觀察牠。

當我們的大腦將來自身體的訊號解讀成危險的跡象時，就會產生疼痛，而當腦中已經有很多其他的危險訊號時，大腦就更可能將某件事情解讀為危險跡象。如果你有壓力，大腦幾乎會把任何事情都解讀為威脅。在你已經很痛苦時，其他感受就更可能被當成額外的痛苦。當你感到不安全、不舒服、不信任、受威脅，或任何受到傷害的風險，你的大腦會立刻準備將一種感受解讀成不舒服、惱人，甚至痛苦的。

當我們感到「足夠」安全的時候，就會產生愉悅。夠信任、健康、受歡迎、風險夠低。**每個人對「足夠」的門檻都不同，而且會隨著情況改變。**但當我們創造出夠安全的脈絡，我們的大腦就有餘力將任何體感解讀為愉悅。

「脈絡」是你的內在狀態和外在環境的總稱。本章稍後及本書接下來的所有內容，我們將會討論該怎麼創造一種脈絡，讓你的大腦能夠輕易獲得性愉悅。至於現在，你只要認清一件事：**一種體感今天感覺很舒服、明天卻沒這麼舒服，這是很正常的，單純是因為脈絡改變了。**

愉悅並不是慾望（但慾望可能很愉悅）

愉悅和慾望在腦中屬於不同的系統。在情緒性哺乳類大腦的層級，慾望被當成「想要」或「誘因顯著性」（incentive salience）[i]，愉悅則被當成「喜歡」或享樂方面的影響力[3]。

在大腦中，「想要」是由多巴胺相關電路組成的巨大網路，它會調解我們追求目標時的動機強度。相較之下，「喜歡」則是一組較小的「享樂熱點」，類鴉片物質和內源性大麻素在這裡調解某種感覺的舒服程度。

愉悅是「噢，這很舒服」和「耶！」；慾望則是「天啊，這是什麼東西？」和「我該怎麼得到更多？」。

愉悅是靜止的，靜靜品嚐當下發生的事情。

慾望是向前探索，創造目前不存在的事物。

愉悅是一種感受的感知。慾望是邁向目標的動機。

就某種意義來說，愉悅是滿足，而慾望是不滿足，因為愉悅是享受經驗，但愉悅是追求不同事物的動機。

表2是我整理的差異表。

下頁有一個超簡化的神經解剖學圖示，說明「想要」和「喜歡」。

你看，它們是不同（但重疊）的神經系統，

表2　愉悅和慾望的差異

愉悅	慾望
「喜歡」	「想要」
類鴉片物質、內源性大麻素	多巴胺
噢，這很舒服！好吃！耶！	這是什麼？它在哪裡？我該怎麼得到它？
「這樣感覺很舒服」	「我想要更多」
享受	渴望
感知	動機
享樂方面的影響力	誘因顯著性
滿足	不滿足

i 編按：由大腦系統調節的心理過程，負責引導行為朝向食物、水和性等自然獎勵。

連結不同（但重疊）的經驗。它們當然彼此相關，但你可能不喜歡某個東西、卻想要更多，也可能喜歡某個東西、卻不想要更多。

你可以在社群媒體上一直滑文章卻不開心，這就跟「想要」有關。你在找一個你說不上來的東西，或許是當你終於找到令你舒服、甚至證實你最大恐懼的東西之後，那種獲得回報的感覺。你就是想要……某個東西。但你不享受它，你只是忍不住一直看。這就是沒有愉悅的慾望。

最不舒服的無聊，就是想要卻不喜歡。你的大腦擅自尋找某個能專注的事物、某件能做的事情。所有神經元都在忙，沒空啦！這不像白日夢或思緒漫遊——這兩者只是讓你的大腦走過想像中的路徑，雖然沒空卻感到滿足。

相反地，「喜歡」就像突然收到禮物。收到禮物的當下（甚至還沒打開禮物）就是一種

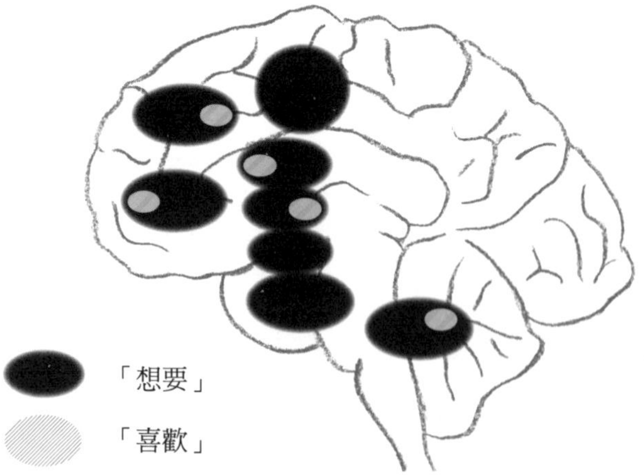

▲「想要」和「喜歡」在腦中是重疊的，但它們分別由不同系統管理。

愉悅，而沒有慾望。這種愉悅是因為你知道有人在你不在的時候，還是在關心你。

看著你最愛的人們聚在一起享受，這種樂趣就是「喜歡」，卻沒有「想要」。假設你費心辦派對，而現在你最愛的人都來了，一起歡笑、玩樂。愉悅。滿足。因為你計畫的東西，讓你愛的人都很愉悅。即使這種愉悅是預先計畫、而非自發的，也沒有關係。

到目前為止一切都很單純。

讓人困惑的是，慾望的感覺並不那麼明確。按定義，愉悅本質上是令人愉快的。而慾望本身則大致中性，感受是好是壞取決於脈絡。我認為人們之所以把慾望跟愉悅混為一談，是因為慾望有時候感覺很舒服。一旦我們認清慾望也可能讓人不適，就能理解慾望和愉悅並不相同，也能明白為什麼真正重要的其實是愉悅。

性慾的感覺是如何？

盼望、期待、渴求、嚮往，都是體驗慾望的方式，令人覺得愉快、甚至欣喜若狂，但盼望、期待、渴求、嚮往也可能令人挫折、惱怒、厭煩。慾望可能是希望和樂觀，也可能是焦慮和恐懼。慾望感覺舒不舒服，取決於脈絡。所有愉悅都取決於脈絡。

假如你已經體驗過慾望，請停下來回想一下慾望很令人愉悅的時刻。你的慾望對象（無論是愛人、新的酷東西或好吃的點心）似乎是能觸及的；或許你覺得無論你是否得到你想要的，你都能控制好自己；或許你的慾望是基於別人的承諾，令你滿心期盼。

我認為，這種令人愉悅的自發式慾望，會使人搞混愉悅和慾望，使我們以為自發就是好的、對的、正常的慾望類型。畢竟它很「容易出現」（或至少突然出現），而且很有趣。

但自發的性慾也可能感覺很糟。假設你無法弄懂該怎麼更接近你的慾望對象，或者慾望對象遙不可及，或更糟——主動拒絕你，把你推開。在這種脈絡中，你現有的慾望可能更像一種折磨。

如果你已經有想做愛的念頭，你就已經體驗到一種不同、不舒服的慾望。許多人很難擺脫「理想」的自發式慾望，他們都曉得「想要你無法得到的東西」那種感覺有多糟糕，這就是為什麼我們必須提醒自己：**很棒的長期性愛的特徵是反應式慾望，而不是自發式慾望**。如果你很享受現有的性愛，你就已經做對了，不必再試著產生自發式慾望。

假如我們只想到「慾望帶來的愉悅體驗」，就會或多或少認為愉悅和慾望是可以互換的字眼。但兩者並不一樣，我們已經從腦科學得知它們不一樣。而且假如愉悅總是很令人愉悅、但慾望只是有時令人愉悅，那麼將愉悅置於中心，並讓慾望在能夠最大化其愉悅感的脈絡中自然浮現，不就很合理嗎？

性慾問題，其實並不存在

假如我想引起爭議，我會說：根本就沒有「性慾問題」這回事，所有聚焦於低慾望「解藥」的新聞報導、評論、自助書籍和醫學研究，都沒有切中正題。**低慾望的「解藥」就是愉悅**。當我們將愉悅視為決定性愛幸福的中心，就不必再擔心慾望了。

但我不是來引起爭議的，我是來讓你的性生活更好。所以我只會說：不要為了慾望費心。假如你擔心伴侶慾望太低，那就問他跟愉悅相關的事情。假如你擔心自己慾望太低，那就跟伴侶聊一下跟愉悅相關的事情。你會發現本書有很多方法能夠促進這些對話。慾望可能是有趣的額外獎勵；它的重要性跟「兩人同時高潮」一樣——也就是說，這是很棒的派對把戲，但對令人滿意的長期性生活來說，它一點都不必要。

不過，在我對數百位陌生人的非科學調查當中，有些人說當他們想做愛時，他們想要的東西就是自發性：

「我討厭做愛之前還要先討論該怎麼做。假如不是自然發生的，我就有點不想做了。」

糟糕，那個字眼出現了。「自然」。

假如在做愛之前要先討論或擬定計畫，令你覺得「不自然」，嗨！歡迎你！本書這一段就是在承認這個現實——討論性愛可能會澆熄自發式慾望，但也是想請你思考一個可能性——規劃性愛可能就是愉悅的一部分；而討論性愛不但自然，也是你與伴侶間情慾聯繫的一部分。

或許你過去每次回應自發式慾望的性愛，都比計畫好的性愛經驗更美好。但在很棒的「自發」

性愛之前，你真的沒規劃嗎？當你剛開始跟對方交往時，你沒花時間去幻想火熱的約會嗎？你沒跟對方一起規劃晚餐或冒險，用簡訊、電子郵件、電話和低聲呢喃來打情罵俏嗎？激情四射、情不自禁的性衝動，通常都伴隨許多計畫和準備，甚至還要事先討論性愛。你沒有花時間做好準備嗎？你沒有打扮、小心挑衣服、確定你聞起來很香嗎？

這樣……「自然」嗎？

「自然」做愛的方法，難道就是對彼此產生自發的性衝動，不討論、不規劃？這種迷思，就是我在本章開頭描述的慾望教條。慾望教條堅稱，沒有自發式慾望的話，我們就是「不夠」想做愛。假如我們必須擬定計畫，那肯定有問題。

請想想我們的生活是什麼樣子——我們的脈絡是什麼模樣。我們的日子大部分都是有規劃行程的，通常幾週甚至幾個月前就規劃了。我們用工作、學校、家人、朋友、娛樂來填滿日曆；用壓力和一種對別人與自己的「義務感」來填滿自己的身體。我們硬是讓自己記住了現代的「急事」，以至於沒有足夠機會獲得充足睡眠，更不用說在有更多規劃、卻仍對彼此熱情不減的情況下做愛。

我希望那些熱愛自發性的人思考一種可能性：自發性並不比愉悅重要。為此，我想承認一個真實現象：自發式慾望可能會因為討論性愛而消散，這是真的，我也曾經有過這種感受……而我想告訴你，它有多麼無關緊要。

我二十幾歲時，曾跟一位名叫柯恩（Coen，非真實姓名）的人有著斷斷續續的關係。有一次，我們雙方同意我們不該再做愛了，這樣只會讓我們的生活更加複雜與痛苦。但無可避免地，在某個派對結束後，我回到他家喝咖啡、聊天，接著他主動靠近、挑逗我。

老實說，這的確很性感。我有了強烈的「我想做，但我不應該做」的興奮感。

但我們決定不再做愛是有理由的。我心中那股「我不該這麼做」的想法，不只是打趣地在說「我真是個壞女孩」，而是假如我們做了，會傷害到彼此；如果做了，我們會再次讓彼此心碎。

所以我沒有親回去，而是說：「我們之前已經決定不做了。」

而柯恩說：「假如只做這一次呢？」

當他親我脖子的時候，我重申我們之前決定不做的理由，像是他還愛著前女友。正如他自己所說，當他與別人做愛，他會習慣性地落入男友的角色，所以我會覺得他的舉動就像我的男友，但他卻還在等前女友跟他復合。所以我們不只無法滿足彼此的情侶需求，還摧毀了開始做愛前的友誼。

我果斷拒絕慾望的吸引力，然後說道：「你做得到嗎？因為我真的太忙、太累了，我沒辦法再經歷這種痛苦。」

柯恩問：「假如我們講好，我不會再想前任呢？」

他還真的思考了一下。然後他說：「我做得到。」

而我相信了他。

如果這是戀愛小說或電視劇，接下來我們應該會擺脫那種裹足不前的矛盾心理，我們的身體相撞，就像被彈弓射出去一樣。從某方面來講，我還真希望事情會這樣發展，這樣我就可以說：「你看吧？討論性愛會讓過程更慾火中燒！」

但在現實生活中，事情的發展剛好相反。

我的矛盾心理就像熱氣，讓我的色慾如氣球般膨脹、蓄勢待發。所以當我藉由討論性愛來消除矛盾心理時，我的性慾就消散了。柯恩起身鎖上門，而等他幾秒後回來，我已經沒性致了。

在這種時刻，你會怎麼想？你會擔心事情不對勁嗎？你覺得性衝動消散之後，就不值得做愛了嗎？你會為了保持自發性，而希望你沒阻止自己和伴侶嚐到不想要的後果嗎？我很確定那個說出「如果不是自然發生，那我就有點不想做」的人，應該會停下所有事情。那個晚上就不做愛了。

但我的故事結局，並不是我的自發式慾望消散了。那晚我和柯恩還是發生了性關係，而且是好玩的——不是那種絕望或焦慮式的性，反而輕鬆、帶點玩心。我們沒有像以前那樣，急著在客廳就開始做愛，假裝一切都沒問題。那次，我開玩笑地叫他拖著我的一隻腳，把我拉進臥室。而隔天，他也沒有再犯老毛病——用男友的方式對待我。

事情之所以這樣發展，是因為我已經開始解構我生活中的慾望教條。討論並消除「我們想做但不能做」的矛盾心理，的確澆熄了我的慾火，但儘管慾火被澆熄，我也知道這不是壞事。

所以即使我不能說：「你看吧？討論性愛會讓過程更慾火中燒喔！」我還是可以說：「你看吧？討論性愛會讓它更有趣，而且你不必擔心後果。」**當你以愉悅為中心，而非慾望，你就能夠得到令人愉悅的體驗，盡量降低嚐到不想要的後果的風險。**

想像一下，假如我考慮的並不是情感後果，而是身體、健康或社會後果會怎麼樣。假設我說：「這一切都很性感，但你有戴保險套嗎？」

或者：「……暫停一下，我得塗一點潤滑劑。」

或者：「……我記得你的另一段關係是單配偶制吧？」

或甚至只是：「那個，你可以檢查一下門鎖了嗎？」

上述這些情況都會削弱自發性。但想像一下，假如人們按照慾望教條行事，會嚐到什麼不想要的後果？性傳染感染症（STI）、意外懷孕、名譽受損、傷到對方的感受、傷到自己的感受……這些全都是既真實又嚴重的潛在後果，比「保持自發性」更值得優先處理。

許多性教育者都說，為了討論避孕、預防性病或其他情感或身體上的安全問題而「打斷」性愛，其實不會影響慾望，而我確定有些人真的不受影響。但對其他人來說（例如我），這樣可能會影響慾望。但這不要緊，因為慾望不是重點，愉悅才是。

我不會期待你立刻就相信我，以前一定有人教你要擔心慾望。說「慾望不重要」可能感覺很困難，你可能會想說：「艾蜜莉，你說別擔心自己不想做愛、只要享受做愛就好，到底是什麼意思？是要我要享受我不想要的性愛嗎？？？」

剛好相反！我在說的是：想像一個世界，世上所有人都只需要做自己會享受的愛，而且任何不享受的事情，就不做！我們不僅不做，也不必擔心沒做會怎麼樣！當我們將愉悅視為決定性愛幸福的中心，不喜歡的性愛就永遠不關我們的事。

麥克與肯德拉

麥克與肯德拉剛陷入困境時，我還不認識他們，一直到困境結束時才認識。他們花了一些時間、測試了幾種不同的方式，才找到所有必要的方法，但我向你保證，他們從此過著幸福快樂的日子。

他們的困境是什麼?麥克希望肯德拉想跟他做，而且要既自發又熱情。她以前是這樣沒錯，剛開始交往時，她經常輕易地體驗到自發式慾望。但過去四年來，她幾乎沒感受到這種慾望。事情從她第一次懷孕吃盡苦頭時開始，持續到第二次懷孕（過程有比較輕鬆）、替第二個小孩哺乳和斷奶——孩子現在一歲，正在學走路。

四年來，他們做愛只有兩個理由：他想做，或者她覺得歉疚、所以主動提議。對於這樣的夫妻來說，這個情況根本不算最糟，但當我聽到他們以前的經歷時，仍為他們感到心碎。

麥克想要再度感受到自己被渴望。

他當然想要！這可是人們想跟伴侶做愛的理由當中，最常見的四大理由之一。拜託，有誰不想被渴望？況且，肯德拉在他們剛交往時，確實既自發又熱情地想跟他做。

但在另一個層面上，他們其實很喜歡現在的做愛方式，而且正如肯德拉所指出，假如他不這麼在乎自發式慾望，他們的性生活根本就沒有問題。

他們不是那種愛吵架的人，大吼大叫不是他們的風格。他們偏愛坐下來對話，傾聽彼此的感受，試著找到共同點。他們讀了《性愛好科學》，而肯德拉真的很想將反應式慾望的概念融入他們的做愛方式中，但麥克多半只想知道該怎麼挑起肯德拉的自發式慾望。他們平靜且理性地討論這個差異……一次又一次……持續了好幾年。

你有發現他們只專注於慾望上嗎？他們只專注於「修好」肯德拉，這樣她才有麥克希望她有的慾望體驗。

他們的歷程剛開始時，肯德拉嘗試了一個思維實驗。有一天晚上，他們一起躺在床上，一樣沒有做愛。她說：「有時候，我們是不是只要樂在其中就好，不必為了彼此而搞得慾火中燒？哪怕我在做愛之前沒有感到『性』奮，我是真的喜歡跟你做愛，這樣不就足夠了嗎？」

「但假如我們不想做愛，那我們怎麼可能真的喜歡做愛？」

「老兄，我每次都是這樣好不好。」肯德拉說道。

「什麼？」

「每次都這樣！假如我剛好心情好，而且我知道我主動提議會讓你很開心，我就會挑逗你、親你、樂在其中，然後我們做愛的時候感覺會很棒，我會覺得：『哇，真慶幸我們有這樣做，我們之後該再做一次。』」

麥克點點頭，開始思考。接著他說：「不太對吧，這樣我們只是一起度過一段美好時光而已。我們應該要為彼此慾火中燒、迫不及待，就像以前那樣。」

「當然，這是更長期的目標，但我想思考一種可能性：假如我們暫時只要真正享受彼此就好，而不必改變任何事情呢？假如我們在人生的這個階段，享受彼此就很足夠了呢？」

麥克開始消化這段話，陷入沉默。

肯德拉補充：「因為自發式慾望似乎不是我能控制的東西，但我可以掌控愉悅。而且你想像一下，假如我說：『我只想在你沒有自發式慾望時做愛，別再體驗自發式慾望了，這樣我們做的時候才會舒服。』這不是感覺很糟嗎？」

「但這從來就不是問題啊，我的慾望關你什麼事？」

此時肯德拉的情緒能量已經耗盡了。她說：「嗯，或許你持續存在的自發式慾望，對我造成很大的壓力，而這其實讓我自己更難去體驗自發式慾望。」

「但這樣也太扯了，我本來就這個樣子，你以前也喜歡這樣。肯定是發生了什麼事情、出了什麼差錯。」

肯德拉嘆了一口氣，說道：「好啦，你再想看看。」

請注意，她付出了多大的力氣，努力讓自己極度冷靜。這就是許多女性在跟別人交往時（尤其跟男性）所付出的情緒勞動[4]。

她可以這樣說：「不，扯的人是你。你認為是我變了，事情才會出差錯，這太扯了吧！我們生活中一切都改變了，我當然也會跟著改變。或許是你有毛病，因為你完全沒有適應。」但既然她不喜歡麥克這樣說她，她也不想這樣罵麥克。

她也可以這樣說：「你的慾望關我什麼事？你在開玩笑嗎？那我的慾望又關你什麼事？你這個

偽君子！」但她知道這種批評和鄙視，只會提升麥克的戒心，完全無法幫助他們。

她沒有說出上述這些話，因為他們不是會「吵架」的那種人。

但麥克大可以說：「嗯，我開始注意到，我為了你的自發式慾望所付出的心力，重點並不在於『我想為你做什麼』，而在於『我想為我做什麼』。假如我可以為了你，改成注重你的愉悅感，這樣或許就能減少壓力，不再因為這種壓力而更難獲得我想要的東西。」

他也可以說：「好吧，我們用我的方法試很久了，但都沒成功。不如我們試試你的方法，看看會怎麼樣吧？在最糟的情況下，我們仍能享受一些性愛，而最好的情況是我們能夠非常享受性愛，以至於你開始想要更常做！」

但他沒有這樣說，因為他們都沒看見高聳的外在力量，妨礙了他們解決困境的眼界。

在這之後，他們又溝通了好幾次，才終於改成以愉悅為中心，共同創造一個既愉悅又正向的脈絡。他們雙方過去一直相信，想要獲得優良的性生活，最決定性的特徵是火花和熱情。若要從根本改變自己理解性能力的方式，需要時間。

脈絡是「第三件事」

本書剩下的內容，都在談論該怎麼與長期伴侶共同創造一個脈絡，讓創造愉悅變得更容易。

沒錯，我會建議你跟伴侶多多討論脈絡，你們討論性愛的時間，應該要比做愛的時間更多。討論性愛並不容易，所以我會在第二部提供一些輔助方法。但若想要建立令人滿意、可以持續數十年的性聯繫，那就必須了解彼此的脈絡。初期會需要更多討論，而你會藉此探索並學習自己、伴侶及你們共享的脈絡。你們會越來越懂彼此，很多事情就會變得有默契。

我認為人們難以討論性愛，跟他們對於愉悅和慾望的觀感有關。如果你很相信慾望教條，你可能會確信，只要討論性愛，就一定是哪裡出了問題。但這不是真的，其實，有著良好長期性聯繫的情侶，都會討論性愛[5]。或是，假如過去有人讓你覺得，愉悅感必須伴隨著羞恥感，那麼你在討論自己想要什麼、喜歡什麼時，就會本能地覺得羞恥，即使對方跟你共享這些愉悅也一樣。擺脫慾望教條的束縛及愉悅帶來的羞恥感，不是一天之內就能達成的事，這些改變將會一點一滴的發生，你會走出自己的文化教育（cultural learning），走進共享愉悅的陽光之中。

為了讓這件事更容易一點，我建議你試著**把性慾的概念替換為性趣**（sexual interest）。對我而言，性趣就是性好奇心。你會讀這本書，可能是因為你對性愛有興趣，即使你目前不渴望它。你很好奇，想要學習更多、鑽研更深，發現方法以創造正向變化，或是應付不想要的變化。

你的伴侶也對性愛有興趣嗎？我的意思是說，他們覺得性愛有趣嗎？請記住，維持深厚性聯繫數十年的情侶，並不會渴求性愛；他們是朋友，而且確定性愛對他們的關係很重要。他們對性愛有興趣、對性很好奇。雖然性愛種類五花八門，但對他們來說就是很重要。

我開始思考一個共同計畫——創造一個良好的脈絡，讓性愛成為「第三件事」（third thing），伴侶雙方都有興趣，而且想要為它花時間。第三件事一詞出自詩人唐納德·霍爾（Donald Hall），他在一篇名為〈第三件事〉（The Third Thing）的散文中，寫到他跟詩人珍・肯楊（Jane Kenyon）二十三年的婚姻：

> 我們不會耗費時日凝視彼此的眼睛。我們只會在做愛或其中一人有麻煩時如此凝視，但在大部分的時間，我們的視線都會對上並交織，因為我們都在看著第三件事。第三件事對婚姻、目標、慣例、習慣、藝術、制度、遊戲或人類都是必要的，它能提供一個共同欣喜或滿足的場域。[6]

第三件事是一種共同興趣，就像你們最喜歡的電視劇、對壽司的共同熱愛、一同支持的運動隊伍，或你們一起辦的派對。你跟你的長期伴侶共處時會做什麼？你的第三件事是什麼？你的「共同欣喜或滿足的場域」是什麼？可能是你的小孩、芙烈達・卡蘿（Frida Kahlo）的畫作、女子足球、院子裡的菜園、搖擺舞、實境角色扮演遊戲（LARP），或你那隻有特殊需求的貓。而這第三件事，或許能夠共同創造脈絡，讓你更輕易地體驗愉悅。

我認為你們的共享脈絡值得雙方共同關注，能引起你們共同興趣的第三件事。持續關注脈絡，你就能評估、調整你的生活和關係。

這和我們過去思考性慾的方式不同，而是對性愛和彼此有興趣、對愉悅有興趣。

你或許可以這樣思考：自發式慾望就像你知道冰箱裡有一塊美味而豪華的蛋糕，你對它的慾望跟飢餓無關，而是和「滿嘴美味的喜悅」有關。或許你半夜醒來，第一個想法是：「冰箱裡有蛋糕！」自發式慾望沒有錯，蛋糕很美味（除非你對麩質過敏，那麼你對蛋糕的渴望就是一種折磨，而不是喜悅——脈絡會改變一切）。

反應式慾望則像在派對現身，而派對有超好吃的蛋糕。你一開始可能只是因為已經答應人家才現身，但你到場之後，聽到音樂的節拍，看見你最愛的人的笑臉，就帶著愉悅的心情加入他們。

因此，有些情侶是以愉悅為中心，共同創造一個讓愉悅變得輕而易舉的情境。以派對來比喻的話，他們不只是現身在派對而已，而是樂於舉辦聚會[7]。他們在雜貨店會思考要在冰箱存放哪些東西，才能製作美麗的熟食冷肉盤、普切塔[i]、新鮮的酪梨醬。準備辦派對時，他們會花時間將義式肉腸堆成漂亮的小山丘，擺在手工板子上，而這塊板子是十五年前他們在度假時，與伴侶一起逛農夫市集時買的。他們將山羊起司堆在一個漂亮的大蕭條玻璃[ii]雪酪碗中，這個碗是從一位摯友那邊得來的。他們將一株很長的迷迭香放在一籃新鮮烤麵包捲上面，麵包捲還冒著烤箱的熱氣。

為什麼要花時間讓這一餐如此華美？為什麼要先想好聚會的採購清單，哪怕你甚至不確定自己會做出什麼東西？或許有些人付出這種心力，只是為了炫耀或讓人佩服。但對於優先和心愛之人分享愉悅的人們來說，這一切努力都是一種「你盼望與對方共享」的愉悅感。你放入額外的心思來預先規劃，是因為你就是這麼在乎創造共享的愉悅感。

具體而言，反應式慾望也許就像這樣：你在事先安排好的約會之夜現身，雖然有壓力、感到分心，但你很高興能到場。你和伴侶的肌膚相碰，接著你的身體就醒了，然後你心想：「這就對了，我喜歡這樣！我喜歡這個人！這真是個好主意！」

但當你以愉悅為中心，你就會事先規劃、調整行程，這樣在約會那天你的壓力就會降到最低，同時考量到為了讓伴侶維持良好心情，可能需要的東西。以愉悅為中心，就是洗完衣服和碗盤、好讓自己在約會時盡量別分心，以及刷好浴缸、這樣對方就能放鬆洗個澡。最重要的是，以愉悅為中心，包括詢問你的伴侶，該怎麼能讓他們覺得被關心、被照料、被渴求；包括告訴他們，怎麼樣能讓你覺得被關心、被照料、被渴求。

你洗碗時應該不會興奮起來，刷浴缸裡的肥皂垢時，應該不會感到慾火中燒。你不會有性致。但當你規劃你最好的朋友的生日派對時，你不必有性致；同理，你不必等到要去觀賞小孩的武術比賽成發那天，才准許自己訂購冰淇淋蛋糕。你不必有性致，你只需要關心，你只需要覺得這件事很重要。

我們生活當中有很多重要的事情，而我們會為這些事情事先規劃和準備。既然如此，我們為什麼會相信性愛不用努力就會發生？而且，如果性愛對這一段關係很重要，我們為什麼不想盡力去讓它成為樂趣？

當然，你的關係當中的性愛，不必全部都像在辦活動。當我說「以愉悅為中心」或「共同創造一個脈絡，讓你們更容易獲得愉悅」，有時這意味著要規劃一場活動，但有時這意味著出乎意料、

---

i 譯註：bruschetta，義大利開胃菜。

ii 編按：depression glass，美國在一九三〇年代經濟大蕭條期間生產的玻璃器皿。

「就這麼發生了」的小小情慾邂逅，因為你已經投入時間和心力去創造一個脈絡，讓這些邂逅更容易發生。

怎樣的脈絡才是「對」的？

如果愉悅是我之前描述的害羞動物，只會在對的脈絡中出現，而且只有在我們輕輕接近、平靜觀察牠時，牠才會停留，那麼什麼是「對」的脈絡？

本書剩下的內容，重點都在於理解什麼脈絡會讓你的大腦更容易獲得愉悅，你目前處於什麼脈絡，以及該怎麼在你的脈絡中產生變化。

我們先從一項單純的練習開始。首先，**回想某一次你能輕易獲得充足愉悅感的經驗，接著，思考這個脈絡有哪些方面令你輕易獲得愉悅感**。不要落入慾望教條的陷阱，回想到令你充滿自發式慾望的經驗——你很容易就感到愉悅時，或許剛好伴隨著慾望，但慾望不是重點。

假如你從來沒有輕易獲得充足愉悅感的經驗，你可以想像一個你認為會讓愉悅更容易的情境。

脈絡是內在狀態與外在環境的結合。下一章會談及內在狀態，也就是情緒平面圖，現在，我們先考慮外在環境。這包括你與伴侶的關係、場景及其他生活因素，例如你的工作壓力，或是擔心財務、家人以及世界局勢。

關係問題就是我與柯恩在多年前的那一刻攜手修正的脈絡性因素，當時我的慾望消散，但愉悅感擴大了。在你能輕易感到愉悅的經驗中，你跟那位共享愉悅的伴侶關係如何？

外在因素也包含做愛時的場景。對把床固定在牆邊的那對夫妻來說，場景才是重點。你是在家裡的雙人床上跟那位特定對象做嗎？是一起度假時做的嗎？是在你的螢幕前面，而你的伴侶在無線網路連線的另一端嗎？還是在你最愛的夜店的廁所？使大腦更容易獲得愉悅感的場景，會因人和關係而有所不同。而且一個值得一提的重點是：幻想的脈絡可能跟現實生活截然不同。假如幻想在最愛的夜店的廁所做，會讓你的大腦獲得愉悅感，這並不代表現實中那間廁所會有同樣的效果。

連稍微調整一下現實場景，都可能會造成差異。舉例來說，當我在性方面遇到困境時，我和配偶都意識到，其實只要讓房門更容易被關上，就可以排除一個性愛障礙。我們大部分時候都用一個小櫥櫃把門撐開，讓狗狗們可以來去自如；但在做愛時，我們會把狗狗們關在外面，而要關門，就必須移動那個櫥櫃，還得把地毯其中一角拉起來，才不會擋到門。這算是個小麻煩，而解決方法很簡單：把地毯跟小櫥櫃搬走，改用好搬的廢紙簍來撐開門。

此外還有「做愛專用毛巾」。我們做愛時，可能會分泌一些體液，所以擦身體通常都是後戲的一環。如果我必須從床上起身，一邊滴著體液、一邊走進浴室拿毛巾，那實在不太性感，在寒冷的新英格蘭夜晚更是如此。而解決方法是：我們擺了一個抽屜，躺在床上就能搆著，裡頭裝滿了做愛專用毛巾。有些問題就是這麼容易解決，搬動家具、把毛巾放在不同抽屜，稍微改變我們的場景，就能產生顯著的差異。

明白什麼脈絡會使大腦更容易獲得愉悅感後，接著你就可以試著思考你目前的脈絡。你們的關係如何？你的場景是什麼？你對世界局勢的感覺如何？

以及……你對愉悅的感覺如何？愉悅感覺很舒服，但你對「感覺很舒服」又有什麼感覺？

為什麼我會害怕、甚至怨恨愉悅？

這是一個很容易被忽略的因素，所以我想早點強調。你對愉悅有什麼感覺，尤其是性愉悅？正如有人騙我們，說愉悅既好懂又容易；關於我們該對愉悅有什麼感覺，我們也被騙了。**有太多人都被教導要害怕、怨恨或貶低愉悅**。

已故的偉大性教育者貝蒂．多德森（Betty Dodson）曾教許多女性如何達到高潮，而她經常遇到這種偏見。她的「搖和滾」（rock 'n' roll）方法教女性如何乘著興奮與高潮形成的內心浪潮，讓愉悅像漲潮一般「滾」過全身。她拍了一系列說明影片，展現出女性與自己的性愉悅之間的關係如何演變。

在一部影片中，貝蒂的一位客戶辛西亞（Cynthia，四十一歲），不確定自己有沒有高潮過，或者就算有高潮，也覺得它們小到跟沒有一樣。

「我想像中的高潮，應該要更大、大到不行、大到讓我失控，然後……要非常戲劇化。」

貝蒂向她保證：「你永遠不會失去掌控……你仍在你的體內，你唯一會失去的是理智。」

辛西亞剛開始上貝蒂的自慰課時，她告訴貝蒂，震動按摩器調到最低就很舒服了，而且她不想塗潤滑劑。但最後，貝蒂直接推薦她調高震動、還要塗潤滑劑。

辛西亞立刻承認：「這樣更舒服。」

「撐住，撐住。」貝蒂指導著辛西亞，而辛西亞的呻吟聲逐漸變大。

辛西亞第二次高潮後，形容自己得到的啟示時，說道：「我從來沒有讓按摩器開這麼久……但這次我在感覺很刺激時並沒有退縮，反而繼續開著按摩器，而這時候它就非常……當你感受到它的時候，就像是改變了整件事……感覺就像：『噢，我必須移走按摩器，這太超過了。』但其實並非如此。」

「這就是你所學到最重要的事情。」貝蒂說：「當它感覺非常強烈時，就投入其中吧。」

貝蒂告訴她：「感受它，投入它。」

根據我的計算，整段課程中，辛西亞至少高潮了三次。她的愉悅障礙在於她面對愉悅時的不確定感——因為太舒服，所以好像「太超過」了。

這段故事就是在講我們與愉悅的關係。我們覺得它太超過，但它其實沒有。當愉悅感很強烈的時候，你不必逃避它。

在貝蒂一次又一次的課程中，女人學到一件事：如果感覺刺激「太超過」就急著移開，可能會打斷愉悅，使愉悅感無法蔓延至全身。「待著別動，不要停，留住它，」貝蒂告訴客戶和我們：「用你的強度去對應這種強度。投入它而不是擺脫它，乘著它，撐住它。」

在另一個難忘的場景中，麗莎（Lisa，正在摸索該怎麼達到人生第一次高潮的客戶）達到非常興奮的境界，瀕臨高潮邊緣，而她的反應是把按摩器從陰蒂移開。

「不要停。」貝蒂說道，她要麗莎把按摩器擺回陰阜。

「抱歉。」麗莎說道，結果她又把按摩器移開身體，然後又道歉。

「待著別動。」貝蒂指導著。「待著別動。」

幾秒後，我們清楚看到麗莎的身體出現一陣陣緊張的震動，就像被激流沖刷過。在貝蒂的鼓勵下，麗莎呻吟，接著因愉悅而尖叫，讓愉悅感想要多大就有多大、想持續多久就有多久。

在這部影片中，我們見證了麗莎學會該怎麼不因愉悅而動搖，既不逃避也不強求，而是**容許它、感受它**。

你對自己的愉悅有什麼感覺？當你在夠安全的脈絡中體驗到強烈的性愛感受時，你是否有時會去逃避、嘗試消除？我來替這種情緒命名吧：擔心性愛感受可能令你受不了、或是「太超過」，就是在「害怕」愉悅。

愉悅並不危險。你可以容許自己的身體，體驗你選擇創造的所有愉悅。正如拉馬·羅德·歐文斯（Lama Rod Owens）在《愛與暴怒》（*Love and Rage*）中所寫：「**喜愛愉悅，意味著我容許它做自己。當它湧現時，我享受它；當它離去時，我任由它去。**」

情侶尋求性愛治療最常見的原因，是性慾出了問題。想像一下，一對情侶來尋求佩姬·克萊因普拉茲（Peggy Kleinplatz）的治療；佩姬是治療師、性愛研究者、也是《華麗性愛》（*Magnificent Sex*）一書的共同作者。

這段療程中的一位伴侶說道：「就算我們以後再也不做愛，我也無所謂。讓我的伴侶感覺很差，我很抱歉，但我真的沒興趣。」

佩姬回答：「多跟我聊一下這種你不想要的性愛吧。」

想當然耳，他們形容這種性愛「既沉悶又令人失望」。機械式作業、令伴侶覺得不體貼，這種性愛不但沒有任何信任和聯繫的感覺，反而只透露出一丁點最真實的自我——更糟的是，他們覺得自己必須假裝成別人。這種性愛感覺就像其中一位伴侶是性愛販賣機。

佩姬回答：「我很享受性愛，但如果我做愛的感覺就像你們形容的這樣，那我也不想做。」

我們暫停一下，好好體會這個概念有多麼簡潔：

你不喜歡這樣做愛、所以你不想做，這是很正常的。

假如你現有的做愛方式很痛苦、無聊、寂寞，或只是為了取悅對方而表演，那你當然不想做。你沒有壞掉。你的性慾也沒有壞掉。做愛不享受，所以你不想做，這很正常；做愛時的脈絡並沒有令自己慾火中燒的空間，所以你不想做，這也很正常。

接著佩姬問了一個直擊要害的問題：「什麼樣的性愛值得去渴求？」

總而言之，答案是你享受的性愛、使你愉悅的性愛。所以當人們陷入性慾的困境，該問的問題並不是：「為什麼我不想做愛？」而是：「我該怎麼創造愉悅？」

但也有些情侶，即使知道他們只要以愉悅為中心，就會喜歡做愛，但他們就是……辦不到，他們卡住了。我跟我的配偶就是這樣，我卡住了。

不過到底是卡在哪裡？這是什麼意思？該如何脫困？

這就是接下來兩章會解答的事情。

第二章懶人包

- 愉悅才是性愛幸福的衡量標準——重點不是你有多渴望性，也不是你有多常做、跟誰做、在哪裡做，或是高潮多少次，而是你喜不喜歡你現在的性愛。愉悅是脈絡中的體感，而脈絡是外在環境和內在狀態的結合。
- 「慾望教條」是一種文化陳述，讓我們以為自發式慾望體驗是最重要的性功能衡量標準。
- 自發式慾望很正常，會因為盼望愉悅而出現。反應式慾望也很正常，會因為回應愉悅而出現。
- 對許多「低慾望」情侶來說，困境並不在於他們不想要現有的性愛，而在於他們不喜歡——既然不喜歡，當然就不會想做。再說一次，愉悅才是衡量標準。
- 處於性聯繫之中的伴侶，可以把脈絡當成「第三件事」，一個共同好奇與探索的場域。維持深厚性聯繫的情侶，會共同創造一個脈絡，讓自己更容易獲得愉悅。

一些好問題

- 我的大腦在哪些脈絡中最容易體驗愉悅？
- 我以前享受過哪種性經驗？
- 性慾的愉悅對我來說是什麼感覺？我在哪些脈絡中體驗過？
- 我在哪些脈絡中感受到不舒服的性慾體驗（或是「為了慾望而產生慾望」）？
- 身為情侶，該怎麼創造一個脈絡，讓我們能輕易獲得愉悅？

第三章

繪製你的情緒平面圖

我在長期性聯繫中掙扎時，有種卡住的感覺。

如果以派對來比喻，就像我和我的伴侶都知道，假如能參加派對，我們會玩得很開心……但我們連離開沙發、躺去床上都覺得好費力。

「我愛你。」我的隱喻性自我，對著辦派對的伴侶說：「而且我很喜歡參加你的派對。但我就是……」（我撲通一聲倒在沙發上，而且在倒下的過程中，很神奇地鑽進舒適的睡衣，就跟某部TikTok 影片一樣）「……我去不了。」

我卡在這張隱喻性的沙發上、卡在我的睡衣裡頭、卡在一種心境之中，使得性愉悅感覺好像離我十萬八千里遠。

我卡住了，對我的伴侶來說也很難受。所有人都會經歷糟糕的一天、一週或一個月，但當這種事一再發生，你、也就是辦派對的朋友，可能會開始對你朋友「就是去不了」有點感觸。你可能開始覺得，你朋友根本不夠關心你，所以連試都沒試。你可能覺得，好吧，既然你朋友無法現身，那麼下次或許就別再邀這位朋友了。你可能開始擔心：你的朋友不享受派對、不夠喜歡你，所以沒有現身，或是這段關係本身就有問題。

當然，我不是真的卡在沙發上，我是卡在情緒大腦中的某處，而且我找不到逃出這裡、進入腦海中的情慾空間的方法。

或許你也跟我同病相憐。或許你只要能夠做愛，就會喜歡做愛，但你已經被各種事務壓垮，疲憊、壓力、憂鬱、焦慮、壓抑的怒氣淹沒了你。或者，你卡在一個角色裡頭，它與情慾聯繫是不相容的——你總是處於家長、看護或工作模式。如果是這樣，你的問題就不是缺乏慾望，而是卡住了。你卡住了，那也難怪你不想做愛。

為了脫困，我學會畫出我的「情緒平面圖」，了解我該怎麼從任何地方（體力耗盡、焦慮、挫折）來到想做愛的心境。

而這就是我希望你去做的事。

在本章，你將會發展出一種地圖，內含存在於你腦中的各種情緒狀態，它會指引你通過那些空間，來到情慾附近。這些房間包括你腦中七個「核心」且「主要」的情緒空間。

這七個系統中，有四個被我歸類為「有利於愉悅」（pleasure-favorable），意思是它們是更容易獲得愉悅的空間。這些空間通常會讓人感到舒服，所以我們有想去體驗它們的動機，分別是——色慾（LUST）、玩樂（PLAY）、尋求（SEEKING）、關心（CARE）。

還有三個系統「有害於愉悅」（pleasure-adverse），意指它們是跟愉悅相隔很遠的空間。它們通常會讓人感到不適，而我們有迴避它們的動機，分別是——恐慌／悲痛（PANIC/GRIEF）、恐懼（FEAR）、暴怒（RAGE）[1]。

情緒神經科學之父賈克・潘克賽普（Jaak Panksepp）發展了這個框架，上述這些名詞使用英文大寫，藉此表示它們的意思與日常使用時不同[2]。色慾不是「lust」這個平常的概念：一個人對於性慾的經驗，而是「LUST」這個大腦系統網路的技術性概念，只要啟動它，就能產生跟求偶和性行為有關的哺乳類行為和經驗。

除了這七個情緒空間，我會再「附送」兩個空間——思考心智（THINKING MIND），又稱「辦公室」，也就是你用來規劃和推理的地方；以及觀測距離（OBSERVATIONAL DISTANCE）或「全景觀點」，用來留意自己的內在經驗、卻不評斷。以上七個主要情緒空間，再加上附送空間，構成了人類大部分的內在脈絡。

我們要把這些空間想成腦中的房間，它們可以排列成一張情緒平面圖。

在任何特定時刻，你都位於某個房間或在幾個房間之間。而根據你在情緒平面圖上的位置，你走到「色慾」房間附近的難度可能很高、也可能很低。

有些人會照字面意義使用這張平面圖，畫出一張建築地圖來標示空間及空間之間的關係，而這一章從頭到尾包含幾張圖示當作例

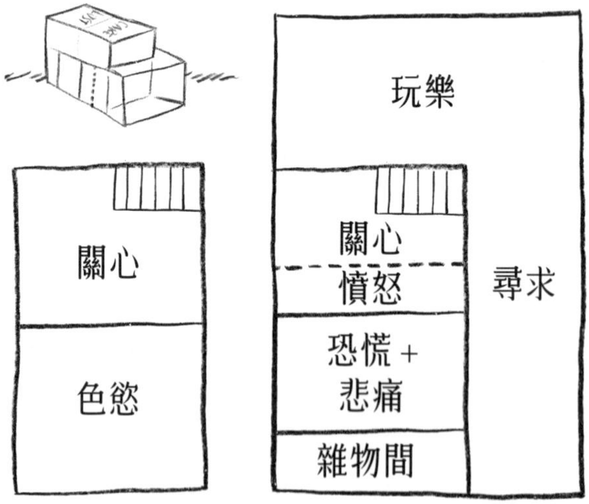

▲在這張平面圖中，關心和玩樂是對色慾敞開的區域。有時從關心走到色慾很容易（因為你已經在頂樓了），但有時要刻意花點力氣才能走到那裡（因為你在一樓，所以要爬樓梯到頂樓）。

子。但有些讀者（他們的思考方式較偏向言語或情緒面，而不是空間），可能更偏好把這張平面圖想成一個「夢空間」，他們會從一個空間過渡到另一個，毫無邏輯或章法，不同的情緒空間會自發地出現在他們周圍，並以現實世界的房間辦不到的方式變化。

有些讀者可能覺得這個平面圖比喻對他們沒用；你會在這個尾註找到一些替代方案[3]。這張平面圖不是重點——它只是在比喻情緒大腦中的實際「硬體」。你可以識別自己的情緒，並了解什麼事物會將你移進和移出這些狀態，這才是重點。我們有幾位很「書呆子」的作者，像是約翰・高曼（John Gottman）[i]和南・懷斯（Nan Wise）[ii]，已經默默將潘克賽普的模型推廣到主流，因為我們相信它能在日常生活中幫助人們[4]。只要了解在我們腦中共存的不同系統，就能注意到自己和愛人是怎麼從一個心理狀態轉移到另一個。接著，每當你想要從一個空間過渡到另一個，或是伴侶請你協助過渡時，你就知道該怎麼做。無論你喜歡什麼比喻，目標都是找到從其他心境過渡到情慾心境的途徑。請注意哪些過渡方式最省力、哪些最費力。

先警告一下：這一章是最長、科學成分最重的章節，但它會改變人生、改變人們怎麼理解自己和伴侶的情慾層面。我盡力讓這段內容簡單易懂，容易應用於生活上。內容很多，但很值得。

讓我們一間接一間地探索你的心理平面圖，找出每個空間的模樣，以及它們之間的關係。

---

i 編按：美國首席兩性關係專家、華盛頓大學心理系教授。
ii 編按：認知神經科學家、註冊心理治療師、認證性治療師。

有利於愉悅的空間

一、色慾

色慾是性吸引力、性興奮、慾望、高潮等一切事物，是一個可能將任何體感都解讀為情慾的心理空間。

哪些事物會在你體內點燃色慾？什麼事情會提高性愉悅？什麼時候你特別容易產生慾望？

雖然色慾的演化起源是生殖，但人類跟其他哺乳動物一樣，走進色慾空間的理由很多，大多都跟生殖無關，許多跟社交有關。對大多數人來說，情緒大腦中的色慾空間，鄰接著三個有利於愉悅的情緒空間，也就是尋求、玩樂和關心——這些我會在接下來的段落詳細討論。我們多半都是透過這三個空間之一走進色慾心境。

▲色慾是求偶和性能力的空間。對人類而言，這是高度社會性的空間，而且最常被其他對愉悅有利的高社會性空間（關心和玩樂）圍繞。

你能想起自己很容易過渡到性慾心境的時候嗎？那種不必擔心或努力嘗試就能引燃慾火、不費力就能愉悅起來的時候？在你變得慾火中燒之前的那幾分鐘、幾小時、甚至幾天，發生了什麼事？

你對色慾空間的感覺是什麼？雖然有人教導我們，要對情緒平面圖的許多空間有所感觸，但色慾或許是我們最可能認為要感到羞恥的空間，尤其我們常聽他人說，要對愉悅感到羞恥[5]。

性慾一直比伴侶還低的人，你們可能覺得自己很失敗、或者是個爛人，因為你們找不到走進色慾的途徑。性慾一直比較高的人，也可能覺得自己是個爛人，因為你們無時無刻都很色。要記住一件最重要的事：**慾望並沒有「正確」水準，所以你不必對你的色慾空間感到羞恥**。

跟我聊過的人當中，性慾最高的人可能剛做愛結束、幾分鐘後又想做，簡直就像她還沒跟伴侶做一樣。沒有任何事（壓力、懷孕、疾病）能夠消除她的性慾，時間久了以後，在一位愛侶的協助之下，她已經學到她不必為自己的慾望感到羞恥。她告訴我：

「性愛對我如此重要，曾令我感到羞恥，而且我從來沒懷疑過。我交往過的每個伴侶，性衝動都比較低。但我知道我寧可一週做一次，做得很舒服、很投入，也不要一週做兩次，但伴侶完全心不在焉。我已經來到一個境界，可以主動確保伴侶不會覺得做愛是一種義務。我們是透過許多交談才達到這個境界，雖然我不是很喜歡這樣，但正因為這些對話，我才能夠一再重申：如果你不想跟我做愛，那我寧願不跟你做。」

她學到，自己並不會因為想做愛就有權做愛，而且伴侶如果覺得做愛是一種義務，那就不值得做。在她現在的關係中，她跟她太太都清楚了解到：再也沒有義務，只有一道敞開的門和一張表示歡迎的門墊，永遠如此。

當你思考情緒大腦中的色慾空間時，問自己以下問題：

- 什麼事情把你拉進這個空間？什麼事情把你推出去？
- 你對這個空間有什麼感覺？
- 當你在這裡時，身體、思維和情緒發生了什麼事？
- 你怎麼知道自己在這個空間裡面？

二、玩樂

在日常生活中，我們會用「好玩」或「喜悅」來形容腦中的玩樂空間。但更嚴謹來說，玩樂是「沒有直接意圖的活動」，純粹為了好玩，因為所有參與者都喜歡它。你可以藉由參與者的臉部和聲音反應來辨識出玩樂——大笑、微笑、張得很開的嘴巴、歡呼。當你處於玩樂心境，沒有事情是有風險的，你只會得到樂趣。

玩樂有很多種。有些是打鬧，例如狗狗跟小孩追逐彼此、扭打成一團；有些是幻想遊戲，例如孩子玩變裝遊戲、編故事；有些是文字遊戲，例如笑話、押韻和節奏。即興饒舌 battle 是一種玩樂，唱歌、跳舞、念誦也是一種玩樂。網路迷因說「queefing」（陰道排氣）是「住你陰道裡的小獨角獸打噴嚏」，這也是玩樂——它把一件令大家有時覺得尷尬、甚至羞恥的事情，變成可以會心一笑的事情。

還有物體或感官的遊戲，包括在浴缸和游泳池內潑水，或是玩拼圖。一旦我們知道一個物體是什麼（透過探索），我們的想法就會變成「我能讓這個物體做什麼」或「我能用這個物體做什麼」。我們用自己的身體來操縱環境，看看會發生什麼事，而當有一件出乎意料但很安全的事情發生了，我們就會感受到發現事物時的激動。玩樂的形式有很多種，但都是友情的基礎。

假如你曾因為透過玩樂而感受到色慾，或許你和伴侶是玩「真的」遊戲，無論是體育運動或香蕉拼字遊戲（Bananagrams）[i]。

▲玩樂是屬於友情、歡笑、歌舞、各類遊戲的空間，而且沒有風險。

或許你們在打鬧，結果身體接觸和沉重的喘息改變了氣氛。玩樂時的笑聲和友誼建立，或許是最被低估、卻也最常見的通往色慾之道。

手交和口交如果做得很好，可以成為物品探索遊戲（object play）[ii]，也就是沒有直接意圖、本身就很好玩的活動，因為所有參與者都喜歡它；我們探索伴侶的生殖器，看看當我們以不同的速度或壓力來嘗試特定動作時，會發生什麼事——「我能讓這個物體做什麼？」

我認識一對情侶，他們發現了玩樂的價值，經過好幾年的不情願和抗拒之後，他們終於協議每週安排一次約會。

他們先前抗拒的原因是，他們覺得如果特意排定時間，壓力和期望會太大，導致有「現在你必須做愛」的想法。慾望在哪裡？樂趣在哪裡？必須排定時間才能做愛的話，就永遠不值得去做，因為當他們覺得「必須」做一件事，大腦就會立刻不想做那件事。

但他們因為不常做愛而感到苦惱，基本上他們兩人都想更常做愛，卻無法如願。他們試過很多東西，但仍然有什麼卡住了。所以，他們考慮安排一個「性愛之夜」。

接著，其中一人有個絕妙的點子：用「遊戲之夜」取代性愛之夜。他們買了一組很蠢的「性愛骰子」——沒想到就是因為很蠢，反而讓事態有了變化。來到遊戲之夜時，他們輪流擲骰子。

其中一位伴侶告訴我：「當我們開始的時候，我原以為這個儀式會『推波助瀾』，讓我們更常做愛。但實際上，這個遊戲讓我們在壓力最大、其中一人或兩人都壓力大到不行的時候，能夠維持情慾聯繫，即使接下來不會發生更多進展。」

他們沒有因此而更常做愛（這邊說的是他們平常所認為的那種「性愛」），但他們正在分享愉悅感，既嬉鬧又充滿愛意地碰觸彼此。這就是以愉悅為中心、而不是以慾望為中心的例子之一，即使處於人生中最有壓力的時期，仍讓你們藉由玩樂來維持情慾聯繫。

如果能由我決定，我絕對會讓主流媒體中的所有性愛畫面，充滿了傻笑、大笑、玩笑、玩摔角、雙關語及假想遊戲。就像《白宮風雲》（*The West Wing*）第四季，選舉之夜時的總統和巴特利特博士（Dr. Bartlett），總統半開玩笑地細數他贏得的州，然後低聲說道：「誰是你的三軍統帥？」而對方用嬌喘的聲音回答：「就是你啊！」

可是，主流媒體中的性愛幾乎都毫無樂趣可言。為什麼？因為根據定義，玩樂是低風險的，但寫劇本的人知道要維持高風險的氣氛，觀眾才會投入。為什麼要看著一群人在沒風險的情況下，純粹為了好玩，一邊大笑、一邊做愛？

這就是媒體中（無論主流媒體或色情片）的性愛不像現實生活的性愛的眾多原因之一。在現實生活中，高風險應是例外，而不是規則。

體驗到輕快、歡笑和友情的時候，你通常是在做什麼？什麼時候你的臉部肌肉能好好放鬆，而你的注意力可以毫不費力地適應當下這一刻？你覺得哪一種玩樂的感覺最舒服？你的伴侶覺得哪一

---

i 編按：類似 Scrabble 的拼字遊戲，字母棋放在一個香蕉形狀的包包中。

ii 編按：嬰兒把玩具放入嘴巴，或是孩子用手把玩各種身旁拿得到的東西，是孩童認識物品特性的方式。

種玩樂的感覺最舒服？你覺得哪一種玩樂讓你更容易通過門口，走進「性感時分」（sexytime）的房間？

對我來說，玩樂是說笑話和做蠢事，而不是身體方面的遊戲；對我的一位朋友來說，玩樂是追逐、摔角和搔癢；對某些人來說，玩樂是有趣的競爭，但對另外某些人來說，玩樂是有趣的合作。你感覺哪一種更能夠建立友誼？跟敵隊的某人對決，還是跟同隊的某人合作？

有另一位女性談到，她學習情緒平面圖時，得到以下啟示：「到了假期，我和伴侶很容易進入這個浪漫、聯繫、嬉戲的空間，因此進入情慾空間就變得非常簡單。這時我總是很疑惑，為什麼在假日，這一切會如此容易？現在我明白了，因為休假的時候，我們處於玩樂空間內！」（她的情緒平面圖長得像一棟多樓層連排別墅。）當情侶描述自己做愛最滿足的時刻，「度假」是常見的特徵之一，尤其有些夫妻的小孩已經長大、卻還是整天都待在家裡[6]。

不是每個人都這樣，但你可能是這樣。度假算是玩樂嗎？

正如虛構的戰間期[i]偵探彼得・溫西勛爵（Lord Peter Wimsey）所說：「熱情能犯下的唯一罪惡，就是不快樂。它要不大笑著躺下，要不就是在地獄整理自己的床鋪；沒有中間地帶。」在他的新婚之夜，經過一連串既滑稽又不性感的失敗舉動之後，彼得勛爵一邊爬上床、一邊跟偷笑的新娘輕聲說道：「這很重要嗎？其他事情很重要嗎？我們都走到這一步了。歡笑吧，愛人，歡笑吧。這是旅途的終點，也是所有樂趣的起點。」

思考情緒大腦中的玩樂空間時，你可以自問色慾那個段落的問題，但現在，你也可以開始調查不同空間之間的關係：

- 你怎麼知道自己身處於這個空間內？
- 當你在這裡時，身體、思維和情緒發生了什麼事？
- 你對這個空間有什麼感覺？
- 哪些空間與這個空間相鄰？
- 什麼事情把你拉進這個空間？什麼事情把你推出去？

在風險很高的時候玩樂

經常有醫療提供者問我，夫妻該怎麼在備孕時維持性聯繫。我的答案很簡單：第一，幫助他們調整期待感，例如跟他們說清楚，花一年才能懷孕的情況並不罕見[7]——這可能很不方便，我懂。雖然夫妻可能有自己的計畫和時程，但他們的生殖細胞不一定會上工。

i 編按：一次世界大戰結束到二次世界大戰開始的間隔時期。

還有第二點：玩樂。你的伴侶仍然是個完整的人，不只是荷爾蒙和配子（譯註：精子和卵子的總稱），而你也仍然是個完整的人。在情慾空間相遇，是為了你們這對夫妻，而不是為了懷孕。

自從我跟一對夫妻聊過之後，我就開始這樣子建議醫療提供者。這對夫妻排了快一個小時的隊，只為了拿書給我簽名、跟我講他們的故事，希望我能跟別人分享。他們是眾多「因為努力想懷孕，結果性生活遭到不利影響」的夫妻之一。生育治療及以懷孕為目標來規劃性愛時的時程需求，都會嚴重傷害伴侶之間的情慾聯繫。這種狀況經過一年多之後（再次強調，這並不罕見），AJ跟她的伴侶已經累垮了。他們開始討厭性愛和彼此。

什麼時候事情出現了轉機？他們決定把性愛當成好玩的事情。

他們的心態從恐懼、挫折、自我懷疑，轉變成幽默、玩樂、聯繫。如果你能辦到的話，這個策略還真是絕妙，但它不一定很容易。人們在努力成為父母時，可能會投入自己所有感受。尤其假如遇到流產，那他們的困境可能包含了深刻的悲痛。這很正常、也很真實，不必輕描淡寫，這也是這對夫妻的故事如此重要的原因之一。他們轉而用足夠的冷靜和溫暖去正視彼此的艱困感受，以記住一件事：無論有沒有成功懷孕，他們都深愛彼此，並希望彼此能快樂。所以為了彼此，他們讓性愛變有趣。

玩樂沒有後果、沒有風險。而對許多人來說，這跟「為了懷孕而做愛」剛好相反。但假如你能看透「想要懷孕」這面情緒高牆，性愛本質上是有趣的。我的意思是，除了拚懷孕，人生還有什麼時候要這麼嚴肅地看待射精這檔事？撇開生育的脈絡，射精其實也可以很搞笑。你還記得射精很好玩、很好笑的時候嗎？

異性配子（inter-gamete，一人有精子、另一人有卵子）情侶，只要期待藉由交媾而懷孕，對於「嘗試懷孕」會怎麼影響性生活，都有非常具體的經驗。所以，我建議所有性別的異性配子生育者：請記得玩樂。備孕時，性愛會伴隨極高的風險，而玩樂就是解藥。

三、尋求

尋求也可稱為探索、好奇、冒險或學習，是大部分人類壯舉的關鍵所在，包括我們有動機去讀一本談性愛的書，藉此改善自己的生活。對某些人來說，尋求就像是去逛美術館、看電影、上烹飪課或參加講座，也可能是鑽研自己沉迷的流行文化、到其他國家旅行或認識新朋友。無論你探索時是用身體、心靈或雙管齊下（最常見的情況），當你有一股衝動想解決問題、改善系統、獲得新體驗、了解之前不懂的東西時，你就是處於尋求空間。「嗚哇，這是什麼東西？」這種心境會催使你嘗試新事物。

尋求一直都是我的主要進入管道。我在結婚前的每段關係，都是在學生時代發生的，而且當時很容易發起性愛，因為性會從平凡的對話中自然流露，而對話內容通常關乎我或我伴侶的研究。共享的智識探索，直接開放了邁向色慾之路。

在電視劇《實習醫生》（*Grey's Anatomy*）第十三季第十六集當中，艾波（April）和傑克森（Jackson）一起弄懂了該怎麼做一個從未嘗試過的手術。他們興奮地說服負責人，這是真的是個好主意！他們仔細洗了手！甚至同時喊出「手術刀」一詞！

他們透過既性感又深情的眼神凝視一起開刀，而且我們從外科口罩和手術帽之間能看見的臉部，就只有他們的眼睛……他們既閃亮又微笑著的眼睛，這項事實讓場面更加熱烈。他們拯救了一個小女孩的性命，以及她的聲音！他們開了好幾小時的刀，精疲力竭地回到飯店，有倒頭就睡嗎？才沒有，他們好好翻雲覆雨了一陣才睡。好奇、探索、解決問題、高風險合作，交融著他們既有的情緒和性愛聯繫，以至於他們無法抗拒那股進入色慾空間的拉力。

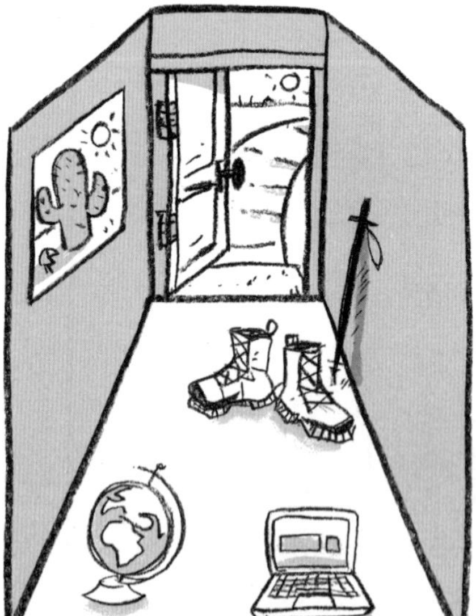

▲尋求是探索、好奇、冒險、前進的空間。你在門後會找到什麼？

假如你曾經透過尋求而進入色慾狀態，或許當時你跟伴侶正在一起解決問題，無論是自己修家裡的水管、還是學業方面的困境。或者，你們旅行經過未知地區並經歷了冒險，而當那天晚上你們躺在床上時，這種共同探索轉變成了色慾。

透過尋求而獲得色慾，也可能像是我認識的一對情侶，他們辭掉工作、賣掉大多數家當，一起旅遊一年。這不一定好玩，但肯定是場冒險。他們說，持續處於一種新奇、探索、共同解決問題的狀態，感覺就像前戲。我光聽就覺得好累，但我很高興他們喜歡！他們覺得這樣很好，所以樂在其中，而且還因此生了小寶寶——而小寶寶又是另一場冒險。

你在哪些脈絡中會體驗到好奇心？你喜歡學習什麼？哪些類型的新體驗感覺很有回報？哪些類型的探索是你沒興趣的？有些人熱愛旅遊及它所帶來的新鮮感，這可能是進入色慾狀態的途徑。有些人寧可待在家裡，既舒適又可預測，這可能也是進入色慾狀態的途徑。人有好幾種，而且他們會改變，所以沒有對錯之分。務必要認識你的好奇心，因為這個空間將會解決許多問題，我們在第二部會談到。請思考以下問題：

- 你怎麼知道自己正處於尋求空間？
- 當你在這裡時，身體、思維和情緒發生了什麼事？
- 你對這個空間有什麼感覺？
- 哪些空間與這個空間相鄰？

● 什麼事情把你拉進這個空間？什麼事情把你推出去？

四、關心

在《性愛好科學》中，我用另一個較科學的名詞來稱呼這個關心系統——依附，但在現實生活中，它的名稱很簡單——愛。它深植於我們的生物學，催產素突然增加，導致懷孕後期的子宮收縮和乳房泌乳。關愛和被關愛是一種生物驅力，人類會因為孤獨而生病、甚至死亡。

假如你想做愛時是想要聯繫，代表你將關心和色慾連結起來。對某些人來說，性愛是表達關心的次要方式，但對其他人來說（尤其是性慾很高的人），性愛或許是最有力的關心方式。

因為這是人類經驗中非常雜亂無序的部分，所以我喜歡把關心想成一個開放式概念的房間，一個大空間內有好幾個功能區域。在關心空間的

▲關心是愛與溫柔的空間，既是「照顧」也是「關愛」。

「客廳」，有一個舒適的壁爐、一張舒服的沙發，還有一張鬆軟的地毯，讓你把腳趾埋進去。在這個房間內，成人存在於一個愛與互助的同儕關係中，充滿了深情、喜悅、信任和欣賞。對許多人來說，從這個「關心」客廳經過一條走廊、甚至一道門，就能走進色慾的花園。

說到客廳（也就是「關愛」〔caring for〕），在戀愛小說中我最喜歡的虛構例子是艾莉莎・科爾（Alyssa Cole）的《電波靜默》（*Radio Silence*）。突然沒電、沒手機、沒自來水，而且沒人知道原因，雅頓（Arden）和加百列（Gabriel）只能依靠彼此生存，不過他們一開始並不是很喜歡彼此。雖然兩人為了求生而苦苦掙扎，但仍建立了親密的羈絆。這不是其中一人照顧另一人，而是互相照顧、互相負責。當他們情緒反應過度（有時會這樣，畢竟他們遭遇了大災難），他們會道歉。當他們有機會思考食物、避難所、傷勢以外的事情，他們會考慮彼此的舒適和愉悅——洗澡、音樂，以及最重要的——創造體貼的時刻，緩和彼此的悲痛。當情勢穩定下來、他們的聯繫變得更深之後，他們學到怎麼安慰彼此，大聲朗讀他們在一間小木屋內發現的戀愛小說，或是如雅頓說的：「把彼此幹到不省人事為止。」這就是「關愛」可能聯繫到色慾房間的方式。

但這個開放式概念的關心房間裡，也有一間廚房，你在這裡是「照顧」（care for）而非關愛對方。這裡是關心房間內用來做苦工的場所，既強大又美麗，但假如你在這個廚房中照顧你的伴侶，可能太像在當父母，所以這裡不會直接通往寢室。當關心的形式是「事後清理」時，真的很難性感起來。

許多幼兒的父母一直處於近乎恐慌和精疲力竭的狀態。他們的生活有著洗不完的衣服和碗盤、接送時間表、薄脆餅乾和盒裝果汁。即使夫妻可以有效率地合作，像團隊一樣滿足家人的需求，還是很常卡在情緒的角落，無法進入色慾、玩樂或尋求的狀態。懷斯在其著作《為什麼好好做愛很重要》（*Why Good Sex Matters*）中，用她自己的獨特方式向客戶形容這件事：「你的關心系統擋住了色慾系統的老二（cockblocking）！」

可能更糟的是，假如其中一位伴侶不只要照顧家裡的小朋友，還要照顧自己的伴侶，這可說是情緒版的「鏡廳」（hall of mirrors）。你處於關心狀態中，所以你看到的一切都是關心——這代表一種責任、義務、要求、本分，必須犧牲你的時間、精力和情緒來服務其他人。你當然不可能從這裡進入色慾狀態！

如果你卡在「照顧他人」的角落，透過理解關心空間的雙重性，可以幫助你跟伴侶討論如何脫困。你的伴侶可以說：「我注意到你困在關心狀態中，連愛撫都令你惱怒，這讓你覺得就像又有小孩的手在碰你。你需要什麼幫助，才能脫離關心狀態、稍微休息一下？」

在異性戀關係中，有個幽默的名詞叫「家事遊戲」（choreplay），意思是女人看見老公做家事時會興奮起來。所以當我說：「有時你所能做到最性感的事情……就是洗碗。」對方總是會大笑。有位朋友曾經告訴我：「忘掉玫瑰吧。當室外只有華氏十五度、而且狂風呼嘯時，我老公正在引擎蓋下試著發動車子，好讓我能出發去某個地方……通往色慾房間的門就這麼打開了。」家事遊戲就是一種關愛，能幫助伴侶逃離「照顧他人」的角落。

治療師埃絲特・沛瑞爾（Esther Perel）曾說，太過親密會澆熄熱情，她談的是關心。但高曼說親密是熱情的關鍵，他也是在談關心。差別在於，沛瑞爾指的是「照顧他人」的角落；高曼指的是「關愛」的客廳。

一邊思考情緒大腦中的關心空間，你可以問自己以下問題：

- 你怎麼知道自己在這個空間裡面？
- 當你在這裡時，身體、思維和情緒發生了什麼事？
- 你對這個空間有什麼感覺？
- 哪些空間與這個空間相鄰？
- 什麼事情把你拉進這個空間？什麼事情把你推出去？

阿瑪與迪

戀愛喜劇儘管錯誤百出，卻能夠說明玩樂怎麼創造情慾脈絡。以我朋友阿瑪為例。身為母親與妻子、從事一份全職工作外加一份兼差，她每週有一個晚上完全屬於自己；而她的太太迪負責照顧三個小孩，最小的還在學走路，最大的是青少年。她在這段獨處時間選擇做什麼事？運動？祈禱？

i 編按：英文俚語，指無論有意或無意，阻止他人發生性行為。

小睡？其他任何能充實自己的活動？不，這些事情她日常生活就能做了；這不是用來充實自己的時間，而是用來放縱自己的時間。在這段無人打擾的休息時間，阿瑪會看戀愛喜劇。

阿瑪與迪對於性愛已經有良好的溝通，但平面圖的比喻賦予了阿瑪一種新語言，使她可以清楚傳達之前已經察覺、卻無法形容的事情。阿瑪學到情緒平面圖之後告訴我，這張圖幫助她表達她觀察到的事情，以及她和迪該怎麼付諸行動：「我正在看這部戀愛喜劇，我發現這些角色正在露骨地挑逗彼此，而且他們的聯繫十分火熱。我突然明白，這就是我想要的！藉由玩樂的方式來聯繫。我想要幽默感和輕浮感，但我們現在的生活很缺這兩樣東西，因為我們為了工作、小孩和一切，必須嚴格管理生活。」

由於低慾望伴侶（即使處於既深厚又滿足的性聯繫當中，其中一個伴侶仍有可能沒什麼慾望）過著既有壓力又筋疲力竭的生活，阿瑪想找到更多方法產生情慾聯繫。而「隔壁的房間」這種語言，幫助她跟伴侶溝通這個主意。

「我們兩人都已經度過漫長的一天，但迪還是跑來跟我一起淋浴，在這個地方我們可以聊心事，而她問我在想什麼。我說：『我覺得我需要開點玩笑。』我以前可能會說『我需要你快樂』，但這是不講理的要求，人不可能就這樣變快樂吧。但她可以打鬧一下。

「而她真的這麼做了，隔天她一直逗我、跟我說笑、表現得很調皮，那天晚上我們做了愛，而且是有史以來最棒的一次！」（阿瑪的平面圖如左圖，以傳統的阿散蒂〔Asante〕建築為基礎，靈感來自她的迦納傳統。）

阿瑪學會的新語言，有一個令人印象深刻的層面：她從「我需要你快樂」變成「我需要開點玩笑」。等於從「我需要改變你個人的內在狀態」變成「我需要改變我們的共同動態」。換言之：「這不只是你的職責，而是我們的共同職責。」

對於希望伴侶更自發渴求他的人（像是麥克）、或是希望自己更容易想做愛的人（像是瑪格）來說，這就是你從「想要改變某人（你自己或別人）」轉變成「想要改變脈絡」的方式。

有害於愉悅的空間

現在我們來談談「不利」的情緒空間——也就是讓我們想避免體驗的空間。恐慌／悲痛、恐懼、暴怒，這三個空間各有不同，但只要身在這三個情緒空間，都很容易將體感解讀成潛在威脅，也就是要迴避的事物。

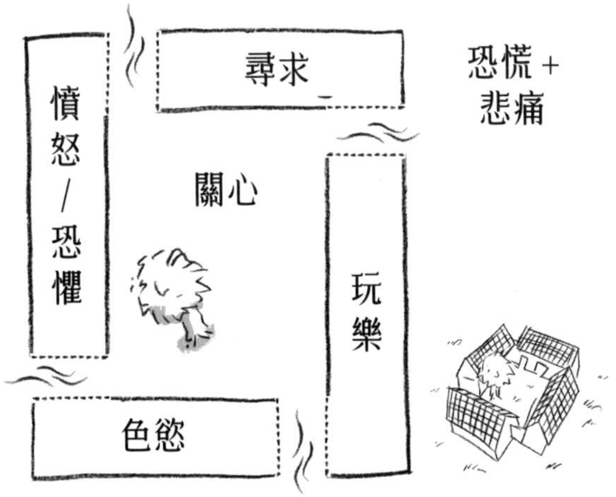

▲在傳統的阿散蒂聖壇，中央的庭院是最神聖的空間。而在這裡，庭院是「關心」；你可以從平面圖上任何空間走到這裡，也可以從這裡走到其他任何空間。

你讀的時候要記得這句話：

艱困的感受並不危險。

艱困的感受不危險，因為它們就跟其他感受一樣，都是隧道。當你一路穿越它們，你會在終點看見光明。它們當然令人不舒服，這就是它們的重點所在。當你體驗到這些情緒時，你的具身心智（embodied mind）就會警告你，它感受到潛在問題或威脅。但這種感覺就像救生員吹哨警告大家離開海水一樣，本身並不危險，潛在危險是鯊魚、離岸流或閃電，這才是你該離開海水的原因，你不必怕哨子。

大部分時間，這三個情緒空間都離色慾很遙遠。不過，正因為任何持續夠久的關係，都無法避免有害愉悅的情緒，所以如果想培養一段能維持好幾年的性聯繫，就必須認識這些空間。

五、恐慌／悲痛

恐慌／悲痛與我們是否獲得足夠的關心直接相關。恐慌／悲痛最單純的形式就是孤獨。但孤獨就像飢餓，它是一種警鈴，告知我們要解決一個可能導致嚴重傷害的問題。

人類嬰兒的生命必須依賴成年的看護者，所以我們的大腦有個強力的恐慌／悲痛警告系統，它警告我們，假如我們需要幫助時沒人來幫我們，就可能會發生壞事。看護者不在場，就會啟動幼年人類的恐慌——嚎啕大哭，努力想找到或接觸看護者。如果看護者還是沒回來，行為就會變成悲痛——也就是悲傷；而假如孤獨太久，就會變得絕望無助。

到了青春期，關心系統被納入平面圖，同儕變成我們的依附對象。到了成年期，我們的生活不再依賴依附對象的歸來，但我們的身體不知道這件事，所以與愛人相隔兩地，可能會令你覺得自己快死了，而這就是「心碎」的由來。

就跟所有主要情緒空間一樣，恐慌／悲痛有強弱之分，而這也決定了從這裡進入色慾空間的難度。在低強度下，恐慌／悲痛可能會激起許多不同種類的色慾體驗。潔撒敏・史丹利（Jessamyn Stanley）是一位多邊

▲恐慌／悲痛是失聯、孤獨和放棄的空間。因為「愛」是一種生物驅力（意味著我們被愛得不夠可能會死），所以這個空間是一個警告系統，在我們感覺太孤獨時，它會提醒我們。恐慌是孤立時的警告；悲痛是感覺無助、沒希望。

戀酷兒瑜珈老師，她在自己的 Podcast 中說道：「嫉妒就是我的性癖。」[8]當她的同居伴侶與一位新伴侶發展關係，她內心會啟動一種低度的「依附受到威脅」感受，接著這種緊張感啟動色慾，強化了她們交往時的羈絆。

有時候，分手和大型爭執也可能把我們從恐慌／悲痛空間彈射到色慾空間。當我們與對方的聯繫變得不穩定，大腦就會用盡一切手段來穩定這段聯繫。性愛是其中一種穩定、加強、甚至恢復聯繫的方式，因此才有「分手炮」和「復合炮」這回事。

分手炮和復合炮可能讓人覺得關乎生死，因此肥皂劇、電影和戀愛小說總是充斥著這種情節。這些劇情幾乎把性接觸描寫成緩和恐慌／悲痛的唯一方法，從來沒有人因此而真正感到愉悅或喜悅，只有解脫。我希望你的性生活不只是為了擺脫存在危機所帶來的絕望，我喜歡看你獲得喜悅。

但對某些人來說，稍微有點嫉妒或不和的跡象，可能會鎖上通往色慾之門。我有一位朋友曾經歷過多段虐待關係（abusive relationships），他告訴我，他花了很長的時間才學到，他的伴侶就算花時間跟其他人相處，也沒什麼大不了。

在他大部分的人生中，假如伴侶對其他人表達任何欣賞，他的大腦就假設這段關係結束了，他的伴侶將會離開他，並投向那個人的懷抱，所以他的身體不會恐慌並嘗試修復關係，反而會停止運作並完全脫離現實。

思考情緒大腦中的「恐慌／悲痛」空間時，可以問自己以下問題：

● 你怎麼知道自己在這個空間裡面？
● 當你在這裡時，身體、思維和情緒發生了什麼事？
● 你對這個空間有什麼感覺？
● 哪些空間與這個空間相鄰？
● 什麼事情把你推進這個空間？什麼事情把你拉出去？（請注意，這跟前述四個空間不同。一般來說，我們會被「拉」進正面情緒，會被「推」進負面情緒。）

六、恐懼

在日常語言中，恐懼的意思可能是輕微擔憂、焦慮或害怕。恐懼很神奇，因為它可能是三種不同的東西：逃跑、奉承、僵直——但不是戰鬥；戰鬥算是暴怒，我們後面會討論。

恐懼的典型外在表現就是逃跑，根據潘克賽普的說法，它是一種「混亂的拋射動作，以脫離會受傷的險境」。就演化而言，恐懼幫助我們從威脅性命的情況下倖存，例如被掠食者追逐；當有一隻尖牙利爪、時速三十英里、想吃你的猛獸追著你跑，你並不需要好奇心或性慾。所以恐懼也可能會「降低正面影響」，也就是抑制有利於愉悅的系統——玩樂、尋求、關心、色慾。

或者，其表現形式也可能是「奉承」或「照料、示好」——這是高度社會性的威脅反應，使我們尋求聯繫以找到安全感。我們會對看起來很危險的人微笑或安撫對方，尤其是力量比我們大的人；我們會保護和照顧身旁脆弱的人，並試著在不安全的情況下讓他們安全；我們看著身旁眾人的臉龐並尋求安慰，確認自己並非唯一處於險境的人；我們跑向某個安全的人，並緊緊抱住他。這種版本的恐懼可能涉及關心系統，但它位於關心的廚房，瓦斯爐上放著裝滿滾燙熱油的鍋子，而你完全無法把眼神移開，因為你怕火。

另外，恐懼的形式也可能是「僵直」——你會停止運作，崩潰、想睡覺、無法清楚說話或思考、幾乎無法移動，或者感覺自己在霧裡，用慢動作移動。僵直是我們孤注一擲的恐懼反應，你的大腦已經失去希望（也就是你不認為自己可以逃離、擊敗威脅或說服威脅走開）。有些人稱之為「陷入休克」或「裝死」。生理上，你的大腦和身體正在等著威脅過去、有人前

▲恐懼是「不安全！快走開！」的空間。在最低強度下，它可能是輕微的瑣碎煩惱；在最高強度下，它可能讓人全身戰慄。它的表現形式也可能是討好別人、為了創造安全感而甘願做任何事。

來相助。由於有滿高比例的人都經歷過性創傷，而且通常都包括僵直的經驗，所以色慾單向通往恐懼的情況並不罕見。

這裡舉一個想走到色慾，卻卡在恐懼中的例子（假如你是性暴力的倖存者，你可以直接跳到本節結尾）。一位年輕女性經歷了創傷性的猥褻——一名男子從後面接近她，用手抓住她的生殖器，然後用自己的生殖器頂住她的背部。這發生在公共場所，在一家店裡、在光天化日之下。這傢伙就這樣抓住她、猥褻她，然後揚長而去。她沒看到他的臉。她的身體停止運作，直接僵住。她一頭霧水，離開這家店，回到家裡，躺到床上，躲進被窩裡，等到她能夠哭出來而止。接著她盡力忘掉這件事。

幾年後，她跟別人交往，而且很快樂。她和伴侶同居，生活過得很順利。然後有一天，她站在水槽前洗碗，她的伴侶回家，從後面用手臂環抱她。她的身體嚇壞了，手臂舉到自己面前，身體僵直，因為緊張而顫抖。

過去的事件已經在她腦中產生一道暗門，所以當伴侶從後面接近她，她就無助地陷入恐懼。而且擺脫恐懼的唯一途徑就是暴怒。她對自己的「不理性」感到憤怒，接著她對伴侶這樣嚇到她感到憤怒，然後再對猥褻她的人生氣，因為他在她腦中產生了這個情緒陷阱。但她多半只是想找個人出氣、卻沒有對象，所以她卡住了。

最糟的是，這道暗門會擴大且遍及其他性接觸，就算不是被從後面抱住，也可能影響她，最後幾乎任何性接觸都會讓她穿過暗門，掉進恐懼空間中。

那怎麼辦？他們討論了這個問題。

他們擬定了一個計畫，嘗試既安全又節制的碰觸，然後經過幾週的時間，逐漸增加他們互相碰觸的親密度，藉此教導她的身體，性接觸是可以在足夠安全的脈絡中發生的。通往恐懼的暗門可能變大，但只要在安全的脈絡中練習碰觸，就可能縮小這道門。

不用說，他們當然有跟治療師合作。

假如你或伴侶是性暴力倖存者，那麼最有效的方法莫過於探索你的大腦如何連接色慾和恐懼（根據你的人生經驗），並溫和地**讓大腦學會體驗安全脈絡中的性刺激**。若想訓練你的大腦切開恐懼和色慾的連結，就需要時間和愛，就像訓練小狗；假如你感到挫折或沒耐心，只會讓小狗覺得害羞和擔憂。

恐懼的大腦就像隻小狗，牠很努力想把事情做對，請用愛、耐心和欣賞來對待牠，牠會學到這樣是很安全的，牠會放鬆並蛻變。

關於恐懼，有一個必要的警告：**假如你的恐懼並非源自過去經驗或對未來的擔憂，而是源自目前的伴侶，那就是一個跡象：你的關係出現了非常嚴重的問題**。假如你害怕你的伴侶、假如你伴侶因為你害怕而羞辱你、假如你走進恐懼空間卻出不來，那就尋求治療吧。這些問題更大、更嚴重，書籍幫不了你。

恐懼是生活的一部分。目標並不是毫無恐懼的生活，而是與恐懼共存，你可以設法度過它，而不是由它主宰你的生活。

奧德雷・洛德（Audre Lorde）在《癌症日記》（*Cancer Journals*）中，針對和恐懼共存提供了詩意的智慧。她寫道：

「我正在藉由經歷恐懼，來學習怎麼超越恐懼而活，並在這段過程學到怎麼將我對自身極限的暴怒，轉化為更有創造性的能量……假如我無法完全消除恐懼，我可以學習怎麼不理它。如此一來，恐懼就不再是我必須浪費精力去對抗的暴君，而是一個同伴，雖然不怎麼討人喜歡，但它的知識可能很有用。」

如果恐懼是生活中的家常便飯，那無論它有多討人厭，請讓它變成有用的同伴。思考情緒大腦中的恐懼空間時，請問自己以下問題：

- 你怎麼知道自己在這個空間裡面？
- 當你在這裡時，身體、思維和情緒發生了什麼事？
- 你對這個空間有什麼感覺？
- 哪些空間與這個空間相鄰？
- 什麼事情把你推進這個空間？什麼事情把你拉出去？

憂鬱、焦慮，與情緒平面圖

如果你跟我一樣，焦慮是你生活中的一部分，你應該會認得這種生理、心理或情緒上的動盪——有股毫無根據的衝動，想要逃離、躲避，或手忙腳亂地試圖控制你的環境。無論你經歷過社交焦慮症、恐懼症、強迫性行為或思考（如飲食紊亂、摳皮膚、拔毛、算數、用手輕敲東西或檢查門鎖等）、一般的焦慮或以上皆有，焦慮是你的身體在試圖保護你，應對它被訓練成認為不安全的情境。請學會留意你什麼時候處於恐懼空間，並放鬆身體，度過、脫離這個空間。這是個必要技巧，能夠減少焦慮對你生活的影響。當然，減少焦慮也會增加大腦獲得愉悅和色慾的管道。

同理，恐慌／悲痛空間就是憂鬱症的所在地，而且對大多數人來說，恐慌／悲痛的強度就像情緒的沼澤，很難從這裡前往任何有利於愉悅的空間（包括色慾）。如果你跟我一樣，憂鬱症是你生活中的一部分，你應該很熟悉那種無助與孤立所形成的陰影，它似乎在這個空間中纏著你不放。這就是為什麼，許多有效的憂鬱症療法都涉及身體自主權和社交聯繫，尤其是玩樂。肢體活動會教導你的身體：無論你的大腦有什麼意見，你都沒有被困住、也不無助。與別人聯繫時，你能學到：你並不孤獨，因此孤獨其實不是你應得的。請學會留意你什麼時候處於恐慌／悲痛空間，並放鬆身體，度過、脫離這個空間。這是個必要技巧，能夠減少憂鬱症對生活的影響。你在第五章會發現一些交往的技巧，促使你們如團隊一般合作。

七、暴怒

暴怒在日常生活中的名稱包括憤怒、厭煩、惱怒、挫折，有時則是憎恨；這是壓力反應中的「攻擊模式」，是一種生物衝動，會邁向並摧毀被我們視為威脅到我們的安全、幸福、身分或目標的事物。

什麼事物會啟動你內心的暴怒？什麼事物會激起你的恨意，讓你想要摧毀某件事物或某個人，或者希望他們不再存在？

在情緒平面圖的所有房間中，暴怒給人的感受最為複雜。我們有許多人都被這樣教過：我們沒有、不該有這個空間。假如你沒認清自己處於暴怒中，你就很難脫離它。

▲暴怒是「不安全！快點摧毀它！」的空間。它可能很小，例如厭煩和惱怒，也可能大到充滿全身，讓你像浩克一樣想要砸東西。沒有任何情緒本身就很危險，但因為暴怒是「想要破壞事物」的動機，所以我們必須確保自己在盛怒之下不會放任自己的雙手和言語。

對於該怎麼處理交往時的強烈怒氣，我的一般建議是：深陷暴怒房間時，請不要碰觸彼此，任何身體部位都不要碰，而且也不要講話。你可以像猩猩一樣邊咆哮、邊搥打自己的胸膛；你可以跳上跳下、去慢跑、與伴侶一起發出原始的尖叫，藉此清除體內的怒氣。心情就像隧道：你必須度過它們才能看見光明。但你不能說話、不能碰觸，甚至連對著自己都不行。

你的怒氣本身是無害的，假如你不把身體或言語當成武器，只有怒氣存在的話就不危險。你伴侶的怒氣本身也是無害的，同理，假如他不把身體或言語當成武器，只有怒氣存在的話就不危險。你們可以在彼此面前生氣，甚至可以對著彼此生氣，這沒有什麼不對。

另一個必要警告是：假如伴侶用他們的暴怒當藉口，把身體或言語當成武器攻擊你，或者你任由自己傷害伴侶，只因為你「發脾氣」，那表示有件很糟糕的事情正在發生，請尋求專業介入。

我們在暴怒空間內能做什麼？我們能夠消氣。我們會把垃圾丟進垃圾袋，再從窗子扔出去（這是比喻）；我們讓情緒的浪潮流過全身，然後逐漸消散。別讓情緒的生理面連結到任何思維或想法，別相信任何我們告訴自己的事情（在暴怒房間中，你不可能分辨真相和騙自己的謊言）。我們要拔掉這座比喻的花園中的雜草。

我有位朋友已經進展到能承認她的情緒平面圖中有一個暴怒空間，甚至能認清自己身在其中。但她想問的不是該怎麼處理暴怒，而是：「我如此暴怒的時候，要怎麼『想做愛』？」

一開始我聽不懂這個問題，我請她解釋，而她描述了自己多年來的挫折感：「我覺得自己像個下屬。」她從小就被灌輸觀念，認為這種角色是她的職責，但經過幾十年的婚姻後，她的這些信念逐漸破滅，也感到越來越挫折，因為她老公完全不留空間讓她追求自己的夢想；她老公不但沒有多負點責任，做家事和幫忙照顧小孩（現在都是青少年了），還輕忽她的痛苦，跟她說：「你就是比較擅長做這些事。你幹麼生氣？這是讚美吧！」隨著時間過去，她的怒氣已經累積並僵化成一道蔑視之牆。

她又問一次：「在這種處境中，我要怎麼『想做愛』？」

「這個嘛……首先，」我說：「慾望不重要，愉悅才重要。但你不必隨時都想做愛或喜歡做愛。你不必一直試圖進入色慾空間，你可以只專心度過暴怒空間。」假如你在暴怒空間花了很多時間，根本不會有想做愛或喜歡做愛的理由。

話雖如此，經常有人教我們，暴怒和色慾是緊密連結的，甚至屬於同一空間。這種說法是騙人的，但因為它太普遍，所以你很自然就會相信。我們成長過程中接受了這個（以神經系統來說很蠢）的觀念：「想要接近某人以摧毀他們」跟「想要接近某人以共享一段情慾經驗」一定非常類似。流行文化一直出現這種觀念——我不禁斜眼瞄向二〇〇五年的《傲慢與偏見》（*Pride & Prejudice*）電影，主角莉西（Lizzy）跟達西（Darcy）解釋，她一直都很討厭他，結果兩人居然差點接吻[9]。

在暴怒所激起的色慾中，你會想硬上對方，當成摧毀他的方式。但這不是性愛，而是性暴力——用性愛當成對付某人的武器。這樣絕對不行。千萬別在對方沒有完全同意的情況下，用性愛摧毀他。我們都懂，對吧？現在可是二十一世紀，我們都知道利用性愛來傷害、懲罰或摧毀某人，一定是在做壞事對吧？很好。

有沒有暴怒和色慾可以共存的時機？當然有，我至少可以想到兩個。

第一，有些分手炮和復合炮可能會落入這個類別，但我覺得更常被歸類成恐慌／悲痛。當已建立的關係中出現爭執，而這次衝突對依附羈絆產生威脅時，人類就會把性愛當成依附行為，強化這個依附並治療其傷害。這些類型的經驗，就是把關心與暴怒和色慾混合在一起。

第二種可能性是，其中一位伴侶很樂意被性愛「摧毀」，而另一人也樂意照做。這裡說的幾乎都是比喻性的毀滅，以及高度非寫實的暴怒。這種類型的經驗，就是把玩樂與暴怒和色慾混合。這需要極為優秀的溝通技巧，你才能在強烈的情緒體驗期間依然劃清界線；這種玩法幾乎總是發生於基於信任的既有關係中。

無論透過關心還是玩樂，有技巧的伴侶會找一個能夠共同發洩怒氣的目標，藉此將暴怒結合色慾。他們不是想摧毀伴侶，而是想摧毀一個以前曾經傷害過他們的人、這段關係中的一個爭端，或是未挑選、不想要的一部分自己。他們可能會假裝其中一人是加害者，但伴侶絕對不是真正的怒氣發洩目標。拜託，我們別再用憤怒性愛（angry sex）這種說法，把它換成「趣味性愛」吧！這對我們所有人來說都好太多了！「想要摧毀某人」跟「想要情慾聯繫」無關，除非你處於某個特定、極度離奇的情況。

暴怒在我們的生活、關係甚至情慾中都占有一席之地，是我們內在生活中一個重要且有益身心的層面。但它很複雜，因為它是毀滅、支配與控制的生物學。暴怒之所以這麼複雜，還有一個原因：我們跟「我們自己和別人的怒氣」之間的關係，是由文化訊息花了一輩子塑造出來的，關於這點，我會在之後的章節討論。但現在，這段故事的寓意是：當我們處於暴怒空間時，別動手，別動口。不要從「暴怒」走進「色慾」，除非你跟伴侶一起做出共同且刻意的選擇。如果你有想摧毀某人的衝動，千萬別跟他有性接觸。

思考情緒大腦中的暴怒空間時，請問自己以下問題：

- 你怎麼知道自己在這個空間裡面？
- 當你在這裡時，身體、思維和情緒發生了什麼事？
- 你對這個空間有什麼感覺？
- 哪些空間與這個空間相鄰？
- 什麼事情把你推進這個空間？什麼事

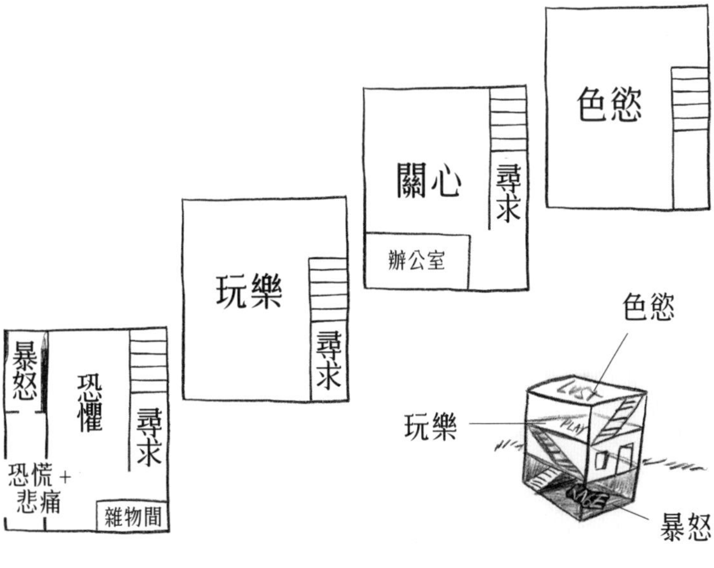

▲在這張平面圖中，色慾跟有害愉悅的空間隔了整整三層樓！

情把你拉出去？

兩個附送的空間

除了七個主要的情緒過程（如潘克賽普所概述），我想在你的情緒平面圖中追加兩個空間。它們不是情緒，卻對我們的性能力和關係有重大影響，因此值得為它們在平面圖留空間，探索你跟你的色慾空間相關的地方。

第一個附送空間是你的「思考心智」。我通常會把思考心智想成一間辦公室，既是你思考、規劃、擔心、沉思、認知的地方，也是社會適宜性（social appropriateness）的所在地。這就是人們「想不通」時卡住的地方，他們無法脫離過去和未來，藉此處在當下、面對伴侶和自己的體感。

佛教徒老師席本・塞拉西（Sebene Selassie）曾說，我們「現代人」很容易像這樣卡住，活在自己腦中，好像心靈是泡沫一樣，在身體上方漂浮、失聯。

而當我們試著走進色慾時，許多人會卡在這裡。

你的辦公室的特有本質會根據許多因素而有所不同。一位罹患注意力不足過動症（ＡＤＨＤ）的女性說道：「我懷疑我的辦公室其實很大、很混亂。我將它視為一個塞滿箱子的房間，而且箱子疊得很不穩，擋住我進入腦中其他房間的通道。」一位罹患自閉症的男性則說：「辦公室是腦內我最喜歡的區域，而且腦內就是我在這世上最喜歡的地方，所以我要花費很大的力氣，才能將注意力從一個滿是我喜歡的玩具的空間移開，改把時間花在別的地方上。」

當你考慮你的思考心智時，同樣的問題皆適用：

- 你怎麼知道自己在這個空間裡面？
- 你在這裡時，身體、思維和情緒發生了什麼事？
- 你對你的思考心智有什麼感覺？
- 哪些空間與這個空間相鄰？
- 什麼事情把你推進或拉進這個空間？什麼事情把你帶出去？

雜物間

除了所有形成「你這個人」的思維和情緒之外，你也有一具身體，而身體有需求，例如食物、水、睡眠、愛。它會跟大腦溝通這些需求，讓大腦想辦法滿足這些需求。我把處理基本需求的那部分大腦想成一個雜物間，在一棟房子裡，這可能是水管、暖氣、衛浴設備與其他必要基礎建設的藏身處。在你的腦中，它是你對空氣、水、食物、睡眠及生活中所有生理必需品的需求。上述每一項需求都比性愛優先。假如你生病、精疲力竭或飢餓，這些都是合理踩煞車的脈絡因素，減少大腦獲得愉悅的管道。我們一輩子都在檢查雜物間，這樣我們才能滿足需求。

第二個附送空間是觀測距離。它還有正念、自我、離心（decentering）、或自我即脈絡（self-as-context）[i]等名稱[10]。培養這種能力意味著學會從自己的內在經驗中稍微抽離，站在一旁觀察，而不是完全沉浸其中。正念老師通常將其形容一種全景觀測點（scenic viewpoint），就像你在國家公園的健行步道或山路上會發現的風景。保持一段距離，我們會察覺自己的身體和心靈發生了什麼事，不用提出意見，也不用試著要改變任何事。

「察覺，但不試著改變」是這裡的關鍵。本書從頭到尾，我們都在談怎麼產生改變，而這幾乎總得花一些時間在全景觀測點上，中立地察覺我們的內在經驗。在我們試著改變任何事之前，要先仰賴自己的能力去察覺發生了什麼事，了解並體會身心試圖維持我們安全與滿足的方式。關於觀測的距離，我有一些很重要的個人經驗，我把這裡想成自己的情緒「本壘」，每當我想在自己的內在經驗之中感到安全時，我就會回到這裡。

假如你之前試過正念練習，但很不喜歡的話，千萬別害怕。只要是涉及「見證我們內在經驗」（成為外在觀察者，而不是「身在其中」）的練習，都會引領我們來到全景觀測點。的確，當我們練習靜坐、瑜珈、太極拳或正念呼吸時，我們就是在練習前往全景觀測點。但有些人是在運動時抵達這個觀測距離的空間，有些人則是透過編織，還有些人是利用音樂、跳舞、藝術到達這裡；我自己多半是透過寫作，而我的配偶只要做事稍微投入一點（割草、買菜、玩掌機上的無腦小遊戲）就能到達這裡，並任由他剩下的思緒四處飄散。

假如你已經知道該做什麼才能到達全景觀測點，我建議你把這件事當成一種例行練習；假如你不知道該做什麼才能到達這裡，請從你感興趣的韻律運動開始，無論是瑜珈、太極拳、費登奎斯（Feldenkrais）[ii]或任何類型的舞蹈；它們全都能幫你適應不同的能力[11]。假如你不喜歡運動，那就嘗試正式的正念練習（坐下或躺下），一邊呼吸、一邊練習思維中的非評斷意識。

思考你的觀測距離時，同樣的問題皆可適用：

- 你怎麼知道自己在這個空間裡面？
- 你在這裡時，身體、思維和情緒發生了什麼事？
- 你對你的觀測距離有什麼感覺？
- 哪些空間與這個空間相鄰？
- 什麼事情把你推進或拉進這個空間？什麼事情把你帶出去？

一棟房子有九個房間，真的很大。在這麼大的房子裡，一定會有些空間是你必須穿過其他房間才能到達的，就像你通常不能直接從寢室走到廚房，你必須先穿過客廳和餐廳。假設你所有的生物

---

i 編按：也稱自我透視、自我觀察，採用超越自我的角度來感覺與了解自我，也就是檢視一個人經驗展現的軌跡，對個人所存在的心理問題採取脈絡性、歷史性、超越自我的了解。

ii 編按：透過輕柔的動作練習改善姿勢、減少疼痛、提升運動表現與身心靈健康。

衝動和情緒，都是一棟房子中的空間，那色慾就是那種無法直接前往的空間——你必須先穿過其他房間。

畫出你自己的情緒平面圖，用意在於弄清楚房子裡頭，有哪些房間在色慾隔壁，以及該怎麼找路走出離色慾很遠的房間。當你卡在暴怒空間，該怎麼找路走到色慾？或許要穿過關心的客廳、或穿過玩樂房間？你必須弄懂什麼方法對你有用，沒有正確答案，每個人的平面圖都長得不一樣。

既然你已經理解了每個房間，那就試著畫出你自己的平面圖吧。下一章我會教你怎麼使用它。

剛開始畫平面圖的訣竅

假如你不確定該怎麼開始探索自己的平面圖，以下是一些你可以嘗試的點子：

- 在一張白紙上，將色慾兩字寫在中間，接著寫下其他離它很近或很遠的空間。這些簡單的群集會讓你有個粗略的概念，知道該從哪裡開始。
- 你也可以從你覺得最花時間的空間開始，辨認你比較容易從這個空間移動到哪些空間。你很容易在關心和恐懼之間游移不定嗎？什麼事情會把你拖出這兩個空間？你會從這兩個空間前往哪裡？如果你不確定，這樣想能幫助你辨認「你絕對不會去」的空間——比方說，假設你永遠不會從恐懼直接過渡到色慾，這就是很有用的資訊。

●假如你很難理解該怎麼把每個空間放進情緒平面圖，那就先分別搞懂每個空間吧。請考慮：

1.這個空間中發生的各種情緒的名稱——例如在暴怒當中，你可能有惱怒、厭煩、挫折、沒耐性、憤怒、憎恨以及「暴怒」本身；或者在玩樂當中，你可能有輕鬆愉快、大笑、放鬆、友情、聯繫或幫某人打氣。

2.用來描述位於這個空間時的感受的形容詞——緊的或鬆的、溫暖或寒冷的、自由或受困的。

3.假設這真的是一棟房子，這些空間內會有的物體——或許是暴怒空間內的拳擊沙包、關心空間內的浴缸、或是恐慌／悲痛空間中下不停的雨。

4.一段你位於此空間時的記憶，包括什麼事情讓你進入該空間、在那裡有什麼感覺，以及什麼事情讓你離開。離開後，你走到哪個空間？最後這個問題的答案，會讓你知道這些空間是否很靠近。

這段探索平面圖的過程，本身就是在練習進入觀測距離。當你經歷這段過程時，請注意你什麼時候比較容易待在自己所考慮的空間之外，以及你什麼時候會被它吸進去，不要觀察、察覺，而是去感覺、思考。將感受和想法寫在紙上、打在手機裡，能幫你強化技巧，以轉變成全景觀測點。

第三章懶人包

- 我們的情緒大腦有利於愉悅的空間（色慾、玩樂、尋求、關心），及有害愉悅的空間（恐慌／悲痛、恐懼、暴怒）。除了這些情緒空間，還有思考心智、我們的身體及觀測距離——既睿智又正念的練習，讓我們從旁觀角度，見證內在經驗。
- 處於長期性聯繫中的情侶，一定要理解他們的情緒空間——知道該如何認清他們處於哪個空間、什麼事情把他們移入那裡、什麼事情把他們移出去，以及對每個空間有什麼感受。
- 此外，理解各種情緒空間之間的關係，也很有價值。哪些空間彼此相鄰？哪些空間需要大改變，才能從其中一個過渡到另一個？
- 對於喜歡目前的性愛、但覺得「卡住」而無法進入色慾空間的情侶來說，學到該怎麼走到與色慾相鄰的空間，就能更容易「走進」色慾。

一些好問題

- 針對有利愉悅的空間：我該怎麼知道我在裡頭？它給我什麼感覺？什麼事情把我拉進去？什麼事情可能把我推出去？
- 針對有害愉悅的空間：我該怎麼知道我在裡頭？它給我什麼感覺？什麼事情把我推進去？什麼事情可能把我拉出去？
- 我該怎麼知道伴侶位於哪個空間？什麼事情能將我的伴侶從不利的空間過渡到愉悅的空間？對於對方有利和有害愉悅的空間，我有什麼感覺？
- 為了和彼此溝通「我們處於哪個空間」以及「什麼事情可能幫助我們過渡到不同的空間」，有什麼有效的方法？當伴侶有艱困感受時，我們能陪伴他嗎？當我們有艱困感受時，伴侶能陪伴我們嗎？

第四章

找到色慾「隔壁」的房間

了解所有情緒空間及它們與彼此的關係，這麼做的重點在於學會怎麼脫困，並幫助伴侶脫困。既然你已經畫出你的情緒平面圖，那就把它派上用場吧——第一步，瞄準一個跟色慾相鄰的空間，而不是色慾本身；第二步，把你自己和伴侶的平面圖當成「第三件事」並投入其中。你並不是直接轉向彼此，而是將你們的相互凝視，轉到這些內心世界的表現上面。

不必拘泥於字面上的平面圖概念。門口可以像變魔術一樣，有著隱藏通道和滑道，將你從一個空間運到另一個，而且沒人看見你是怎麼辦到的。當你從某方向走過一道門，門可能在你身後自動反鎖，導致你必須從另一條路離開。這不是字面上的平面圖，它有祕密，也有自己的生活，因為它就是你。

瞄準色慾「隔壁」的房間

思考我自己的情緒平面圖時，我得出了一個見解。我意識到，當我試圖從某個房間前往色慾空間時，我一定會迷路。比較有效的做法並不是瞄準色慾，而是瞄準一個可以「通往色慾」的空間。我不必找路走到性愛的空間，只要走到一個跟性愛空間相鄰的心理空間即可。所以在本章，我們會搜尋「事發房間」隔壁的房間。

你可以從哪一條路走進色慾？哪裡是事發房間隔壁的房間？讓我們查出從你的所在地通往想去之地的路線。哪些空間聯繫著色慾？什麼能幫你離開某空間，再進入另一個？當你很難走到色慾空間時，上述這些都是很關鍵的問題。

比方說，假如你處於暴怒之中，對伴侶感到惱怒、甚至大發雷霆，你幾乎不可能直接從這裡走進色慾。你可能甚至不想走進色慾。但你可以找出一條從暴怒通往關心的路，這樣最後就有可能走進色慾。

或許你的平面圖就像我的一位藝術家朋友，他走進色慾的方式是畫他的伴侶。描繪人像的動作將他的注意力轉移到一個模式，這個動作本身沒有情慾，但與情慾相鄰；它很精確、專注、有鑑賞力，尋找繪畫對象身體的獨特性與美感，這代表他的情緒空間轉換了：尋求→色慾。

或許你的途徑像我另一位朋友，她是一群小孩的家長。看著她的伴侶關愛孩子，當然一點也不色情，但這樣做會使她進入一個情緒區域，這個區域充滿了感激和欣賞，比她的「媽咪模式」更接近性感。這時，她的情緒空間轉換了：關心→色慾。

每個人都不一樣，而情緒區域也會隨著壽命改變，這都很正常。

我自己的尋路經驗

接下來，我會講述我怎麼尋找新的進入途徑，但這段故事的寓意並不是要你模仿我，而是「這個單純的概念居然如此困難，但它也讓我變成更好的人、更好的太太，還改善了我的性生活」！

你找到的途徑可能比我更簡單，但我不想畫大餅、把這件事講得輕而易舉。有些性愛困境根植於我們小時候聽到的騙人鬼扯，無法藉由訣竅或技巧來修正，就算那個比喻有多好、故事有多正向都沒用。

當我很難燃起慾望時，會試著問自己各種問題。性治療師吉娜・奧格登（Gina Ogden）建議大家完成「當我……的時候，我會興奮起來」這個句子，沛瑞爾也這麼建議。假如這種提示能夠使你想出很棒的資訊，那就太好了，但對我而言，除了「……當我自慰的時候？」之外，我真的想不到任何答案。

我只有在與另一個心靈聯繫的空間之中才能興奮起來，即使那個心靈是某部色情作品的作者或我幻想出來的虛構人物。所以上述問題剛好不適用於我。

但接著我思考了自己腦中的情緒空間，然後自問：讓我走進情慾心境的「入口」是什麼？此時我才明白，「尋求」是我的主要入口——而我的「尋求」失靈了。

我欣賞每個我愛過的人，想要探索他們的心靈並向其學習，我現在的伴侶也不例外——但他的心靈不一樣。他不是科學家或任何類型的學者，而是藝術家。他透過「意象」和「空間關係」來思考，這同時是我最不擅長的理解世界的方式。我透過「文字」跟「人類動態」來思考，所以社會學家、認知科學家、哲學家甚至電影研究者，都很符合我心靈運作的方式；面對他們，我走進情慾聯繫的途徑都是透過「尋求」：我的智識、好奇心或所謂的「社科腦」。但面對我現在的配偶，這無法成為我進入情慾聯繫的主要途徑，因為他不會在這個空間待太久。

他活在其他我不會待很久的空間：藝術和設計、寫笑話。跟他一起去的時候，我的確覺得這些地方滿有趣的，但它們跟我腦中的色慾空間並不相鄰。

有一陣子，我很懷疑我們的情慾聯繫是否行得通，因為我們不常待在讓我愉快的情緒神經科學領域，一起精確分析重要概念之間的區別。剛開始交往時，我試著透過科學與他連結，結果卻令人挫折，因為他會突然開玩笑，這是他的連結方式。我們都沒意識到，我正試著藉由談論科學來建立情慾聯繫，所以我們兩人都不了解為什麼我會感到這麼挫折、這麼孤獨。

不過，在我過去的每段戀情中（我透過智識走進情慾時），智識、身體聯繫都很穩固，但情緒聯繫卻一團糟，這也是這些關係撐不下去的主要原因。

至於我的配偶，我和他的情緒聯繫實在是太、狂、啦！他簡直就像是為我而存在的伴侶。幾十年來我都在練習偽裝自己的感受，但這招對他沒用，他一下就能看穿我。他不僅看透我，還因此愛我，他甚至理解我為什麼要偽裝，因為許許多多原因，我跟他的情緒聯繫和我過去的關係完全不同，而且他也因為這樣，跟我永遠黏在一起了。抱歉啦老兄，你如果還打算跟別人結婚的話，你就不該這麼愛我、支持我。

但無論我們的情緒聯繫有多美好，這仍不是我們進入情慾聯繫的途徑。事實上，它反而離情慾聯繫很遠；他的情緒智商、他讀透我心境及滿足我需求的能力，將我置於一個安全、平衡、平靜的處境，感覺就像情慾的對立面，所以本來「應該」要是入口的地方（也就是關心空間），實際上卻是死路。

缺乏途徑，是一個令我感到羞恥的問題，而且我覺得我永遠無法跟伴侶討論這個問題，請他幫我解決，因為我不想讓他覺得自己被批評，或覺得自己有所不足。當你愛上某人，你就不想傷害他，因為你珍視他的幸福，也因為你很怕他離開你。

於是我選擇跟我的治療師聊這件事。她起初很難理解，她從來沒發現（就像大多數讀者和她大多數客戶）聊科學是一種進入情慾聯繫的主要途徑，但我們一起把這件事濃縮成這個好問題：

「為什麼感覺被愛，反而會讓你不想做愛？」

這個嘛……不對，我應該要說，搞屁啊！

我的治療師知道答案，因為她已經當我的治療師好幾年了。答案太明顯了，所以我開玩笑道：「你是在暗示我生長的家庭有一個自戀酒鬼、一個既焦慮又有廣場恐懼症加憂鬱症的禁慾者，所以我無法孕育穩定性和聯繫嗎？當然不能嘛！」

我的治療師聽完我的自嘲後，耐心地露出微笑，但她沒有用笑話回敬我，因為她知道笑話背後總是藏著「極度難以表達情緒的苦衷」。在這個例子中，透過我嬰兒和童年時期的難受經驗，我的身體已經學到，愛是既有風險又不可靠的。

她說，我應該處理掉所有舊的情緒垃圾，這樣我才能開始學到：這段愛情很安全。我說這聽起來很難、而且很不舒服，所以要花一些時間，但我很希望這個星期就能走進色慾空間。

她聽完又耐心地露出微笑。她知道我開玩笑的原因。

現在，這段治療「該怎麼做」既極具戲劇性、又極為單調乏味，因為這過程充滿情緒、風險很高……但同時又只是大家坐在一個房間討論，其中一個人哭個不停。所以我會用三句話總結我的歷程，但請把這段歷程想像成一九八〇年代電影風格的「鍛練蒙太奇」，再以充滿鬥志的搖滾頌歌畫龍點睛：

我幼年的某些時刻讓我覺得自己不能依靠愛，而我為這個小女孩（以前的我）感到悲痛，因為她永遠不可能擁有理想的父母（這是所有小孩生來就應得的，卻沒有小孩真的得到）。接著我仔細講述我此後的生長過程，我是怎麼磨練本能，知道哪些人值得信任、哪些不值得；知道健康的愛在我體內是什麼感覺；知道我現在對那個仍活在我心中的受傷小女孩來說，是夠可靠的「父母」。我哭了，有時帶著悲痛，但也帶著驕傲——為我所成為的大人感到驕傲。

就這樣，這就是心理諮商。

而在我獨自努力的同時，我和伴侶也已經找到新的入口；這個入口我從來沒跟任何人分享過，沒想到它更好、更性感，但更重要的是，它更適合我們的關係，也更適合我這個人。不過，我之前並沒有察覺這點，因為我忙著想自己「應該」怎麼樣：我「應該」要從關心空間進去，「不應該」仰賴智識聯繫。

我們一起問的問題是：**我們很輕易就想做愛時，通常正在做什麼？這一刻有什麼感覺？**沒想到，我們的答案居然是歡笑。玩樂。被性愛的愚蠢之處給逗樂、被大多數人對性愛的嚴肅態度給逗樂、被身體（尤其是生殖器）的娛樂本質給逗樂，這些都很令人愉快。歡笑和說笑對我而言是什麼？就是色慾隔壁（或上面）的房間——這是最大的房間，也是最難表達情緒的房間。當我們願意一起因為現實——我是個性愛專家，卻連離開沙發躺去床上都做不到——而大笑，我就會想做愛。假如我嚴肅地看待自己、認為每件事都有風險，那這段關係就完了；但假如我能減輕對自己的批評、幽默地自嘲……這段關係就自由了。

而在我們發現歡笑是入口的過程當中，發生了一件事。我的身體開始忘掉我童年時期的信念——愛是一種威脅。而且，隨著身體學會信任我及跟我玩樂的這位伴侶，情緒聯繫和情慾之間的距離就縮短了。沒多久，情緒聯繫再也不會主動澆熄慾火（也就是沒有替我踩剎車），因為我的大腦正在忘掉愛與危險之間的連結。

那麼現在呢？

正當我在寫我們的情緒聯繫「太狂啦！」那一段的時候……我就興奮起來了。現在當我寫到令我感到自己（我是誰、我的古怪之處、我的困難、我的怪癖）被支持和接受的各種途徑時，我就會興奮起來。還有最重要的：我們共享的幽默感。所以最後我有三個可以走的入口！智識、情緒聯繫、歡笑——也就是尋求、關心和玩樂（別忘了第二章，我們討論了門、地毯、做愛專用毛巾的問題，解決性愛問題並非全靠治療和感受）。

當我試著畫出自己的平面圖時，我畫了三、四張草稿，才找到能夠表現出情緒空間中大多數

（但不是全部）關係的布局。你也多嘗試幾次吧！透過整理每個房間之間的關係，你會學到很多東西。

每個人進入情慾心境的途徑都不同。比方說，我的姊妹[i]是音樂家，嫁給另一位音樂家，而音樂家跟其他人不一樣。對他們而言，腦中所有情緒空間都有音樂——關心、尋求、玩樂，但也包括不利的空間。無論我的姊妹位於情緒平面圖的哪個位置，都有音樂存在，而且她又跟音樂家結婚，這表示無論她在哪裡，都會找到老公。

「音樂家情誼」是一種伴侶特質，踩動了她的油門，所以假如她沒有卡在不利的空間，光是聽老公練習就能將她拉向色慾。本書的英文版有聲書，音樂就是她跟老公合作的成果，而我認為這首曲子把他

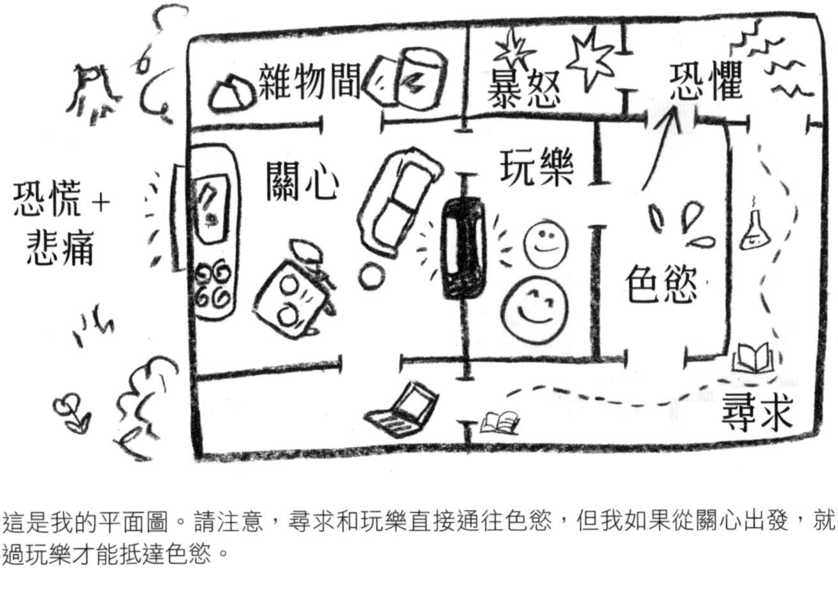

▲這是我的平面圖。請注意，尋求和玩樂直接通往色慾，但我如果從關心出發，就要穿過玩樂才能抵達色慾。

們推到了色慾隔壁的房間。

音樂不是我或我伴侶的入口，但我們可沒有壞掉，我們只是不是音樂家。就我所知，關心通常就在色慾房間的隔壁，不過這因人而異，而且人會改變。

瑪格與亨利

我曾經造訪過一棟房子，它有個附游泳池的巨大室內花園，位於開放式居住區的正中央，景色令人嘆為觀止。從屋裡幾乎任何角落，都能看到那座由大片天窗照亮的花園與泳池。空間的溼度和亮度宜人，而且充滿綠意。

我朋友亨利的平面圖就有點像這樣。他一直待在色慾空間附近；就算是有害愉悅的空間，仍有滑水道直通愉快的玩樂空間。

在我繼續訴說亨利和瑪格的故事之前，我想先說清楚：多邊戀也可以很美、很快樂、很勵志，就像亨利和瑪格一樣。不過，並非每個人都適合多邊戀。先不說別的，光是管理日程就已經是一大挑戰，更別提你還要花時間關心每個人的感受，確保每個人都很清楚其他人之間發生了什麼事。

如果是單一配偶情侶，在最單純的情況下，你必須處理A和B的感受，再加上A對「B的感受」的感受，以及B對「A的感受」的感受。假如你只加了一個人進來，你就還要處理C的感受，再加上C對「A的感受」的感受，以及C對「B的感受」的感受；A對「C的感受」的感受及B對

「C的感受」的感受。此外還有A對「B對『C的感受』的感受」的感受以及A對「C對『B的感受』的感受」的感受；B對「A對『C的感受』的感受」的感受及B對「C對『A的感受』的感受」的感受；C對「A對『B的感受』的感受」的感受及C對「B對『A的感受』的感受」的感受……。

這種複雜度不只是累加，而是指數性增加，需要時間、高超的溝通技巧、非比尋常的高度自我意識，以及時間……咦？這我好像講過了。試圖藉由「將關係開放給其他人」來解決關係困境，就跟試圖藉由「生小孩」來解決問題一樣，完全沒道理。你可能覺得這個新加入你生活的人令你感覺非常舒服，但這不代表你真的修正了問題，而且現在你還把這些問題強加於另一個人。

每個人的經驗都是獨一無二的。但我認為，我所認識經營開放式關係很成功的人——不只涉及性聯繫，也涉及深度情緒聯繫——都是退休人士，這絕非巧合。他們有時間、有情緒成熟度，通常還接受過數十年的治療，這一切都讓這種「心胸寬大」的愛情更可行。

我不是說亨利、瑪格和他們的許多伴侶，這幾十年來都沒遇到問題；所有戀情都會遇到問題，事實上，交往二十年之後，瑪格困在平面圖中有害愉悅的空間，但亨利依然玩心十足地從情緒大腦中的滑水道溜進色慾空間。

在瑪格的平面圖中，色慾位於角落，被關心和玩樂包夾，所有不利的空間都在房子另一側。他們對於「我們想做愛時，是想要什麼東西？」這個問題的答案，已經使他們試圖將她從那些不利空

i 編按：此指作者的雙胞胎姊妹。

間拉出來、並將她推向有利的空間，但正如我們已經知道的：你只能被「推」進不利的空間，因此必須被「拉」出來，同理，你必須被「拉」進有利的空間。

「我們該怎麼幫你脫困？」亨利抱著熱情的樂觀態度問道，前面說過，他可是多邊情慾關係的泰德・拉索：「你需要什麼？」

「嗯，首先，我需要感覺自己像是你下一個重大計畫。」瑪格開玩笑說道。

這個生活中平淡無奇的緊要關頭，使他們將「特別的週末」變成「稍微沒那麼特別，但更方便的週末，而且在瑪格家度過」。他們晚上一起煮晚餐、討論房子哪邊該整修，以及她夢想了十年的擴建。他們一起喝完一瓶黑皮諾葡萄酒後，瑪格感受到睡意和失落。

「我得去睡了，我們可以明天再試嗎？」

「好啊！」亨利說道：「我稍微清理一下廚房再去找你。」

他去找瑪格時，她已經睡著了。隔天早上他醒來的時候，瑪格還在睡。

當瑪格意外滿足地睡了十小時之後（她從圍停經開始後，就沒有睡得安穩過），她走下樓梯，發現廚房清乾淨了、早餐在烤箱裡加熱，而亨利不見人影。她吞下早上該吃的消炎藥，接著仔細聆聽，跟著模糊的歌聲和口哨聲走到洗衣間，找到了亨利。他身上除了瑪格的花圍裙之外（下擺大概位在大腿中間）一絲不掛，正在把衣服從乾衣機拿出來折好，再疊進籃子裡。他一邊折衣服、一邊跳舞，唱著讓伊特・珍（Etta James）進入葛萊美獎名人堂的金曲〈壁花〉（The Wallflower），這首歌又被稱為「跟我一起滾動吧，亨利」（Roll with Me, Henry），是他小時候就聽過的歌。

瑪格沉默地看著他，不想打斷亨利，只想看著他不顧他人眼光的搞笑，越久越好。但最後乾衣機空了、籃子滿了，亨利把籃子舉到腰部，轉向門口。

他看見瑪格，說道：「哦，早安！」

至於接下來的畫面，還是暗掉好了，畢竟本書不是「那種書」，我一句帶過就好：她……呃……她真的跟他一起「滾動」了。

那天他們學到一件事：讓瑪格離開那些有害愉悅的房間，其中一條途徑就是將關愛（位於關心空間內）和玩樂愉快地結合在一起。從這件事開始，他們好奇地探索著意想不到的策略，讓瑪格脫離艱困的空間，並進入有利愉悅的空間。

你的平面圖是「第三件事」

跟伴侶討論情緒平面圖，可說是一項計畫、一種「第三件事」，讓你們可以將共同注意力轉向它。這樣做，不只能幫你創造一個脈絡、使你得以進入色慾空間，還能在其中一方難以進入情慾狀態時，減少壓力與緊張感。

舉一個情侶使用平面圖的例子：艾瑞克（Eric）是高慾望伴侶，當達娜（Dana）這位低慾望伴侶拒絕做愛時，艾瑞克覺得這等同在針對他。達娜跟艾瑞克說，她覺得自己卡在關心的廚房裡面。「我一直困在這裡，找不到通往性愛的路！當你位於性愛房間，而我在廚房時，就別再叫我了，你應該來我這裡，幫我完成廚房內所有照顧工作，這樣我才能離開！跟我一起走過廚房和性愛房間之間的路，在『辦公室』暫時停留，這樣我才能確保待辦事項都解決了，進而擺脫『照顧』的責任，然後我們才能『關愛』彼此！」

在這對情侶的例子中，達娜的意思是將家事融入約會之夜。他們預先安排好的前戲，有一部分是打掃「真正」的廚房——洗碗、烘碗、把碗盤歸位，把流理臺和電器擦乾淨。我之所以知道這段故事，是因為達娜跟我說，艾瑞克在沒受到要求的情況下，主動用抹布擦乾水槽，再把用過的抹布丟進洗衣籃，並換上一條乾淨的抹布。對達娜來說，這個單純卻「奢侈」的舉動，感覺就像在對她說「我愛你」。

另一個例子：一位低慾望丈夫的色慾空間被緊緊鎖住，每道門都緊緊關上、閂好，這是因為他這幾年來做愛都「按表操課」，他每次都必須「好好表現」且「像個男人」。他跟他的高慾望妻子都相信小時候學到的性別指示，所以兩人都相信，他的勃起不只是男子氣概的衡量標準，也代表了他對她的慾望、他對這段關係的承諾，以及他在這段關係各方面都能滿足伴侶需求的能力。當你把焦點放在陰莖上，並要求它「好好表現」，這麼做能幫你踩油門嗎？對許多人來說，包括這位仁兄，壓力和對於性方面表現的要求，等同於踩剎車，使他們不可能勃起。更糟的是，他很少談這件事，因為光是討論性愛就好像在承認失敗。

他的妻子學會情緒平面圖之後，滿懷熱情地將其介紹給老公。她完整解釋了自己的平面圖，描述每個房間帶給她的感受，以及哪些房間與色慾相鄰。她把一切都畫下來，用箭頭秀出她怎麼穿過一個空間、進入另一個。

但他並沒有照做。他不想解釋每個空間給他的感受，這些資訊量使他吃不消。思考每個空間之間的關係，對他來說負擔太大了，他根本搞不懂。

不過，儘管如此，他仍可以指著老婆畫的「恐慌／悲痛」空間，然後說：「我在這裡。」他足夠理解自己的內在經驗，因此即使他沒有經常練習，仍能辨認這個空間。在一堆可能的名詞當中，他能夠為自己的內在經驗找到一個合適的詞彙。

他的妻子之前假設他位於暴怒空間，因為她拒絕跟他做愛，令他很生氣，氣自己沒有掌控局面。但當他指著恐慌／悲痛，她突然明白自己對這個困境的理解是錯誤的。當伴侶位於暴怒，解方和位於恐慌／悲痛時截然不同。

由於他困在恐慌／悲痛中的經驗，伴隨著極端的孤立和無助，所以他們的下一步是正確的：一起去看治療師。

我明白，「治療」是一種類似「正念」或「同理心」的答案，你可能會想：「唉，你難道就不能直接告訴我要做什麼、該怎麼修正嗎？為什麼要我處理這些感受？」

我當然希望我可以這樣做。但在一段持續數十年的關係中，想達成優秀的性愛需要你的整個人格（personhood），以及伴侶的整個人格。這意味著了解你的整張情緒平面圖，並能夠討論每個房間，包括不舒服的房間。這不一定容易，但當你的伴侶可以告訴你「我在我們的關係中感到寂寞」，哪怕他只是指著一張圖然後說「我在這裡」，這樣就有很強的動機了。

再舉一個例子，因為我很喜歡人的多樣性。安柏（Amber，非真名）和她的非二元伴侶同居，處於開放式關係，她跟我說他們兩人在共享的性聯繫中體驗到的慾望，多半都是反應式慾望。但她也告訴我，她在其他非同居伴侶身上體驗到的則是自發式慾望。她說：「這很好懂，我不是整天都看到他們，所以當我見到他們時就是在慶祝、在玩樂，讓人放鬆、覺得好玩，好像在放假。」

可是對於她的主要伴侶，安柏說道：「我們都屬於被動反應的類型，就像我們在等對方起頭、製造『火花』。」

我說：「我很好奇，為什麼要先有火花，才能發生其他事情？」

她很難解釋火花為什麼重要，於是我問了另一個問題：「當你體驗到火花的時候，你是想要什麼東西？」

她回答：「我想跟伴侶變得超親近，而且是字面上的親近，整個人都要貼上去那樣。」

安柏的火花是對於「親近」的慾望——這解釋了為什麼對於不常見面的非同居伴侶，她能輕易感受到火花。這意味著對她來說，色慾隔壁的房間是關心——具體來說，就是「想念她關愛的人」。如果你很喜歡某人，但沒有花很多時間跟他相處，你當然會想更親近他！相反地，你很難想念每天都要看到好幾小時的人。

「滿心愉悅地盼望更親近她想念的某人」，就是安柏進入色慾空間的途徑——透過關心，再加上一點點恐慌／悲痛。

這樣事情就很單純了。

我說：「通常，我會建議兩個人分開一陣子，藉由想念彼此來創造火花。」

她說：「哦，這個埃絲特．沛瑞爾有說過。維持距離。」

「對，」我說：「但也有其他選項。當你們一起安排親密時光，別再把它想成『我們該怎麼創造這種盼望的火花』；把『盼望』忘掉，試著盡你所能將愉悅帶給你的伴侶，這樣如何？改成心想：『這個人實在太讚、太棒了，而我跟他共享了生活的一大部分，我該怎麼將愉悅帶給這個人？』這樣你就不是在等待火花，而是自己點燃火花，用關心、玩樂或尋求來點燃。別再盼望自己能想念對方，而是盼望自己能給對方愉悅。」

「我的天啊，這聽起來好多了！」她說。

當她在「性感時光」現身時，她不再擔心該怎麼跟她愛慕的人創造火花，而是以「將愉悅帶給她深愛的同居情侶」為目標。

這是個小轉變，但也是新的入口——走過隔壁房間，抵達色慾。

脈絡切換的代價

我相信每個讀這本書的人，都有能力大幅改善性生活，無論你原本的性生活有多好或多壞。但我絕對不會講得好像這一切毫不費力，因為我知道：一、我在本書推薦的很多東西，都必須耗費很大的心力；二、先告訴你有些事情會很費力，那麼當事態變得很艱難時，你就不會輕言放棄。

這就是為什麼，我需要你了解「脈絡切換」（context switching）。

在電腦程式和生產力書籍中，脈絡切換指的是「從一項工作換到另一項」的過程。這段流程需要花費時間和精力。切換到一個不同的工作或角色——例如從工作模式切換到父母模式，或從父母模式切換到性感模式——需要花費時間和精力。這種切換很少是不由自主或非刻意的。

我們的大腦需要定期切換，而說到切換，不同人有不同需求；比方說，長時間待在同一個工作對我比較有益（在我寫這個段落時，我已經在書桌前工作了整整四小時），但我那位有注意力缺失症（ADD）的配偶，就比較適合頻繁地切換（受他容易分心但很有創意的大腦所引導）；他的網路瀏覽器經常開著一百多個分頁。對我們兩人來說，假如外在世界要求我們切換注意力，或在大腦還沒準備好的時候維持注意力，我們或許就要花更多精力來切換，這可能會把我們累垮。

你是否也感同身受？當你工作到一半，終於抓到幾分鐘的時間可以專心做一件事，結果小孩跑來吵你？或是專注在一個專案上，然後一封電子郵件寄來、某人把頭伸進你的隔間、有人提醒你十分鐘後要開會，所以你必須放下你真正有生產力的工作，跑去處理？這只是其中幾個你會體驗到脈絡切換之代價的時刻。

在生活中，總會有些時候沒有時間或精力（或兩者都缺），讓你無法順利從日常的工作和心理狀態，過渡到腦中的色慾空間。生活就是這樣，沒關係。

生活中也總會有些時候，你有時間和精力使整個腦部沉浸在色慾中，你所有注意力都放在此刻發生的愉悅事物上。這就是人們在談論自由時，他們真正嚮往的那種性愛——在一個共享的寬敞空間解放身心，消除障礙、強化聯繫，終至狂喜。用一句很「書呆子」的話來解釋就是：「人們嚮往的，就是整個大腦『脈絡切換』到色慾房間。他們想要待在這裡，不必擔心空間外的任何事情。」怎麼達到這個狀態？我在最後一章會解釋。

想維持深厚的長期性聯繫，就要了解你和伴侶的情緒平面圖。了解哪些心理空間與情慾相鄰，理解該怎麼幫助彼此從遙遠的空間（如擔心與挫折）過渡到色慾隔壁的房間。很多心境沒有直接通往色慾的路，所以「性愛應該自然發生」這樣的想法其實很不合理。從心理空間轉變到另一個需要時間、努力和精力，而且通常需要伴侶的幫助，才能讓轉變成真。人有百百種，所以通往色慾房間的潛在阻礙也五花八門，唯有你和你的伴侶能想出該怎麼保護這個空間。

而且，千萬別忘記，有時你是真的吃不消、累慘了，連從沙發上起來都做不到；約會之夜來臨時，你已經沒有餘力，只能癱成一團肉。如果你累到這個程度，下頁是一張發給你的正式許可證：當你真正想要的是小睡十次並好好大哭一場時，你不必試著走進色慾空間。你不必向任何人解釋或找理由。

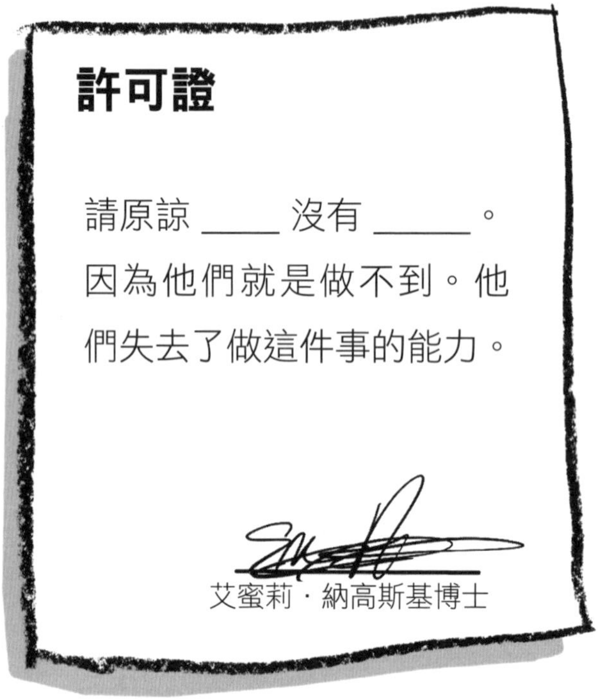
許可證
請原諒 ____ 沒有 _____。
因為他們就是做不到。他
們失去了做這件事的能力。
艾蜜莉・納高斯基博士

▲累癱時可以使用的正式許可證，你不必向任何人解釋或找理由。

第四章懶人包

- 不要瞄準色慾本身，而是瞄準它隔壁的房間。
- 你的情緒平面圖對於探索「內在經驗」（你們共享的情慾脈絡的一部分）來說是很有幫助的工具。再說一次，長期維持深厚性聯繫的情侶，會共同創造一個脈絡，好讓彼此更容易獲得愉悅。
- 時間、療法、好奇心、伴侶的支持與合作，在以上事物的幫助之下，我才能發現新的色慾空間入口。因此，在探索自己的情緒平面圖時，不必太急。
- 穿過情緒空間需要時間與精力，費力是正常的；「在任何脈絡下，我們都能立刻輕易變得想要、喜歡做愛」是一種迷思。

一些好問題

- 什麼心理狀態在色慾房間隔壁？
- 我的情慾心境的「入口」是什麼？
- 那些我可以輕易答應做愛的時刻，我通常在做什麼？我有什麼感覺？
- 那些我覺得無法、不想做愛的時刻，我通常在做什麼？我有什麼感覺？

第五章

性積極心態：我們如何施與受

現在，你已經學會怎麼畫出自己的情緒平面圖，辨認你所在的情緒空間，以及什麼事情讓你進入這個空間、怎麼出去，以及當你走到另一側時，你在哪裡。這樣一來，你和伴侶就能幫助彼此共同創造一個脈絡，讓你的大腦更容易獲得愉悅，尤其是「色慾」上的愉悅。

讓我們用性積極（sex positive）心態，來強化平面圖與你的脈絡創造。

對我而言，性積極這個名詞，不代表所有性愛都是正向的，或每個人都應該喜歡、想要、真的去做愛。性積極意味著每個人都可以選擇碰觸對方與被對方碰觸的方式和時機，而且每個人都可以決定他們對自己身體的感受。這種基本的身體自主性，是良好、特優、史詩級……各種優質性愛的基礎——所以才叫做性積極。性積極心態承認一件事：我們每個人都在潛在的有害環境中培養自己的性能力，而且還帶有過去的潛在有害經驗。

性積極會培養每個人的基本身體自主權概念。在任何時刻，你應該都可以自由選擇自己被碰觸的時機和方式，與你共享碰觸的每位伴侶也是如此；你可以選擇你對自己身體的感受，無論那是接受還是批評、喜愛還是哀痛，而跟你共享碰觸的每位伴侶也是如此。

自信與喜悅：去了解、喜愛真相

當有人問我從事什麼工作，我會說：「我是性教育者，我教人們如何在自己的這具身體內，活得自信且喜悅。」

接著他們問我，他們正常嗎？我回說，他們非常正常。

但我更希望他們能問我「自信和喜悅」是什麼意思，因為當你把「我正常嗎」換成「我有自信和喜悅嗎」，你對性能力的整體觀點就會改變。自信和喜悅是性積極心態的基礎。

自信就是了解真相——了解關於身體、性能力、生平、文化、伴侶和伴侶關係的真相。自信就是去理解我們沉浸的肉慾、生活的世界及戀愛關係有哪些真相。去認清真相，即使它與我們過去被教導「應該是真實的東西」不符，即使我們不希望這些是真的。

你讀這本書是為了學到真相，讀書、看影片、聽Podcast，接收所有你信任的媒體，透過這些方式，都可以了解真相，但這不是最重要的部分。關於性愛這個複雜概念，若想要了解真相，另一個重要部分就是透過社會學習——觀察別人、跟別人討論他們和我們自己的經驗。你可以在社群媒體上做這件事，但當你可以和他人面對面時，效果實在差太多了。什麼方法都比不上在現實生活中跟你欣賞的人聊天，只要跟別人聊天就能學到東西，就像閱讀和收聽值得信賴的媒體來源。

但就算跟別人聊天，也不是最重要的真相學習法。最重要的真相學習法是：傾聽你自己——你的身、心、腦、靈，你的內在經驗。傾聽、相信，然後信任。

這對某些人來說比較簡單，舉例來說，我的內在經驗很嘈雜，所以我想忽視也做不到，內在經驗會把我的注意力從外在世界移開，轉向我自己的身體。

相反地，對我的同卵雙胞胎姊妹艾蜜莉亞（Amelia）來說，傾聽自己的身體非常困難。被病魔纏身多年的她，最終被告知得了述情障礙（alexithymia），基本上就是無法察覺或理解自己的內在經驗；也就是說，她如果用同一個姿勢坐太久，不會發覺自己腳麻了；她必須思考幾分鐘，才能理解她肚子的感覺是飢餓、經痛還是腸胃疾病。有很多人的經驗與她類似，所以她寫了一份「傾聽你的身體：基本概念」指南，作為我們的著作《情緒耗竭》練習簿的附錄。

以上就是三種學習更多真相的方式。

但根據我的經驗，有三種真相很難認清，分別為：

1. **這不是我們過去被教導「應該是真實的東西」，或你不希望它是真的**。假如你在成長過程中，並不了解剎車或反應式慾望其實很正常、很普遍，而且還是過去數十年來的典型性聯繫特徵之一，你可能不希望自己有剎車，或希望自己能輕易燃起自發式慾望。當事實與你想像的理想性生活互相矛盾時，你會很難放下。

許多自助書（從斷捨離指南到專業成功手冊）都要求你展望你的「理想生活」，這樣你就能建立目標，知道你「為什麼」要做出這些改變。我無法請你這樣做，因為你對於「理想」性生活的想像，很可能是被一些狹隘的文化謊言塑造出來的。你的理想可能是「帶有特定的外表和行為舉止的軀體或伴侶」、可能包括或不包含某些行為，卻沒提到哪些行為會帶給你愉悅。這個理想可能包含各種「對」與「錯」，但其中有多少事物是你主動選擇，而不是別人灌輸給你的「理想」？

作家兼性教育者史蒂芙．奧特里（Steph Auteri）在其著作《髒話：性愛作家如何取回她的性能力》（*Dirty Word: How a Sex Writer Reclaimed Her Sexuality*）中寫下她的經驗：學到反應式慾望，並因為了解與喜愛真相，而發現隨之而來的自由。

她跟她的伴侶說：「我雖然不像你一樣經常想做愛，但這不表示我有毛病……我覺得我一直都沒有興致，也完全正常。」

這是新冠疫情之前的事情。二〇二二年，我跟史蒂芙聊天時，她告訴我，那次領悟在她心中揮之不去。她和伴侶對於什麼會踩動彼此的油門、什麼會拉緊彼此的剎車，已經有了更具體的概念，而隨著兩人的合作，事情也好轉了。但接下來，疫情加深了她的壓力、疲憊和憂鬱，於是她的罪惡感又回來了。即使她老公沒有對她施壓，她仍開始給自己壓力。這就像花園裡的雜草：如果你沒有持續除草，雜草就會長回來。有時我們忙著做其他事情，就會忘了要除草。

最後她跟老公討論這件事，沒想到他真心覺得不做愛也沒關係，疫情也影響了他。這還真是如釋重負：他們知道兩人都很正常，而他之所以失去慾望，只是因為疫情讓性愛變得比較不重要、沒那麼值得。

2. 明明是真相，卻被別人否定。假設你學到你的慾望類型主要是反應式，然後告訴伴侶：「你看，我學到這個酷東西：我不是『低』慾望，我這種叫做反應式慾望！」結果他回答：「不對吧，慾望只會突然出現，假如你不是無緣無故就感受到，那就不是慾望。」

你的知識、內在經驗、天生智慧告訴你的真相，被他否定了。最好的情況下，他可能只是因為缺乏知識才這樣，但他也可能覺得自己有權利要求你照著「性愛腳本」來表現，而且長期以來你們雙方都認為這份腳本是真的。

先假設最佳情況，他只是重新解釋自己相信的事情（因為他假設別人告訴他的就是真相）。這是個可以同時分享同理心和知識的大好機會，像是：「我之前也是這麼想！但我看了某位博士寫的這本書，再加上好幾本其他暢銷書，以及 TED 演講（TED Talk）等，她的解釋方法，讓我以截然不同的角度來理解我自己的經驗。」你甚至可以補上一句：「我可以給你看一下書中這一段嗎？」

而在另一種情況下，也就是對方自認原有的權利可能被收回、因而覺得被威脅時，就比較麻煩一點，因為你必須降低他放下既有腳本時的失落感。以下是這種情況下的溝通訣竅：

- 強調一件事：當你不試圖反抗自己的性能力、而是與它合作，你們的性聯繫就會好很多。
- 向伴侶解釋，自從你知道自己的經驗很正常之後，你對性能力的感受就好很多；而且跟對方強調，如果他也能理解你是正常的、沒有壞掉，進而接受你本來的性能力，這樣就能放開那種拉緊剎車的評斷，而你也能夠更自由地享受性愛！
- 伴侶放下他對你的性能力的成見時，會伴隨著悲傷、痛苦或失落的感受，請留一些空間讓這些感受消散。唯有放下錯誤的觀念，他才能敞開心胸接受真相。

3. **自上次你學到大量新知以來，又出現了新的真相**。我遇過這種事，因為我曾被診斷出新的疾病，沒有醫生、書籍或網路建議提到這可能會影響我的性生活。我有一種平衡障礙，讓我對搖晃非常敏感，連搭電梯都會令我頭暈，在車上我必須是駕駛，不能是乘客。後來我參加某個性教育大會的全體會議（主題是性愛與殘疾）時，突然明白：我得當駕駛，不能當乘客……在性生活中也是如此。做愛時無法控制的搖晃，有時足以觸發我的敏感反應！但假如可以調整做愛的方式，我就能避免觸發搖晃，進而避免任何可能的不適。

我（滿心歡喜地！）向配偶解釋我的見解，他馬上替我感到高興，因為我已經找到方法，讓我們的聯繫更舒適。

在持續數十年的性聯繫期間，這種新發現會一再出現。你的身體會改變、你跟這位伴侶的關係會改變、你跟其他人的關係會改變，而這些改變將會創造出新的真相。當你敞開心胸發現新的真相時，你同時也能敞開心胸，帶著自信與喜悅來做愛。

有些關於真相的新見解，可能會帶來損失的風險及潛在的不適，但也有喜悅。若要公開表明自己是男同性戀、女同性戀、雙性戀、泛性戀、無性戀、無浪漫傾向、特殊性癖、多邊戀、跨性別、無性別，或任何人類所經歷的多種性別與性傾向，意味著你必須反抗世人對於「你應該是誰」的意見。有時我們會深深內化這些訊息，以至於連我們都無法相信任何關於我們的真相。有時我們很努力去接受一個身分，所以「身分可能改變」的概念很令人心碎——對我們而言如此，有時對我們的伴侶、甚至我們的社群也是如此，因為他們也很投入我們的真相。當真相或你的見解改變時，所有涉入其中的人都必須為「失去的真相」哀悼，這樣他們才能留空間給「現在的真相」。

了解真相，不表示任何人有義務去跟其他人分享真相。在理想的世界中，我們可以選擇何時、如何、跟誰探索我們的身分、愉悅及其他性能力領域；它們不一定是別人教我們的真相，甚至不一定是我們曾經希望的真相。就算你的處境無法舒適且坦率地照著真相而活（無論是情緒上還是社會上），你還是可以對真相抱持自信，這並不會減損其真實度或效力。但我還是希望你可以在安全、充滿愛與包容的環境中，自由選擇何時、以何種方式分享你的故事。

自信就是了解真相。

至於喜悅就……比較困難。喜悅是喜愛真相——關於我們的身體、性能力、生平、文化、伴侶、伴侶關係。這是去愛那些真實存在於我們渴望的身體、我們生活的世界、我們深愛的關係中的事物。去喜愛真相，即使這不是別人要我們相信的、即使我們不希望這是真相。

這似乎很矛盾——通往你所盼望的性能力的途徑，起點居然是喜愛你現在的性能力。假如你不喜歡你現在的性能力，那你就會忙著批評、評斷、羞辱、拒絕、擔心，留意所有你希望有所不同的事物，這樣你就沒有時間、注意力或精力嘗試新事物。

以下是我獲得喜悅的「超祕密」捷徑（其實一點都不祕密，因為它就是第二章的標題，所以請你告訴所有認識的人吧）。當你對各種文化謊言感到厭煩時，你可以用一句指示來取代它們：

以愉悅為中心。

從零開始。假設你人生頭二十年學到的一切性知識都是錯的，然後重新開始，將愉悅當成你唯一的性愛幸福「衡量標準」。但我們必須先認清，喜愛真相比了解它更難，原因有三：

1. 喜悅很難，因為你被騙了。假如我們的高潮「花太多時間」、需要的刺激類型是「錯的」、發生頻率「不如預期」，我們怎麼可能會喜歡高潮？當我們吸收太多訊息，以為我們的生殖器尺寸、形狀、顏色、氣味都不對，我們怎麼可能喜歡自己的生殖器？當我們的性慾似乎「失蹤」了好幾週、好幾個月、好幾年、甚至永遠沒回來，我們怎麼可能喜歡自己的性慾？當我們的身體與世人口中的理想身體相去甚遠，我們怎麼可能喜歡自己的身體？你會問：「艾蜜莉，如果真相是我壞掉了、我有缺陷、我害怕、我失敗了，那我怎麼可能喜愛真相？」

答案是，你還是能夠喜愛真相，因為壞掉、有缺陷、你的身體很可怕、無法治癒等觀念，或是「做愛失敗」之類的說法，全部都是謊言。你被騙了一輩子——這點我會在第九章和第十章詳談，但你已經知道某些謊言了，像是性愛教條，以及「和愉悅相關的羞恥」。

這個答案很單純，但不一定好懂。當你覺得自己與喜悅「失聯」時，請回到這個現實：你被騙了。你值得被愛。

2. 喜悅很難，因為你必須「戒掉」謊言。當你接受自己被騙時，對於「你已經跟謊言共處幾十年」這個事實，你會有些感觸。

你可能會感到憤怒，對欺騙你一輩子的世界感到暴怒。

你可能會感到受傷。

你可能會感到悲傷、痛苦。

我們沒有人能夠成為別人口中「理想的我們」。當我們放下那個虛幻的自我，就會感到悲痛。接著謊言就會告訴我們，我們失敗了，我們「放棄」了。我們確實是放棄了，但不是放棄自己，而是放棄謊言。

這些都是很艱困的感受。

我很常說的一段話是：「感受就像隧道。你必須穿過黑暗，才能走入盡頭的光明。」

但走入光明不一定容易，喜悅是個難關。

喜悅很宏大、充滿力量，有時甚至令人畏懼。

就算喜悅對現在的你來說太困難（尤其假如你的身體忍受著「難以被愛」的經驗，像是慢性病），喜愛真相仍能奏效；你只要稍微減少對真相的主動憎恨、批評或評斷。光是抱持中立態度來留意真相就很棒了，很多時候，這其實恰恰是你需要做的！

自信和喜悅是兩種工具，讓跟伴侶討論性愛變得比做愛更容易，甚至很有趣，因為你可以喜愛真相，而不帶評斷或羞恥。

我想提最後一件跟喜悅有關的事情：我常聽到有人說「跟別人比較會偷走你的喜悅」。這是錯的。你想跟別人比較就比吧，多學一點世界的真相，並隨意比較自己和別人的經驗，然後讚嘆：「哦！這還真有趣！」比較，也可以是中立的留意，就像小孩會出於好奇而比較彼此的身體部位。想多學一點真相是很健康且正常的態度，好奇的比較不會偷走喜悅，反而會增強喜悅。

當有人說：「跟別人比較會偷走你的喜悅。」他們的意思通常不是比較本身，而是因比較而出現的評斷。評斷才會偷走喜悅。比較相似與相異之處，僅僅去留意這些地方，你就能強化自己對於自己、對於世界的真相的理解，進而增強自信。當你用正向的好奇心來比較時，甚至可以增強你對真相的喜愛，進而增加喜悅！

可是當你不只是留意相似與相異之處，而是評估、決定什麼是好的、什麼是壞的、誰是對的、誰是錯的，那就跟喜愛真相背道而馳。評斷就是在決定哪些東西是真的、壞的、錯的、不值得平等存在的。評斷對喜悅不利，無論是評斷自己或是別人。

醫生，我正常嗎？

你可能會想：「其他人可能需要自信和喜悅，但我只是想當個正常人。我不想壞掉、失敗或變成怪胎。」

我懂你的意思，我整天都聽到這句話。我最常被問的問題就是：「我正常嗎？」但正常到底是什麼意思？為什麼每個人都那麼在乎自己是否正常？

我認為許多人會如此擔心，是因為我們受人誤導，以為我們存在於一條從「壞掉」、「正常」

到「完美」的連續帶，如下圖。

社會告訴我們，我們的目標是獲得完美性愛，但仔細想想，我根本不用自問「我完美嗎」，因為我已經知道自己不完美。我們有數十年的人生經驗，在腦中填滿自我批評的聲音，不斷告訴我們，我們有多麼不完美。

所以我們的目標變成了「正常」，畢竟我們面對數不清的訊息，說我們壞掉了、不夠好、做錯了、再試一次、不對、又錯了，假如你不修正錯誤，就永遠無法變得完美。

想要變完美並沒有錯。其實，完美代表的就是被人接受、欽佩，以及最重要的：免受任何人的輕視。好像你只要變得很完美，就沒人能評斷你。

讓我告訴你，無論你有多努力遵從社會的標準，任何人都可以在任何時間評斷你。

再說一次，想要變完美並沒有錯，我們都不想被別人評斷；跟人比較並不會偷走喜悅，評斷才會，這

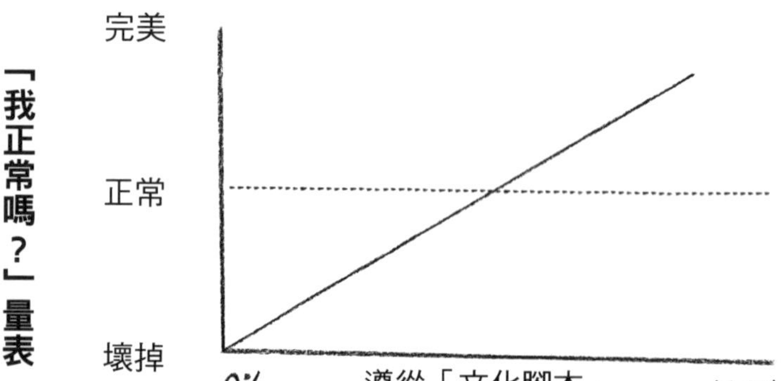

▲很多人在長大的過程中，相信「正常」是邁向「完美」的途徑。但現實是，我們都已經很正常了。

包括自我評斷。

如果你想變完美，我有個好消息：你已經很完美了！那條線性的「壞掉→正常→完美」連續帶，根本就是謊言！**性愛不是「壞掉→正常→完美」的線性流程，反而是受傷、痊癒、再受傷、再痊癒的循環**。

受傷是什麼意思？其實，只要你曾嘗試將自己的性能力改變成正常或完美，這種想改變、「修好」性能力的期望，本身就是受傷。

受傷，就是你早年一直被灌輸關於身體、性愛、性別、愛與安全的謊言，它是你給自己的所有自我批評，因為你不符合別人口中那個理想的你（這件事會在第九章和第十章詳談）。它是你因為不符合別人的期待而承受的所有懲罰：不夠有男子氣概或不夠淑女、不是堅強又獨立的女人、不夠體貼的男人、沒有自發式慾望、太想要做愛、身體有問題、不努力改善體態的懶鬼、下太多工夫在身體上的自戀狂、老古板、蕩婦、處女、性伴侶太多……無論你如何體驗性這件事，總會有個聲音對著你尖叫：「你做錯了！」

▲我們所有人都被文化訊息傷害，文化訊息說我們的性能力「應該」是怎樣；而我們所有人都處於進行中的療傷循環，你會再度被傷害、舊傷復發，無論你位於循環的何處都很正常。

有了性積極心態，我們就可以把焦點轉向關於愛的真相。我們可以治癒被那些謊言傷害的部位，也可以帶著愛，把焦點轉向關於伴侶的真相。我們不評斷，而是用愛，協助伴侶治癒他們被謊言傷害的部位。透過這個從受傷到痊癒的循環，我們受傷的部位會變得更堅強。

這個概念並非由我原創，你有沒有聽過「裂痕，就是光照進來的地方」這個概念？每個人對這個概念都有自己的說法，例如十三世紀的蘇菲派詩人魯米（Rumi）——傷口，是光進入你內心的地方，以及格魯喬．馬克思（Groucho Marx）——裂縫就是祝福，因為它們讓光明進來。仔細想想，每部漫畫改編電影的寓意，不都是「我們最大的力量，通常都源自我們最大的傷口」嗎？

我認為，**當人們想要成為完美的愛人時，他們是想成為「沒有裂痕、沒有受傷、沒有瘋」的人。**如果能夠這麼理想，對方就不可能跟他們分手了。

但我沒遇過從來沒壞掉或受傷過的人。

從受傷到痊癒的搖擺是自然且健康的，這能讓你受過傷的地方，變成你力量最大的地方。

從受傷到痊癒這個循環中的「受傷」，不只是創傷、虐待或忽視（這些在第七章會詳談），也是文化訊息造成的傷害——它們堅稱你壞掉了。文化訊息簡直沒完沒了，在揮之不去的情況下，它們反而傷害、甚至破壞了本來能夠很完整的性能力。

在你的一生中，「正常」的概念都被當成攻擊你的武器。就算沒有明確的創傷經驗，你也已經被「正常」的期望給弄傷。等等，現在，我們必須搞清楚正常到底是什麼意思。我們對正常的定義是遵從被期望的文化陳述。

假如我請你描述正常的性愛，你可能會有一些概念：誰在做愛、他們參與了哪些行為、過程持續了多久、感覺如何、他們有多常做……事實上，你對於正常有疑問，可能是因為你自己的經驗，跟性愛「應該」是怎樣的文化腳本不相符。

我們必須先承認，「性愛應該是怎樣」的文化腳本，跟你這個人並不一樣，但這不表示你有任何毛病，有毛病的是這份腳本。簡單來說，就是：

你跟文化腳本不一樣，但錯的是文化腳本，不是你。

你想要更具科學性的定義？好吧。在科學研究中，正常的意思是：假如有一千人回答了一份問卷中的一個複選題，科學家會將所有人的答案加起來，再除以答題的人數。這就是「集中趨勢量度」，或更精確來說，就是「平均數」。在這個脈絡中，正常包括了集中趨勢量度的兩個標準差之內的任何回答。

很顯然，當你懷疑性生活中的某件事是否正常，你並不是在懷疑：「我是不是位於集中趨勢量度的兩個標準差之內？」

這就是為什麼，性愛疑問的科學答案通常既不令人滿意、也沒有幫助。例如，或許你想知道，根據科學，情侶在長期關係中的「正常」做愛頻率是幾次。答案是：誰在乎啊？參與這份研究的人們，跟你和你的性生活到底有什麼關係？完全沒有關係！

我不會回答「情侶平均多常做愛？」這種問題，因為你聽到答案後，一定會拿來評斷自己。假如你比「正常人」更常做愛，你會有一種感受，假如你比較不常做愛，又會有另一種感受。這是反射性的，你克制不住。但我再說一次：參與研究的情侶的做愛頻率，跟你、你的戀情、你現在這個人生階段有什麼關係？完全沒有！

同理，我也不會回答「艾蜜莉，那你多常做愛？」或「你最長的乾旱期[i]有多長？」這類型的問題。人們問這些問題，是為了搜尋細節，幫助他們評估自己的性愛頻率或乾旱期。假如我告訴你，我們連續七年沒做愛呢？假如我告訴你，我最長的乾旱期是一星期呢？你會對這兩個答案有不同感觸，因為你正在用我的答案評斷你自己的性生活，以及文化腳本中對於「正常」和「成功」的答案。正如我之前所說，評斷會偷走喜悅。

所以當人們問我「我正常嗎」的時候，我都回答「是的」。你覺得你是例外，所以想要精確的定義？好吧：

> 「正常」的性愛，是同儕之間的任何情慾接觸，期間：一、每位參與者都很樂意在場、且能夠自由選擇何時離開，沒有不想要的後果；二、沒有人體驗到不想要的痛苦。

「很樂意在場」不一定表示「我等不及了！」，可能純粹是：「嗨，老兄，很高興見到你。」而「自由離開、沒有不想要的後果」的意思，不只是沒有身體上的後果，同時也沒有情感上的後果；沒有罪惡感或羞辱，沒有情緒勒索（「你愛我的話，你就會……」），沒有任何形式的強迫，甚至連「吼，我拜託你！」都沒有。假如你不想做某件事，結果你的伴侶嘟起嘴來抱怨，這種狀況或許很稀鬆平常，但不是我對正常性愛的定義。

假如你是樂意在場的伴侶，而你的伴侶想要改變或停止你們一起做的事情，你可能會體驗到不舒服的感受，像是失望、挫折、被拒絕的恐懼。這些感受很正常，而且當伴侶準備好了，你們就可以討論這些感受。

不過，感到挫折和擔憂，總比「發現你的伴侶並不樂意在場，只是在配合你，因為他不想傷害你的感受」還好吧？比起「你們其中一人不樂意、卻還是硬要做愛」所造成的傷害，心情受傷實在太容易處理、太容易治癒了。

另外還有「不想要的痛苦」。假如你很享受你的痛苦，那就請便吧！無論是被打屁股、鞭打、用曬衣夾夾住、刺穿、伸展、拉頭髮，只要你是在雙方同意的脈絡中享受它，那就去做吧。但假如那件事情很痛、你不喜歡，這就不算正常性愛。有很多疾病可能會造成做愛時的疼痛，而你的最佳做法，就是找一個很棒的醫療提供者。我知道你通常要試好幾次，才會有醫生願意認真看待你的疼痛（尤其是女性，特別是有色且有殘疾的女性）[1]。

但所謂不想要的痛苦，也包括「不想要的情緒痛苦」。假如你的情慾包括以下體驗：被羞辱、

---

i 編按：dry spell，可指字面上的乾旱期，也常用於表示沒有性愛的時期。

責備、處罰、忽視，而你和伴侶都同意參與這種體驗，那很棒。正如年輕人常說的：你開心我就開心。但假如你覺得自己被情慾聯繫對象羞辱、責備、處罰、忽視，但這種玩法不是你挑的，這就不是我對正常的定義。

所以，如果你還在擔心自己是否正常，你現在有方法可以分辨了。

但是，人們問我「我正常嗎」，其實既不是在問他們是否位於集中趨勢的兩個標準差以內，也不是在問：「我的性愛是否是雙方同意、且沒有不想要的痛苦？」

所以，當他們問「我正常嗎」、「這樣正常嗎」或「我的伴侶正常嗎」，到底是在問什麼？為什麼這個問題好像很重要？畢竟，你讀性愛書籍並不是為了要當個「正常」的愛人，對吧？假如做愛之後，你的伴侶跟你說「我們做愛好正常哦」，你會覺得自己被讚美嗎？

根據我的經驗，當人們問說他們是否正常，他們的意思是：「我壞掉了嗎？」、「我做錯了嗎？」、「我表現夠好嗎？」、「我可以歸屬於人類群體嗎？還是說，我是個怪胎、失敗者？」

在完全不認識你的情況下，我已經可以回答這些問題了：你沒壞掉、你沒做錯、你夠好、你絕對屬於人類群體。

這些問題，都無法藉由「學習別人的性生活、然後拿自己跟他們比較、藉此評斷自己」得到答案。無論我去到哪裡，都會一再強調，我們全都由同樣的部位構成，只是組織方法不一樣而已；而且這些方法都很美麗、正常，而且我敢說……很完美。

請拋棄「正常是通往完美的途徑」這個概念。按照平常的定義，正常是一個死胡同，請用循環來取代它。在從受傷到痊癒的現實世界中，完美就是循環本身。無論你位在過程當中的何處，你都是完美的。

你不滿意這種說法也沒關係，你想要「完美性愛」的定義？也就是「最棒的性愛」？好吧，我給你一個定義：最棒的性愛、完美的性愛，發生於每個參與者不只樂意在場、可自由離開而沒有不想要的後果（也就是正常的性愛），而且每個參與者都帶著自信、喜悅及平靜且溫暖的好奇心，坦然面對自己和其他人「當下這一刻」的性能力（好奇心是第七章的主題）。

例如，假設有陰莖的伴侶想勃起、卻沒有勃起，你們兩人都帶著自信、喜悅及平靜且溫暖的好奇心，坦然面對這根軟屌（以及你們對它的所有感受），並且愛上真相。你享受這根軟屌帶給你的愉悅體驗，無論這意味著把玩這根軟屌，或是把共同注意力導向別處。這就是完美的性愛，無論有沒有勃起！

另一個例子是，假設你想高潮，但你已經刺激自己超過一小時、身體非常愉悅和興奮，結果還是沒高潮。那你就帶著自信和喜悅，坦然面對這種愉悅和興奮吧！愛上真相，這就是完美的性愛，無論有沒有高潮！

完美並不在於「永久解決所有問題」，這根本不可能辦到，因為它是一個循環，所以你會一直受傷、痊癒、再受傷，即使生活環境會改變、影響你成長和痊癒的方式，但經過每次循環，你仍會有所成長。完美的意思是你一直在成長、痊癒、改變，並面對新的成長方式。

麥克與肯德拉

麥克對於「從受傷到痊癒」循環的認識，最初是在廚房裡的一次對話中開始的，當時肯德拉正在準備晚餐。

小孩交給爺爺奶奶照顧，隨時都可能回家，但顯然麥克與肯德拉都想抓住機會來吵架……不，是溝通。但當他們又開始談已經講過至少五十次的東西時，肯德拉失去耐性了。

他希望她「想做愛」，她雖然感到抱歉，但無法輕易做到。麥克對此並沒有不滿，但是……好吧，哈哈，假如他得不到熱情，那他就將就一點——他第五十一次跟肯德拉這樣說，還大嘆一口氣加上翻白眼（容我先提醒你注意嘆氣跟翻白眼，這其實是整件事的關鍵）。

他的原話是：「我寧願你在不是很想要的時候跟我做愛，也不要完全不做。」他想表達的意思其實更像：「哈哈哈，男人對性這麼執著，是不是很荒謬？是不是很蠢？」他是在嘲笑自己，試著淡化自己四年來得不到滿足的渴望。

但肯德拉在此時失去耐性。她把目光從磨碎的蘿蔔移開，提高聲音說：「你是在跟我說，你寧可跟不投入的我做愛，也不要完全不做？」

麥克被她激烈的反應嚇得不知所措，回道：「什麼？我不是——」

「那你在跟我交往之前，跟幾個不投入的女生做過？」

她用憤怒和厭惡交雜的眼神瞪著他。

麥克陷入沉默。他面無血色，雙手顫抖。接著他終於開口：「你知道我不是那個意思。」

「我才不知道！我認為你就是那個意思，因為話是你說的。『我寧願你在不是很想要的時候跟我做愛，也不要完全不做。』這可是你說的！」她把目光轉回砧板，繼續磨蘿蔔做沙拉。

「那是開玩笑。我在試著讓氣氛輕鬆一點。」

「你這玩笑還真有用耶！」她邊磨蘿蔔邊吼道：「現在氣氛超輕鬆的！」

「你幹麼反應這麼大？」他說。

她放下刀子，轉頭望向他。

「你聽聽看自己在講什麼好嗎？你有在聽嗎？你說，就算對方敷衍了事你也可以享受性愛。你是在說，你願意花時間和精力，跟整天都在煩惱要買什麼菜的人做愛？真的假的？你喜歡這樣？」

「我不喜歡這樣，我只是……可惡！」麥克雙手叉腰，頭抬高面朝天花板，避免淚水滑落。

「可惡！」

「怎樣？」肯德拉理智斷線了。

「我知道你的意思，但是——」

「喔，『但是』又來了，但是怎樣？」

「但是……你沒有完全同意的話，我不可能真的喜歡跟你做啦。我的心情是……我只是需要感到被你接受，知道我是能被接受的。有時候……跟你做的時候，對啦，我會將就一點，我還是心存感激。」

如果在別的日子，肯德拉可能會因憐憫而心軟，然後試著讓他好過一點，安慰麥克說他是被接受、且能被接受的。不過她現在沒心情呵護他的感受，她說：「我們除了做愛，還有一起做別的事，難道你對這些事情都沒感覺？」

「我有感覺，但性愛就像……就像一劑名叫『我接受你』的超濃強心針，能告訴我『你其實既不討人厭、也不可笑』。」

懂了嗎？麥克的渴望隱含的真心是：他希望他的性慾、他做愛時的身體能夠被喜愛，而不是被輕蔑。

肯德拉稍微緩和下來，然後承認：「我說啊，你那個『就算對方沒有超熱情我也可以跟她做』的『超好笑』笑話，真的很——」

「對啦，既討人厭又可笑。」他說。

他吸吸鼻子，打開冰箱，想找零食來吃。

「肚子餓的話就吃塊蘿蔔吧，晚餐快好了。」肯德拉告訴麥克，然後補了一句：「哦，抱歉，你又不是小孩，你想吃什麼就吃什麼吧。」

他們沉默了幾分鐘，麥克吃了一塊蘿蔔，讓緊張氣氛消散一點，然後肯德拉說：「在我把跟你做愛當成噁心的事，和把跟你做愛當作全世界最想要的事之間，難道真的沒有一個中間點嗎？」

「我——」

他們聽見肯德拉的媽媽把車開進停車場的聲音，預示小孩回家了，於是他們暫時放下這件事。

這類型的對話不但複雜，還有許多層次——每個人當下的感受，每個人對於情況演變的感受，每個人對於各種可能解方的感受——你可能會想說：「他們只要做X就好啦！」或：「為什麼他們看不見Y？」他們看不見你我看見的事情，因為他們是當事人。

但他們的溝通已經讓一些事情好轉很多了。在這段對話中，麥克最令我印象深刻的是，他不需要肯德拉表現得像他的治療師或母親，就能講出自己脆弱、受傷的部分。肯德拉不必溫柔地幫助他，即使肯德拉顯得很挫折，他也能感受到渴望的痛苦來源。他還不知道如何是好，但他終於認清自己對於「肯德拉的慾望」的慾望，其實跟肯德拉無關，而是一道很深的舊傷口——文化並沒有教導男生怎麼接受愛情，等於在他的性能力方面劃了這道傷口。

麥克想要熱情、想要火花，但他真正想要的，是被他的長期性伴侶接受，而不被討厭。他必須先治癒這道傷口，才能放下他對肯德拉的自發式慾望的期盼，而且他必須放下期盼，才能敞開心胸接受共創脈絡的計畫——讓愉悅優先於任何特定的慾望體驗。

我知道有些讀者對於這種關於性能力的另類思考，會感到喜悅、自由和愉快——它不是你應該試著達到的標準，而是一種個人探索，沒有好壞、沒有對錯、不必別人許可、沒有不想要的痛苦。但有些讀者會覺得挫折、失望、不滿或惱怒，你想要具體、務實的策略，解決那些傷害你生活中最重要人際關係的問題，而我卻在談自信和喜悅。這聽起來或許很輕浮。

但事實上，這是本書到目前為止最具體、最務實的建議。其他建議都只是資訊，但這個建議則是幫你改觀。請忘掉「壞掉↓正常↓完美」這個騙人的線性流程，並用「從受傷到痊癒」的循環取代它。請改變正常、完美等字眼對你的意義，科學研究、我的個人經驗及許多學生的報告，全都同意一件事：只要「喜愛真相」和「隨著循環流動」，你就能建立可以持續好幾年的深厚性聯繫。

性積極心態的要素，需要我們持續挑戰那些對我們不再管用的舊模式。假如你想要的是符合你心中「性愛應該要怎樣」的概念，其實你真正需要的是「做真實的你」。不必立刻就以改變為目標，你現在的目標是了解並喜愛真相，這樣一來，愉悅感就會增加。

我知道這不一定符合直覺，你不相信我也沒關係，反正就試試看吧。嘗試六個月，跟伴侶合作、全力以赴，假如這樣沒有改善你的性生活，請寄電子郵件給我，告訴我事情的始末。

與此同時，我們會用幾個很棒的問題收尾，你可以拿來問自己或伴侶。

第五章懶人包

- 自信和喜悅是獲得獲得性積極心態的必備要素：自信是了解關於身體、性能力、關係、生平、文化的真相；喜悅才是難關，喜悅指的是喜愛關於身體、性能力、關係、生平、文化的真相，即使這跟我們過去被教導的東西不同、即使你不希望這是真相。
- 我們許多人在成長過程中，相信性愛存在於一個「壞掉→正常→完美」的線性流程，但事實並非如此。性愛存在於「從受傷到痊癒」的循環，而我們沒有人會「走到終點」，我們全都一直隨著循環移動。
- 所謂「正常」性愛，指同儕之間的任何情緒接觸，每位參與者都很樂意在場，且可以自由離開，沒有不想要的後果（包括情感後果）；而且沒有人體驗到不想要的痛苦（無論身體上或情緒上）。
- 「完美」性愛指的是正常性愛中，每個人都帶著自信（了解真相）、喜悅（喜愛真相）及平靜且溫暖的好奇心，坦然面對發生的任何事情。

一些好問題

- 在過去，你對「正常」性愛的認知是什麼？通常是誰在做？他們做了什麼？有多常做？在哪裡做？為什麼？
- 根據過去的認知，假如我做愛不「正常」，會有什麼後果？
- 我的性能力有哪些方面不符合過去人們教給我的標準？
- 我跟伴侶的性能力有什麼相似之處？有什麼差異？
- 哪些差異在中立觀點下較容易被察覺？哪些差異會挑起評斷的感覺，使我們開始思考誰對誰錯、誰壞掉誰正常？

第六章

信任與欣賞：
我們施與受的東西

有時候，與長期伴侶做愛是不由自主的，但大多數都是刻意為之，這表示大多數的性愛都需要跟伴侶溝通計畫、障礙和愉悅。

幸好，你已經跟伴侶溝通過各種實際的東西了。你可能討論了工時、吃飯、家事、小孩，並和其他伴侶、朋友、家人協調時間。而這些對話不一定輕鬆且不帶情緒；人們對於工時、吃飯、家事、小孩，以及與別人相處的時間，都會有不同感受。假如你能聊這些東西，你就能學會談論性愛。但假如溝通性愛這檔事，跟溝通其他沉重主題時的方式一樣，我就不必為了它花掉本書三分之一的篇幅。

由於文化謊言對我們造成傷害（關於這些謊言，我會在第九章和第十章詳談），許多人都覺得「跟某人做愛」比「跟某人討論性愛」簡單。

本章將會解釋使你更容易討論性愛的關係特性，幫助你更容易達到「做愛」那一步。無論一段關係是否具有性愛排他性、無論參與者性別，都有一些基本且必要的動態，讓所有人能更輕易培養一座共享的花園。在本章，我會談兩個非常重要的關係特性，分別是信任與欣賞。

將「熱情」替換為「欣賞」

你最喜歡伴侶的哪些地方？你什麼時候最享受他們的陪伴？什麼事情令你覺得當他們的伴侶很自豪？

在第二章，我建議你只做喜歡的愛。而這裡我想建議，只跟你喜歡的人做愛。聽起來很理所當然嗎？請跟我一起看下去。

在一場研討會上，一位治療師問我，我會怎麼建議「為了小孩」而在一起的夫妻，儘管他們不喜歡彼此。

他們同意他們不喜歡彼此，但他們還是想做愛。

我一開始很困惑。我問：「為什麼……抱歉我沒聽懂，為什麼他們想跟不喜歡的人做愛？」

「嗯，這是個好問題。」治療師回答，而且她不是在開玩笑。她以前曾經設法解決這個問題：這對夫妻假設先生特別需要性愛，但他假如「為了小孩」而不離婚，那麼他（不喜歡的）老婆就是他唯一的性愛來源，所以他們必須設法跟不喜歡的人做「可以接受」的愛。

對我來說，只有一個建議是符合道德的：假如這對夫妻討厭彼此，討厭到只是在等小孩搬出去後再分居，那等同小孩搬出去後才能享受性愛。假如這對夫妻出現在他們共享的情慾花園，看到對方時心想：「唉，又是這個王八蛋……」我明白他們或許還是能付出某些類型的愛，但他們怎麼可能付出那種真正值得花時間和心力的愛？

假如我們都只跟喜歡的人做愛，這個世界就會變得更美好。

即使處於艱困的情緒空間中，如暴怒、恐懼或恐慌／悲痛，也能看著你的伴侶，認為他們很令人欣賞；這對於共創令人滿意的長期性關係來說，非常必要。

從某方面來看，這項建議非常基本且淺顯易懂，對吧？你們大部分時間都必須喜歡彼此。

但這也是優先度方面的激烈改變。我把「熱情」、「自發式慾望」和「熱戀中」，換成了似乎很平淡的情緒——欣賞（admiration）。這使我得重提那個迷思：暴怒和色慾能夠共存於正常的長期性聯繫；常有人說，強度比效價（valence）重要——也就是說，情緒的「量」多寡，比情緒感受好壞更重要。

當然，肯定有人曾體驗、甚至渴望跟伴侶「陷入熱戀」，無論他們是否欣賞對方。

每當你將熱情放在欣賞前面時，請記住，**在人們做愛時想要和喜歡的事物中，最普遍的就是聯繫**。你當然可以跟你不欣賞的人做愛，但假如你是想跟某人維持數十年的性聯繫……你為什麼要跟你不欣賞的人一再聯繫？隨著你們之間的情緒參與度越來越低，你難道不會覺得越來越孤獨嗎？

欣賞是最初選擇伴侶時的重要基準，而對於那些跟伴侶同居的人來說，欣賞是很重要的方法，讓他們得以度過不可避免的難關。內心有壓力時，大腦會更容易注意到令我們煩惱和挫折的東西，並忽略令我們愉悅或佩服的事物。在既疲憊又惱怒時，伴侶送花給你，你的大腦可能會想：「花能解決問題嗎？」可是當你休息充足、心情平靜時，伴侶送花給你，你的大腦大概會想：「哇！我沒有跟他在一起的時候，他還有想到我，甚至專程買禮物給我！」

內心有壓力時，請記住，是你自己選擇這個人的——你可能甚至要排除其他性伴侶的可能性。這肯定是有理由的。如果你希望性關係持續數十年，那麼欣賞就是必備要素之一，因為老實說，如果你不欣賞對面這位跟你合作創造共享性聯繫的人，你何必浪費時間跟他討論情緒平面圖、「當你想要和喜歡做愛時，你想要的是什麼」，或是剎車和油門？

假如你有時候（或經常）找不太到伴侶值得欣賞的地方，也不用感到絕望，你並不孤獨。當日常生活的計畫和行程既吵鬧又混亂，使我們大吼「拜託你去洗衣服好不好?!」時，我們真的很容易忘記去欣賞伴侶。有些經過實證的方法，能夠強化在交往時的「欣賞感」，以下列舉兩個。

第一個方法是一份作業，這是我拉著配偶去參加「抱緊我」（Hold Me Tight）週末工作坊學到的。這場工作坊以蘇珊・強森（Sue Johnson）的情緒集中療法（Emotionally Focused Therapy，EFT）為基礎——我給它滿分，極度推薦。這份作業是高曼的「我欣賞……」（I Appreciate . . .）的形容詞核對清單，也就是一張正向形容詞的清單，而我們的工作就是挑出一些伴侶「稍微具備」的特質，「即使他只做過一次符合此特質的事情」。

請注意，這種語言輕輕將情侶推向「注意好事情」的方向，畢竟情侶可能是在許多衝突之中做這份作業的。想到伴侶時，也許你首先聯想到的是你怨恨的所有事情、各種抱怨；但請暫時把它擺在一旁，改成思考你欣賞他的哪些特質。

還有第二份作業可以幫到你：想想你伴侶令你超生氣的事情（第一次嘗試這份作業時，請挑選讓你稍微動怒的事情就好，等到練習更多次之後，再來處理「令你懷疑人生選擇」的問題），接著思考這個行為所隱含的特質，再想想這個特質在你的關係當中，會有什麼正向的表現。

例如，我會跟伴侶開玩笑說我很完美——我的完美源自我的「不完美」。我的意思是說：我所有最棒的特質，都跟最糟的特質密不可分（所謂「最糟」，當然是令我最容易怪罪自己的特質）。我是否容易忘掉重要約會、忽略家事、無法對著幫我收爛攤子的他表達感激？沒錯。但我是否也有極度集中的注意力，讓我能夠做寫書等事情？我們處於情慾狀態時，我能跟他心有靈犀嗎？我是否願意學習新事物，讓我們的生活變得更美好？以上我都有做到。而這一切都環環相扣，我絕對不會拿我的超強專注力去交換任何東西……但當我忘了做某件重要的事情時，我也覺得很糟糕。

我的另一半也一樣。他有些最棒的特質（忠誠、體貼、可靠、幽默和敏感），跟他有時遇到的困境密不可分。他是家裡的囤物狂（clutterbug），他對進入這間屋子的任何物品都很「忠誠」；請他做任何事情，他都願意做，因為他很體貼，但我不能直接說：「欸，我需要這個東西。」用溫柔且輕鬆的語氣提出要求，他會感到比較舒服，因為他個性比較敏感。為了他，我必須付出的情緒勞動完全值得，因為他的敏感正是我最喜愛的特質之一。

試著換個方式表達伴侶的不完美、缺陷或短處，將它們連結到伴侶的最佳特質吧：

固執→堅持不懈

不專注→自由思考，有創意

苛求→認為我們值得共享最好的事物

順利的話，你那些近乎完美的特質，也會連結到你最難搞的特質上。

這類作業會幫助你發展出治療師莎拉．納塞爾扎德（Sara Nasserzadeh）所謂的「湧現之愛」（emergent love），也就是透過共同經驗所湧現的愛情[1]。拜這些作業所賜，我每年都會「更愛」我的愛人。隨著我們一起掙扎度過生活帶來的任何波折，我們會越來越了解彼此的優點和需求；我們會用自己的優點支持彼此，也能更流暢地承認自己的需求。

當他做什麼你都討厭……

現在，我已經提供兩種方法，用來增強交往時的互相欣賞度，但讓我們再稍微花點時間應付一種挑戰，治療師兼作家泰倫斯．瑞亞爾（Terrence Real）稱之為「正常婚姻怨恨」（normal marital hatred）[2]。當一個特質在剛開始交往時「古怪卻迷人」，之後卻變得令人非常惱怒，就會發生這種情況，這通常是因為你必須日復一日、月復一月、年復一年地忍受這個迷人的怪癖。或許你的伴侶整理床鋪的方式令你翻白眼；或許你受不了他們一直轉臺，或者明明沒在看、卻還是讓節目一直播放。欣賞就是對抗惱怒的預防針，這樣你才能避免這些平凡的惱怒成為徹底的怨恨；欣賞讓你在被迫面對伴侶的缺點時，仍能練習記住他的優點。

例如，我經常打斷我的配偶，至少每天打斷一次。我覺得我很懂他的想法，所以我知道他要講什麼，所以在他說出想法之前，我就先回答他了。這是一個很容易惹惱他人的特質。幸好他明白我的魯莽是出自他欣賞的特質，例如我思緒敏捷，以及我跟他的思考過程有著深度的聯繫。

如果沒有這種欣賞，他可能會輕易為這種怪癖賦予其他意義。他可以咬定我是故意要煩他，也可能懷疑我刻意不尊重他，或者耐心不夠、連讓他講完一句話都不行，甚至將這件事擴大成權力鬥爭。但實際上，這只是與我同住的一部分——一個他深深欣賞、信任並愛著的人，卻也有些不那麼令人興奮的小缺點。

除了欣賞，其他方式也可能有幫助。**怨恨位於情緒平面圖中的暴怒空間中，所以當你知道怎麼離開暴怒空間，就能處理這種閃現的怒火**。事實上，我對怨恨的單純定義就是「想要摧毀障礙的暴怒動機」，這個障礙擋在你跟你的目標中間，例如，我的伴侶的目標可能就是「講完一句話」。

但如今，人們對於怨恨這個字眼有許多感觸；很多「應該如此」都以它為中心，這也讓「正常婚姻怨恨」這種名詞聽起來很刺耳——我們不該怨恨別人，尤其不該怨恨我們愛的人。怨恨也可以轉換成挫折、惱怒、煩惱等名詞，這些詞彙可能更適用於你。不過，這些情緒全都位於暴怒空間，這表示你現有的方法，只能幫你了解怎麼穿過暴怒空間、進入另一個空間。

但假如插嘴（或性愛困境）成為關乎尊重、權力或信任的重大障礙，它就會助長感受——「這種插嘴（或性愛困境）象徵著某些威脅到交往的問題」。插嘴本身不可能終結一段長期承諾的關係，性愛困境也不可能。此時我們就會把插嘴（或性愛困境）當成一種證據，證明伴侶有著我們根本無法忍受的特質，以至於我們開始從正常的怨恨或惱怒，急遽惡化至更灰暗的境地。

即使我和交往對象的溝通真的非常良好，也不代表我們總能觸及彼此的心。但有件事我們總是做對：我們願意自嘲。

例如，我有另一個很令人惱怒的特質，我有高度集中的專注力，能幫我寫出很厚的書，但這也表示我深愛的配偶跟我講話時，我很常沒聽見；而且，當我聽見時，我雖然能專心聽幾分鐘，但之後注意力又會被拉回我專注的事情上，變得不理睬他。我有試著在他有需要的時候注意他嗎？絕對有！但有時我的大腦就是無法擺脫我當下在做的事情。人有千百種嘛。

他已經發展出一套用來管理我的有趣策略。有時他會計算，在我注意到他之前，同樣的話他已經講了幾次；我發現後，他會再講一次。如果他似乎在忍笑，我就會問他：「你是不是已經在那裡很久了？」

或者有時候，他會開始鬼扯，直到我注意到他在講話。「你有沒有想過，披薩的起司鋪在底部的話，會有多好吃？」他真的講過這句話，但我沒聽見。是我現在請他舉個例子時，他才告訴我這句話。

以上就是我的第三招。第一招是回想對方的怪癖跟你欣賞他的地方有什麼關聯，第二招是想起你怎麼穿過暴怒空間；第三招，當你離開了暴怒，請前往「玩樂」吧。

他可能會輕易對我頻繁插嘴賦予意義，同理，他也可能輕易把我的高專注力當成在針對他。他或許會很輕易告訴自己，我不可能真的沒聽到他說話，我一定是故意忽視他的，我很不禮貌，不尊重他！然而，他卻沒有這樣想，反而還覺得很好笑：「這個人這麼聰明又反應敏捷，怎麼會真的沒有察覺？」

憤怒的強烈經驗在當下很少是好笑的，但事後假如可以不要這麼嚴肅看待自己，它就會變得很好笑。假如你心想：「這又不好笑，很嚴肅耶！」那麼它就不只是正常婚姻怨恨，而是關於某件事的衝突，這已經超出一本談長期性愛的書的範疇。

我們愛一個人，是愛他們具備某些特質、也愛他們不具備某些特質。我們讚頌他們具備某些特質，並以歡笑面對他們不具備某些特質。

阿瑪與迪

阿瑪與迪表面上似乎不登對。阿瑪是黑人，來自非常富裕的家庭，信教，即將迎接四十歲生日。迪是將近五十歲的白人，窮苦人家出身，沒信教，還有自閉症。十五年前他們在網路上一個討論非裔作家奧塔薇亞・巴特勒（Octavia Butler）的留言板上認識彼此。

迪在快四十歲時被診斷出自閉症（自閉症類群障礙一級[i]），當時阿瑪只是留言板上的匿名網友，她暗示迪可能有自閉症；而迪並不覺得這個暗示冒犯了她——這或許也透漏了她對阿瑪的感情。她去掛號看醫生，得到診斷，接著花了一整年重新評估人生中發生過的所有事情。

迪有時候會讓阿瑪覺得煩，不過她們都將這些情況歸因於迪的神經多樣性（neurodivergence）。比方說，每當通膨讓迪的買菜預算變得不夠時，她會一直提到自己小時候每件商品賣多少錢。

「一盒起司通心粉才賣二十五美分。」她說，她太太則在一旁拿起添加纖維的有機食品及動物形狀的義大利麵，即使它們的價格是旁邊自有品牌的六倍。阿瑪和迪的收入都不錯。她們買得起阿瑪所謂的「正經食物」。迪也明白這一點，但她提到價格並不是因為她擔心錢，而是因為她的大腦正在刷新對於食物預算的理解。

她掃視售價後說道：「一罐鮪魚才賣二十五美分左右。」此時阿瑪拿起了一罐延繩釣固態油漬白鮪魚。

「我們買這些東西不只是為了填飽肚子，」阿瑪說：「也是為了環保、營養價值、還有——」

「我知道啦，親愛的。我認同我們的選擇。」迪回道。過沒多久，她又碎唸：「雞蛋一打只要七十美分。」

「那些蛋都是母雞在非人道條件的層疊籠中生產的，而且這些蛋的容器是保麗龍，直到世界末日都不會分解！」

「我知道啦，我同意買這個比較好……牛絞肉一磅只賣一美元。」

然後出現了正常的婚姻怨恨。

在阿瑪發飆之前，迪從來沒體驗過這種怒氣，也不了解。

「你討厭我嗎？」迪困惑地問道。

「不，我絕對不會用『討厭』來形容這種感受。每次你唸食品價格時，我只是有點厭煩或挫折，但這種情緒有時會泛濫，就像平常下大雨都沒事，結果有一天地下室突然淹大水的感覺？」

迪點點頭，試著搞懂。「你希望我在刷新預算的時候，不要再唸價格了？」

「對。」阿瑪說道。「但我希望你了解，你唸價格的時候，我有什麼感覺。」

---

i 編按：ASD Level 1，一級為高功能；二級為中度嚴重；三級為嚴重。

迪又點頭，問道：「你有什麼感覺？」

「我覺得——你要記得，我知道你不是故意的，我知道你只是在用大腦算價格，但這樣感覺就像你在怪我們挑食物時沒有優先考慮省錢。感覺就像你拿你小時候的貧困來打我的臉，而不是體認到我們的處境已經可以優先考慮環保、營養、甚至只考慮口味喜好，而不是優先考慮價格。」

「只因為我唸出以前的價格，就讓你有這種感覺？」

「對。」

「原來你想得這麼多。」

「我知道你不是故意的，但我對唸價格的感受就是如此。」

「我懂了，親愛的。如果我改成寫下來，而不是大聲唸出來，怎麼樣？」

「這樣就太棒了。」

這是一種簡單的策略，用來處理這種讓人情緒失控的小事情。阿瑪解釋這種小舉動給她什麼感覺——也就是她的內在經驗替「迪說的話」賦予的意義。她覺得自己被迪理解，而迪也終於認清：改掉這種小舉動是很重要的。於是她尋找新方法，預留空間給阿瑪的需求。

有時候她確實需要大聲唸出來，不過她發現自己可以對年紀較大的孩子說就好；雖然他們會對她翻白眼，但至少這樣讓他們更懂老媽一點，也理解了在貧富差距日漸嚴重的情況下，通膨和薪資停滯的意義。

這裡的重點在於，當她們討論性能力時，她們的互動方式是一致的。還記得她們邊淋浴邊聊天嗎？阿瑪告訴迪，她意識到自己喜歡嬉鬧和挑逗，而迪照做後，還真的有效。當你可以清楚地對對方提出要求時，問題就可以在沒有怨恨或戒備的情況下解決。當然，如果你欣賞你的伴侶，而不是沉浸在自己腦海中那些關於對方為何讓你抓狂的故事，這一切無疑會變得更加容易。

別想著修復，而是重新信任對方

最有實證基礎的伴侶治療方法，之所以將信任置於核心，是有其道理的。信任幾乎是任何聯繫的基礎，沒有信任就等於沒有聯繫。

所以信任到底是什麼？該怎麼建立？當我們遭到背叛，又該怎麼修復？研究人員兼治療師蘇珊・強森將信任簡化成一個問題：「你有與我A・R・E嗎？」其意思是情緒上可接近（Accessible）、情緒上有反應（Responsive），以及情緒上有參與（Engaged）。請注意，信任屬於情緒方面，而非智識方面。它不是理性的決策，而是人與人之間的情緒動態；其重點在於與你的伴侶同在，不只是身體，心也要同在。

當你自問與交往時的信任感相關的問題時，可以使用這些強效提問：「我有與我的伴侶同在嗎？」和：「我的伴侶有與我同在嗎？」你們在情緒上是否有為彼此預留空間？

這種情緒上與伴侶同在（可接近、有反應、有參與）的動態，隱含的意義是「我們願意承受一些代價，以造福伴侶」。我在這裡分享的例子中，代價多半是選擇體貼的溝通方式，以及讓你或對方情緒難受的時刻，成為長期關係正常的一部分。

情緒可接近度：有時信任會被特定的危機事件傷害，例如背叛。但情緒可接近度，通常都是被「忽視」逐漸削弱，因為伴侶在情緒上漸行漸遠。為什麼一對情侶會經歷這種情況？有很多好理由。我們的工作、小孩、家庭和世界，過度要求我們的注意力，導致我們沒有餘力注意伴侶；或者我們卡死在不利的情緒空間（恐慌／悲痛、恐懼、暴怒），找不到方法讓自己在情緒上與伴侶同在。我們必須選擇去參與伴侶的情慾，為它騰出空間、時間和精力；同理，我們必須選擇去參與伴侶的情緒。

削弱信任的「壓垮感」和「卡住感」，就是造成我性愛乾旱期的重大要素。我的注意力被工作拉開，導致我沒有與伴侶同在。他同意我的工作很重要，而且他能夠滿足自己的需求，他不想「給我負擔」；而我也不想給他負擔。等到我有餘力重新培養感情的時候，他已經習慣自己處理所有事情，他既不跟我聯繫，也不跟我合作。他不想給我負擔，我也不想給他負擔，假如我們都能自主滿足需求，為什麼要重新敞開心胸，信任彼此、依靠彼此的存在？當我們知道自己能夠獨力撐過去，為什麼還要分擔彼此的情緒負擔？

這些「為什麼」的答案是：我們之所以結婚，是因為我們都同意對方是餘生最重要的人。雖然我們依然是彼此最重要的人，但因為彼此的自主性而失聯。我們並非不信任彼此，而是不願意冒險請伴侶為我們承受代價。我們可能只是同住一個屋簷下，卻不請求彼此在情緒方面下工夫，也就是在情緒方面變得可接近；因此我們跟伴侶的聯繫，有別於我們跟其他人的聯繫。

我們的解方並不是修復信任，而是重建信任，記得請伴侶讓我們接近他們的情緒，儘管這麼做，起初比「獨力應付」更費力。

假如你跟另一半更像「室友」而非伴侶或愛人，那你可能已經習慣獨力應付事情，而不是依賴彼此的情緒可接近度。若要重建情緒可接近度，有個很好的起點，就是高曼提出的「減壓對話」技巧：**跟伴侶每天花半小時，每人花十五分鐘傾聽彼此的經驗，尤其是對於別人的抱怨**。傾聽不是為了解決問題，而是要成為啦啦隊長，跟說話的人站在同一隊，在情緒上陪伴彼此。請練習不要獨力應付，而是大膽地互相依賴、一起應付。

情緒反應度：當伴侶反應很慢時，有個常見的元凶，就是那個老毛病——分心。我們的注意力轉向螢幕、小孩、其他朋友或伴侶、家庭、工作、或一大堆我們必須注意的事情。因為脈絡切換需要耗費心力和時間，所以我們只分給伴侶一丁點注意力，同時繼續思考別的事情。

可是這種「沒反應」累積一段時間之後，就可能形成怨恨的漩渦。

例如我有兩位異性戀朋友（就叫他們傑夫〔Jeff〕和蘇珊〔Susan〕好了），就困在衝突迅速升高的動態中。蘇珊本來很平靜地請傑夫清理廚房，但在幾句話之內，兩人就突然開始暴怒大吼。

他們怎麼會走到這個地步？因為他們沒有回應彼此的情緒。

傑夫在情緒上沒有回應蘇珊。他不僅沒有回覆她的求助，反而還忽視她，直到她的要求變得怒火中燒，他也只好用怒火中燒來回覆，這樣她才會安靜。因此蘇珊學到一件事：由於傑夫好幾年來都缺乏情緒上的反應，所以唯一能引起他注意的方式，就是又大又強烈的情緒。

這當然不只是廚房的問題，而是很多事情的集合。尤其是「傑夫清理廚房」所代表的意義；這種做家事的舉動，象徵著他對這段關係的投入。因此她必須大吼，才能確認他是否願意投入時間和精力——哪怕只有一丁點。

同樣的動態也出現於他們的性生活中，只是角色互換了。憤恨不平又心不在焉的蘇珊，會忽略傑夫的求歡，直到他的要求變得很固執、挑剔、惱人，她只好勉強答應，只為了讓他停止要求。當你的伴侶跟你做愛的原因，只是為了讓你閉嘴，你會有什麼感受？假如他很熱情、而不是無奈順從，這樣你不是更滿意嗎？

這種情況經常被當成喜劇：嘮叨的老婆和懶惰的老公；「性冷感」的老婆和既好色又為所欲為的老公。但在現實中，這一點都不好笑。

愛人缺乏情緒上的反應，對人類來說基本上是一種折磨。在知名的面無表情實驗（Still Face Experiment，最初於一九七五年進行）中，母親受到指示，不能回應嬰兒的互動、求關注[3]。沒有眼神接觸、面無表情、不能碰觸。才經過三分鐘，期間反覆嘗試平常親子互動中的來回互惠，嬰兒竟變得警惕、怕羞且悲傷。他們進入了恐慌／悲痛空間，不僅在關心空間中體驗到小小的傷口，更重要的是，他們也體驗到「失去自我效能（self-efficacy）所伴隨的無助感」[4]。

自我效能是一種「參與世界以滿足自我需求」的個人感覺。自我效能有個常見的例子，就是你知道你可以從販賣機買到零食，所以當一包糖果卡在販賣機裡，鐵定會令你火大，因為它挑戰了我們的自我效能，令我們覺得不公平。就像「嘮叨老婆、懶惰老公」的形象，這種情況通常會被當成喜劇，畢竟沒什麼風險——只是一包糖果罷了。

但就某種意義上來說，糖果不只是糖果，清理廚房也不只是清理廚房。被卡住的糖果象徵著我們的自我效能，也就是「我們知道該怎麼參與世界，才能滿足自己的需求」。所以當我們一想到某人勃然大怒、無助地攻擊一臺毫無反應的販賣機，我們就知道發生了什麼事，然後笑出來。

但傑夫和蘇珊勃然大怒，無助地攻擊他們毫無反應的配偶。不過他們的關係還是撐過了每況愈下的情緒反應。怎麼辦到？答案是接受治療！他們有好幾年都毫無反應，因而削弱了兩人之間的信任；起初，他們不信任彼此的程度，已經到了「不相信對方會真心參與這個重建信任計畫」的程度，兩人都不願意冒險嘗試，因為對方似乎也不樂意。後來他們得到一位專家的支持，幫助他們哀悼舊傷，並練習陪伴彼此。

高曼將其形容為「惡意—惡意」（nasty-nasty）狀態，雙方都處於不利的情緒空間，也就是「這對情侶的愛與樂趣死去的地方」[5]。在這種狀態下，他將信任定義為「伴侶雙方都可靠地改變自己的行為（即使他們會付出一些代價），讓對方更容易離開他們的負面情緒空間」[6]。例如傑夫學到一件事：當他們內心有壓力、有煩惱、開始鬥嘴時，蘇珊會先讓步、講個小笑話，這樣他們就能稍微笑一下——也就是過渡到玩樂空間。而蘇珊也學到傑夫能夠暫停、深呼吸，並給她一個擁抱——也就是過渡到關心空間。傑夫或許會添加一點「玩樂」，說道：「你能想像我們不是跟彼此，而是得跟其他爛人度過這一切嗎？噁心！」即使他們依然有著未解的難題，他們還是會在情緒方面下一點工夫、付出一點代價，讓對方更容易過渡到更好的狀態。

情緒參與度：當伴侶有將情感投入其中時，他們會用溫暖的「好」來面對彼此的感受。就像缺乏回應往往源於分心，情感投入的失敗常常是溝通技巧的問題，例如選擇給建議而不是主動傾聽，或是說「我很忙」而不是「我在這裡陪你」。這是好消息，因為這表示你們並非不信任彼此或覺得彼此不值得信任；你只要練習傾聽對方感受的技巧就好。

當你的伴侶帶著難過的心情來找你，而你選擇提供建議，這樣就是在參與問題，而不是在參與伴侶和他的感受。你可以這麼做，但你就錯失了一個強化情緒參與度、進而培養信任的機會。當你靠近伴侶、想要做愛，但他反射性地說「不」，因為他很忙、沒興致，或還在氣你們稍早的爭執，他就是在參與當下這個「做愛問題」（即使你晚一點或晚幾天再試著求歡），而不是參與「你對做愛的感受」。他可以這麼做，但他就錯失一個強化情緒參與度、進而培養信任的機會。

這個問題也困擾了我很久。我了解情緒參與度的原則，但花這麼多時間討論感受，似乎很沒效率。難道不能解決完問題，然後就向前邁進嗎？我們能不能只說「好」或「不好」，而不必討論「為什麼」好或不好，或我們對於好或不好的感受？

後來，我學到一種更深層的情感傾聽方式，這個層面比較少人注意。我在此將它分享給所有跟我一樣，想要有效率溝通的人。關於氣質（temperament）的個體差異研究，通常都以小孩或新生兒為對象，但氣質會非常穩定地保留一輩子[7]。各種氣質方面的特徵，都可能影響我們有多麼直覺地透過參與情緒（而不是解決問題、批判或說「不」）來回應伴侶。我只描述其中一個氣質特徵：適應力。

適應力這個氣質特徵，指的是我們面對變化和過渡時的調整速度。有些人能夠迅速從一個工作過渡到另一個、從一個環境過渡到另一個、從一個角色過渡到另一個。但或許你這輩子都覺得，無論你已經多麼熟悉某個工作、背景、角色，過渡期仍會帶來很大的壓力，所以當伴侶建議你過渡（例如邀你做愛）時，你內心會很抗拒，只因為你很難從目前的心境過渡到想做愛的心境。還記得我在第三章結尾提到脈絡切換的代價嗎？適應得很慢的話，代價就比較高。

假如你適應得慢，那假設伴侶對你求歡，你對他的第一個反應就不一定是好或不好，而是一聲嘆息或呻吟，因為你知道你要付出「關掉電視」的代價才能前往色慾空間，儘管過去幾乎每次你都很慶幸自己放下了遙控器。

需要更多時間適應的人，比較喜歡擬定計畫，慣例讓他們安心，也比較想事先知道會發生什麼事。安排時間做愛的概念，很自然就能吸引他們。「好啊，我們寫在日曆上吧！」但他們可能沒注意到一件事：不只要安排做愛的時間，還必須安排「過渡到性愛」的時間。從工作、家長或嗜好模式轉變成色慾模式，需要時間和精力，正如你在第三章的情緒平面圖所學到的。你的必備技巧是：

學習能夠協助你過渡的事物。

你要做什麼，才能擺脫一個模式並前往另一個，擺脫一份工作再前往另一份？你在生活各種領域都已成功辦到，所以你知道你在這個領域也做得到。或許你可以用音樂、洗澡或換衣服來過渡，又或許你可以對自己難以過渡的情況開玩笑；也許你可以重重地倒在沙發上，說道：「我不行，剛才有一條龍飛過——牠真是太炫了，很遺憾你沒看到，但牠施咒把我變成一團果凍，所以你必須把我從沙發滾到臥室。」

如果你的伴侶適應得很慢，別以為他是在針對你。有些人就是適應得比別人慢，而且過渡期更有條理的話對他們比較好。如果伴侶關係當中的其中一人，過渡的速度比另一人慢很多，那麼過渡較快的伴侶只要在過渡期表達支持，而不是不耐煩或評斷對方，就能參與對方的情緒。在某種意義上，適應較快的伴侶，「耐心」和「適應伴侶需求」的代價會比較小；而適應較慢的伴侶，「學習與練習更平順過渡」的代價會比較小。情緒參與度就是擬定計畫，透過創造與維護慣例，協助適應較慢的伴侶了解該期待什麼。而既美好又諷刺的現實是：適應較慢的人越信任共同慣例，就越覺得自己能自由變通。

假如你的伴侶比你更需要時間適應，給你一個小建議：不要催促他們。一直催促只會讓他們更慢。但假如你採納這種心態：「為性愛擬定計畫、做準備也是樂趣的一部分，就像規劃假期也是假期的一部分——一個讓你幻想自己到達目的地時那種感覺的經驗」，那麼你就能更容易享受過渡的過程，並把它想成你們做愛時的一種前戲，而不是一件你得熬過的家事。信任你的伴侶、讓他們照著自己的步調過渡，他們就會以信任回報你。

對某些人來說，信任很容易，因為我們在原生家庭，很早就學會信任。但對某些人來說，信任真的很難。如果信任或變得值得信任對你來說很難，你應該知道我的建議吧？尋求治療，治療和書籍[8]。這些東西很深、有時還很難，但假如我們願意強化自己的心理基礎，就能建立更穩固的平臺，並從這裡發動情慾探索。

第六章懶人包

- 你對於伴侶的渴求不必太熱情，但你必須喜歡、欣賞他們，並相信他們值得你付出努力。
- 信任是穩健關係的必備要素，它並不理性，而是在情緒上與伴侶同在——情緒上可接近、情緒上有反應以及情緒上有參與。正如研究人員兼治療師強森所說：「你有與我A．R．E嗎？」
- 抱持「信任」和「值得信任」來溝通，不一定有效率，但一定更有成效。花點時間讓自己的情緒與對方同在（尤其在對方心情難受時），你就能改善這段關係的基本穩定度。

一些好問題

- 我能輕易欣賞伴侶的哪些特質？欣賞自己的哪些特質？
- 我很難欣賞伴侶哪些特質，但這些特質緊密地連結到他們最令人欣賞的特質？
- 假如我對伴侶述說難過的心情，他們的理想回應是什麼？
- 假如伴侶對我述說他難過的心情，我的理想回應是什麼？
- 我是否有與伴侶同在，情緒上可接近、有反應、有參與？我的伴侶有與我同在嗎？如果我感到信任被削弱，我們該做什麼來修復它？

第2部

好事會來

Good Things Come

第七章

活在一副肉身之內

有時，投入情慾聯繫還滿容易的，因為脈絡已經使我們容易獲得愉悅——尤其在關係日漸成熟，感到放鬆、快樂、健康的時候。但有些時候——當內心有壓力、生病、養小孩、為了錢而大吵時，脈絡會使我們很難獲得愉悅。長期維持穩健性聯繫的情侶，會將他們共享的脈絡當成共同計畫，目標則是更輕易地體驗愉悅。

在第二部，我想幫你管理在關係中實踐上述計畫時，可能面臨的障礙。如果「愉悅是衡量標準」是第一部的寓意，那麼第二部的寓意就是：

好事會來。

……我的意思是，只要你願意等的話。

共創有利於愉悅的脈絡，並不是一天就能辦到的事。我們的性能力就像一座花園，也有四季變換。有時候，最合適的選擇是採收情慾聯繫的果實；但有時候，當寒冬來臨，最佳選擇則是瀏覽種子目錄、為春天做準備；無論我們有沒有為其等待，春天一定會來。就跟愉悅一樣，我們總是可以培養變化，但永遠無法強迫變化。

人生無法保證你有充足的時間，但可以保證你會遇到變化。維持長期穩健性聯繫的關鍵，就是適應人生每個季節帶來的變化——帶著自信、喜悅、平靜、溫暖的好奇心。即使面對第二步將談到的困境，你和伴侶都可以共創一個脈絡，讓愉悅不但容易取得，還很充足、令人欣喜。

在本章，我們的焦點是：**「活在肉身之內」所遇到的困境——生病、痛苦、殘疾、老化等，其實反而能夠強化情慾聯繫！**

我想先把這個概念講清楚一點。有一次，我遇到一位激進的純素主義者，他說純素主義者能挑選的食物反而更多（真的嗎？），因為他們可以吃很多種植物。

我回答：「可是雜食性動物也能吃這些東西，而且還可以吃肉、蛋、起司……」

結果他很沒禮貌地回覆我，我忘了他確切講了什麼，但他明顯很火大。

我舉這個例子是要說明一件事：我不是那種認為「有限制反而更好」的人。你不會因為經歷重大健康問題或創傷，就能「自動」施展你以前無法施展的特殊性愛魔法。

但我想回到我跟激進純素主義者的對話，然後盡量貼近原意去解讀他想說的：

> 純素主義者並不是有「更多選擇」，而是因為他們的飲食限制，創造出了一個脈絡，鼓勵他們去探索、嘗試新東西，並擁抱他們之前錯過的經驗。

同樣的道理也適用於因疾病、創傷或老化而改變需求的人的情慾聯繫。你或許沒有更多選擇，但你確實有一個脈絡，鼓勵你去探索新事物。嘗試新東西吧，擺脫所有性愛應該如何運作的先入之見，然後實驗所有對你和伴侶有效的方法——畢竟你們目前的身體就是這樣。

在本章，我們會將這個概念應用於「活在肉身之內」可能很艱困的三個層面：健康狀態方面經歷的變化；早年經歷留下的羞恥感；許多人並沒有選擇、卻被迫經歷的創傷。

平靜而溫暖的好奇心

當人們遇到變化，他們會犯的基本錯誤，就是從暴怒空間接近這個問題，並試圖摧毀它；或是從恐懼空間靠近問題，試圖解決它或假裝它不存在；或者從恐慌／悲痛接近它。當你處於恐慌／悲痛空間，你會非常需要藉由修復一段關係來確保自己持續存在，否則你就會迷失在無助孤立的黑暗中。試著從恐慌／悲痛空間解決性愛問題，人們就會為了挽救一段關係，開始做他們不一定想要或喜歡的愛。

從不利的空間解決問題，終究是無效的，因為暴怒、恐懼或恐慌／悲痛都是反應性的。這些問題啟動了一種壓力反應，驅使你摧毀、逃跑或急速惡化，而不是探索、理解和感到憐憫。

但「尋求」則剛好相反，是有創造性的。正念老師塞拉西在著作《你有所屬》（*You Belong*）中提到，reactive（反應性的）和creative（有創造性的）這兩個單詞，只要把「C」拿掉，就會變成同一個字。

「那C代表什麼？」一位朋友問她。

她回答：Curiosity（好奇心）。

她寫道：「好奇心是減少反應性的關鍵要素。我們會變得感興趣，而不是出於習慣做出反應。

可是假如你在沒有察覺的情況下就自動做出反應，又該怎麼培養好奇心？你該怎麼對你下意識的制約反應感到好奇？我們該怎麼不以反應性，而以創造性面對任何時刻？答案很簡單——虛心接受自己的經驗。好吧，可能沒那麼簡單，但你可以辦到。

只要練習，就有可能辦到。如果用平面圖來比喻的話，虛心接受自己的經驗，就是「從觀測距離見證自己的內在經驗」。

事實上，好奇心是很重要的工具，讓我們與暴怒、恐懼或恐慌／悲痛保持足夠的距離，並找到這些空間的出口。

以下是你的出口：

「我看見你。我愛你。我想了解你。」

問題你好。困境你好。傷痛你好。

平靜而溫暖的好奇心，是情緒平面圖中三個空間的混合體：尋求（好奇心）、關心（溫暖的情緒）、觀測距離（平靜）。

我們從觀測距離開始吧。「我看見你。」當我們接近一個問題時，第一步是轉變成全景觀點，以局外人的角度觀察這個情況。透過在自己與問題之間創造距離，我們就能對自己和伴侶的關係保持中立、不評斷。

接著是關心：「我愛你。」意思是我們之所以面對問題，是為了關心它，而不是為了修正或控制。關心是一個愛的空間，你可以從這裡尋求解方。喜愛你想改變的東西，這不是很奇怪嗎？你可以這樣想：小孩在哭，你用吼的他們就不哭了嗎？不會。所以你要用愛面對他們、安撫他們的痛苦。當你面對自己的困境時，也是同樣的道理。

最後是尋求：「我想了解你。」向前邁進、探索，「哦，讚耶！那是什麼？」

假如你以平靜而溫暖的好奇心接近自己與伴侶的身體，會發生什麼事？我們來一探究竟吧。

身體有千百種，而且會改變

假如你夠幸運，能與伴侶白頭偕老，你就享有「看著他變老」的光榮特權，並給予他「看著你變老」的特權。長期交往就是跟某人一起度過健康與殘疾的時刻。跟某人在一起夠久的話，你的角色既是愛人也是照顧者。

在各年齡層，都有許多人有這種經驗。我們活在一具肉身內，身體很可能會受傷，而且和疾病、死亡密不可分。我有朋友二十幾歲就得癌症，必須依靠伴侶（他們交往的時間比我短很多）幫助他度過放射線、手術和化療的副作用。我姊妹的先生已經動過十幾次手術，她自己也住院好幾次，而且最近還受許多新冠後遺症所苦，康復之後，又經歷了好幾年的慢性疲勞和疼痛。他們在一起二十年，大部分時間都必須在基本的生物面陪伴彼此。

或許你在交往時遇到了重大的診斷——你的伴侶帶著殘疾、慢性病或疼痛走進你的人生，或你帶著病痛走進伴侶的人生。

對於疾病或殘疾抱持好奇心，能幫助你把疾病或殘疾當成跟伴侶分開的事物。你的伴侶有需求，但他這個人不等於「他的需求」。請持續陪伴你的伴侶；看見他，而不是只看見他的需求。

尚恩・伯考（Shane Burcaw）和漢娜・伯考（Hannah Burcaw）是一對「跨障礙」（interabled）[i]夫妻，開了一個 YouTube 頻道來記述他們的經驗。尚恩天生就患有脊髓性肌肉萎縮症，必須坐輪椅，日常生活需要他人輔助。漢娜看了一部關於他的紀錄片，覺得他們有很多共同點，於是寄了電子郵件給他，令他感到意外。想起那封電子郵件，尚恩說：「她使用括號的方式，讓我心動了。」

他們通常要應付別人對於他們親密生活的歧視性假設。這些評論源自人們顯然無法認清的一件事：在一個關係中，你可以既是照顧者也是愛人。這樣既不是犧牲，也不崇高。當你愛上某人，並跟他一起生活好幾年，你就會這樣做。這對夫妻對這件事抱持著幽默感——可以從他們一系列的問答影片中看出，他們使用「親熱」來代稱所有性行為，這樣他們就不必講到具體、尷尬的細節，但尚恩會發明一些虛構的體位名稱，像是「燃燒吧火鳥」（flaming flamingo）或「阿拉巴馬騎蛇人」（Alabama snakerider）[1]。

除了有趣的部分，這對夫妻也分享了深度的智慧，可使任何戀情受益。

---

i 編按：指一對伴侶中，有一方是身心障礙者，另一方不是。

有人問他們：「該怎麼在親熱的接觸和照顧的接觸之間劃清界線？」他們的答案很單純：「我們不劃線，根本沒有線，連想像中的線都沒有。我們只是有來有往而已。」尚恩補充：「我們不會說『好啦，照顧的接觸結束了，我們開始親熱的接觸吧。』照顧是會牽涉到親熱的。有時會，有時不會。親熱會在某些地方牽涉到照顧，像是：『漢娜，可以麻煩你把我的腿移到左邊嗎？』親熱和照顧是交織的，是相同的。」

漢娜提供一個類比：「你可以跟另一半擊掌，而這和你們親熱時的關係還是相同。」

在一次訪談中，他們描述了他們的性聯繫，而我還真希望所有情侶都有這種性生活[2]。「我的殘疾有益於親熱，」尚恩說道：「或許這不像你在電影看到的那樣，但我完全做得到。」

漢娜說：「通常，尚恩會用聲音來代替別人用身體做的事情。」

「我會直接說：『嘿，你想做愛嗎？』」尚恩附和道：「我知道有些人可能會很驚訝，心想：『這一定很不浪漫。』但請相信我們。我問要不要做愛之後，我們就開始浪漫了。當我們一起躺在床上，我可以說：『嘿，你可以把我朝著你翻過去嗎？或者，你可以移動我的手臂嗎？這樣我才能碰到你的脖子或臉頰。』」

漢娜接著說：「我們對這些事情都有自己的簡化溝通方式，他不會每次都說：『你可以把你的腿放在我的腿上嗎？』我覺得我對他的身體和喜好，已經了解得和我自己的一樣熟悉。」

我花了好幾年寫了一整本書，結果他們用一段話就可以講完了：性愛不像電影演的那樣，但我們會跟彼此溝通我們想要什麼，而且我們懂對方的身體，也懂自己的身體。

明白了嗎？你必須知道的事情大概就只有這麼多。

潔西卡．凱格倫—福扎德（Jessica Kellgren-Fozard）和她的妻子克勞蒂亞（Claudia）也是一對跨障礙伴侶，同時也是很有意思的例子：關愛，卻不落入照顧的陷阱。潔西卡患有兩種遺傳性疾病，其中一種疾病影響她的神經，另一種影響她的結締組織，兩者造成了各種差異和健康問題，包括耳聾、慢性疼痛、偏頭痛、慢性疲勞、偶爾關節還會意外脫臼，或四肢完全動不了。克勞蒂亞沒有任何遺傳性疾病——但早上喝茶之前脾氣很差。這對伴侶跟尚恩和漢娜一樣，二十幾歲就結婚了，身體方面的挑戰和可親近程度，打從一開始就是她們戀情的一部分。

在影片中，潔西卡和克勞蒂亞回覆了陌生人對於她們戀情的假設，例如「你老婆一定是天使，你能跟她結婚實在有夠幸運」，以及「你的疾病一定把你老婆累死了吧」，講得好像潔西卡是「愛人的負擔」，而不是「對戀情做出貢獻的人與伴侶」[3]。這對愛侶澄清：「沒有這回事。」潔西卡其實是個很棒的對象，而且她們都盡自己的力量對這段戀情做出貢獻。

她們會回答這種問題：「假如克勞蒂亞生病、受傷或怎麼了，她會不會覺得她不能抱怨，因為你還是比她更慘？」

潔西卡還沒讀完整個問題，克勞蒂亞就已經斜眼瞪著攝影機直搖頭。她回答：「不會！我要肯定、大聲地說：不會！」潔西卡咯咯大笑，然後補充：「不不不不不不！」她們說，事實上潔西卡真的很愛照顧別人，而克勞蒂亞很愛被照顧，無關這段關係中的實際生理需求。

潔西卡就是潔西卡，無論她目前的身體狀況如何，她都喜歡烘焙和跳舞；克勞蒂亞就是克勞蒂亞，無論她目前的身體狀況如何，她都喜歡園藝和旅行。她們雖然做出合理的選擇、不把兩人的性生活清楚明白地公諸於世（謹守分際，超棒的！），但她們看著彼此的方式，完全藏不住她們的愛慕、欣賞和溫柔。她們望著彼此，特定狀況的需求無法妨礙兩人充滿愛意的凝視。

等等，這本書不是在談性愛嗎？為什麼這裡要寫一堆關於疼痛、受傷、殘疾和疾病的內容？

我的朋友，這本書是在談長期關係中的性愛。就算你目前並非處於跨障礙關係中，你只要跟某人交往夠久，最後還是會變成跨障礙關係。我知道很多人習慣那種「增添情趣」的建議，但我們從研究中可以得知，維持性聯繫的時候，你只偶爾需要用到「踩油門」的方法。我們必須做的，其實更常是消除那些拉緊剎車的事物。而有些拉緊剎車的事物不是我們能控制的，所以無法改變，但我們可以改變對這件事的感受，這樣這件事就無法拉緊剎車。

說到長期變化，就要來談一下停經。如果在你的戀情中，任何一方有子宮的話，就很可能在某個時點停經，無論是藥物、手術或生物方面導致。雖然沒有特定的子宮相關荷爾蒙狀況會直接影響你的性能力，但許多伴隨圍停經和停經的變化，都可能影響性功能。潮熱、無法預測的經期、身體儲存脂肪的方式改變、老化、性別不安，這一切都可能拉緊剎車。伴侶對於你的身體變化稍有失言，就可能觸發一連串強烈情緒，讓你對自己產生各種想法，並加深你對伴侶支持的需求。

除此之外，雌激素減少可能會改變陰道黏膜，讓組織變脆弱，這可能會使內外生殖器受到刺激時更疼痛，進而減少性慾，畢竟做愛會痛的話，自然就不想做了。陰道栓劑可以協助治療組織疾病，但患者使用時要溫柔、有耐心，忘掉生殖器與疼痛之間的連結。幸好，隨著X世代進入更年期，關於「停經的意義」與「該怎麼經歷停經」的醫療化和性別化觀念，都正在被我們駁斥。希瑟・柯琳娜（Heather Corinna）的著作《這是什麼活地獄》（*What Fresh Hell Is This?*），以及歐米賽德・伯尼–史考特（Omisade Burney-Scott）的多媒體《黑人女孩的停經生存指南》（*Black Girl's Guide to Surviving Menopause*），就是這個轉變的一部分，將交織性（intersectional）、跨性別及非二元包容性的社會正義觀點，納入停經的內分泌學、心理學和社會經驗。

我們自己和伴侶的身體變化，不一定會拉緊剎車，除非我們緊抱著這個文化假設不放：身體變化和需求會讓我們沒資格做愛。

我有一位作家朋友當過好幾年護理師，他說：「疾病會創造出最深的親密關係。」給予和接受關心，就是人類聯繫需求的本質所在。關愛是支持並虛心接納你的愛人；關愛是一手抱著愛人，另一手接住他的需求；但照顧就有可能會使你看不見伴侶，只注意到他的需求。

疾病會創造出最深的親密關係。這種親密對你的情慾聯繫會產生什麼影響，取決於你的伴侶生病時，你是否依然能看見他，以及你生病時，你的伴侶是否依然能看見你。

瑪格與亨利

瑪格和亨利正在經歷正常的老化：停經、勃起硬度不足、身體變化（瑪格患有類風濕性關節炎，亨利患有冠狀動脈疾病），更別提生活中的壓力來源——只有那些活得夠久的幸運者才體驗得到。瑪格當奶奶、亨利也當曾祖父了，他們有些子女、孫子女、曾孫子女都遇到困境，而瑪格和亨利想要陪伴他們。

瑪格被夾在生理問題和情緒壓力中間，難怪她覺得自己被卡在關心空間，無法放鬆前往「玩樂」或「尋求」空間。

瑪格利用孫子的輔導老師給她的建議，弄懂哪些事情可以幫助她和亨利，共創一個更容易獲得愉悅的脈絡。「四種社會支持，」瑪格回想：「器械、資訊、情緒、評價。」

（我以最短的篇幅，替不常去找輔導老師或公衛人員的人說明一下：器械支持就是給予具體協助，例如你肚子餓，我給你一包水果糖；資訊支持是傳授知識或教導技能，例如你肚子餓，我告訴你哪裡可以買到水果糖，或教你怎麼做水果糖；情緒支持就是在情緒上與某人同在，我們在「信任」那一段描述過所有方法，比方說，假如你很餓，我又不能立刻協助的話，我會抱著同理心與憐憫來陪伴你，幫助你維持希望，直到獲得具體的解方為止；評價支持是對於對方或他的狀況提供回饋，幫助他改變狀況，例如你說肚子餓，而我身為你的治療師或最好的朋友，就會暗示：你的性格或生平有些特徵，使你不願意去吃你可以取得的食物。）

「所以，有哪些我們已知的事物，能幫助我們引發性慾？」瑪格問道。

「情緒支持！」亨利大叫（畢竟他是多邊戀的泰德．拉索）。

瑪格補充：「其實是器械支持啦。也就是幫我搞定所有不同工作、家事和跑腿。只要越能擺脫我的工作，我就越容易擺脫我的日常生活。」

「這不是很棒嗎？」亨利驚訝地說道：「原來打掃之類的事情不只是象徵性的，而是真正給你壓力的真實事物，而假如我來做這些事情的話……就好像你的性愛剎車有一張待辦事項清單，我們只要做完其中一些事情，你的剎車就會放掉，足以讓油門催下去！」

「是啊。你現在才知道嗎？好吧。這算資訊支持，給你一個讚。」

「我原本應該是覺得，有這份心意比較重要。」

「不是說心意不重要，但一整籃折好的衣服和清空的廚房水槽，是真的能夠『消除』那些踩我剎車的東西，而不只是『好好對待』那些踩我剎車的東西。」

「那假如我們假裝我是水電工，來你家修理漏水的水龍頭，然後你把你的手指伸進我的褲襠裡，這又算什麼？」亨利朝她眨了眨眼睛。

瑪格大笑，但她說道：「這算是另一個層次吧。洗碗、洗衣服、修漏水的水龍頭，以前都是我能輕易做到的事情。但最近……」她停下來摩擦自己的指關節，他們兩人對這個小動作都很熟悉：「疼痛拉緊了我的剎車。但更重要的是，它提醒了我，我的身體不再像以前那樣。我很擔心我會失去獨立自主的能力。而假如我甚至沒開口，你就願意為我做這些事情呢？這就是情緒支持和器械支持合而為一。它讓我擺脫難過的情緒，使我更容易獲得愉悅。」

理解各種創造支持性聯繫的方式，是他們共創脈絡（即使身體有變化，還是很容易獲得愉悅）的流程的一環。但我想補充一下，他們是在改善情慾脈絡本身。就像我跟我老公會在床邊放做愛專用毛巾，瑪格和亨利也會買一些輔助性枕頭，讓各種體位更輕鬆，其中包括讓口交更輕鬆的體位；

他們也會使用陰莖環和陰莖按摩器（又短又軟的管子，通常是矽膠做的，把陰莖包起來），讓手交不再那麼緊張。而且他們還照著我唯一的規定性建議去做：使用潤滑劑。不是一般藥房賣的那種，而是專賣店或網路上販賣、較高級的「人體安全」（body safe）潤滑劑。此外，因為他們不需要使用乳膠[i]，所以他們選擇椰子油，這對瑪格更年期的生殖器來說最為舒適。

不是所有事情都會牽涉到很嚴肅的感受和對話。有時就只是潤滑劑、枕頭和飛機杯這些小事。

因羞恥而產生的黑暗地帶

許多人跟愉悅之間的關係都很糟糕。在我們這一生中，性能力某些部分很可能受到羞辱和評斷，而我們的回應方式是隱藏這些部分，甚至連我們自己都找不到。這些部分活在我所謂的「黑暗地帶」中，也就是你自己的陰暗角落，你甚至連看都不想看。你還記得第三章那位被猥褻，後來又被伴侶觸發情緒的女生嗎？她的大腦對創傷的反應是，每當她認為一種體感跟不安的經驗類似，就會建立一道通往恐懼（黑暗地帶）的暗門。

但黑暗地帶也可能來自我們還是嬰兒時，身體所受到的陰影，只是我們忘記了。

一位女性告訴我一個故事，剛好能說明一個人體內黑暗地帶的起源：她讀過《性愛好科學》，當她看到她兄弟幫他女兒換尿布時，聯想到這本書中關於身體意象和羞恥的訊息。他把女兒弄乾淨之後，伸手去拿新的尿布，等他回過頭，發現女兒正在碰自己的生殖器。

他責備女兒：「喂！不要碰那裡！」

假如他的小孩有陰莖，他會怎麼回應？小孩會因為碰生殖器而被他責備嗎？

假如他的小孩碰自己的腳，他會怎麼回應？當嬰兒找到自己的腳，開始玩起來的時候，我們不是都很開心嗎？因為他們正在探索和認識這具被賜予的身體。

這個嬰兒不會記得這一刻，但這一刻會與其他無數類似的時刻累積起來，在她腦中創造一個黑暗地帶。她會把生殖器及其體感，與被責備或懲罰的經驗聯想在一起。她的生殖器使她成了「壞女孩」。到了青春期，她會有一種概念：這些身體部位並不真正屬於她，這些部位的體感很危險或噁心。或許她的整間色慾空間都是黑暗的，沒窗戶、空氣不流通，充滿沒打開的皮箱和積了灰塵的骷髏。而且，她可能根本不記得曾經有任何明確的訊息，告訴她應該感到羞恥。

黑暗地帶本來就很難被發現。有些黑暗地帶可能有偽裝，所以大腦會直接略過、沒有察覺；有些黑暗地帶可能有全副武裝的憤怒怪物守著，所以你唯一的反應就是逃走，不會試著一探究竟。

性教育者娜汀·桑希爾（Nadine Thornhill）的三歲兒子跟朋友在房間玩，結果被朋友的媽媽發現，他們在對著彼此展示陰莖。當時娜汀已經是兒童和青少年性教育專家。

朋友的媽媽告訴娜汀發生了什麼事，而且對此非常平靜，因為她跟娜汀都知道，小孩做這種事很正常。

---

i 編按：此指乳膠製保險套，由於椰子油屬於油性質地，會造成保險套乳化變質破裂。

可是。

娜汀告訴我：「我覺得有夠丟臉，內心忍不住有了憤怒的反應，就對著兒子大吼。但後來我心想：『我剛剛對孩子做了什麼？』」

她很快就明白：「啊！我剛剛徹底被觸發情緒了，變成一個對著三歲兒子大吼的凶媽媽，因為我也遇過這種事。」

她遇到什麼事？

她五歲時，跟保母的兩個兒子（跟她差不多大或比她大一點）一起待在保母家裡。他們在地下室玩，其中一個小男生說：「我們把褲子脫下來，比比看吧。」

小娜汀說道：「我不要。」但這個小男生試圖說服她，最後說道：「那我先脫。」他脫下褲子……然後他媽媽剛好走進來。

媽媽問兒子：「你為什麼要這樣做？」

小男生說道：「是娜汀說要這樣做！」

「你有嗎？娜汀？」

小娜汀猛搖頭，但另一個小男生附和：「對，是娜汀！」

所以五歲的娜汀被拖上樓，坐在沙發上，聽著保母數落她有多不對、多壞、多髒。她那天稍晚要去參加一個生日派對，所以她穿上了漂亮的生日派對洋裝。身穿生日派對服裝的她坐著哭泣、聽著保母辱罵她，心裡想著：「我都精心打扮了，怎麼可能會那樣說！」

她回家之後，媽媽問她怎麼回事，幸好媽媽相信她的說詞。

不過娜汀告訴我：「其實我有一丁點好奇，想知道我真的做了會怎樣。這個想法留在我心裡好幾年。我對性愛感到好奇的話，就會感到羞恥。假如我將自己投入一場幻想，我的大腦會拒絕，所以我只能在幻想中投入我的某種『化身』。」

可是，羞恥心介入她的幻想，並沒有促使她以好奇心面對以前的恥辱，解開心結、拋棄心結。只有當她對著小孩大吼的當下——就像她被保母大吼一樣——她才發現，以好奇心面對恥辱是很重要的。

這是一個啟示性的變革，但可能不是你所想的那樣；她的人生並沒有因為她立刻擺脫舊傷而突然改變。這並非所有事情都改變的時刻……卻是她決定要改變所有事情的時刻。

她已經是一名兒童與青少年性教育者，所以你可能以為娜汀擁有方法和資源，能夠自己處理這件事，但事實並非如此。她有的是「知識」，她只是知道怎麼完成她的工作。所以，當這些故事結束之後，她對自己說：「我必須接受治療。我聽過『打破循環』，但我不知道該怎麼做，所以我要找個專家。」

養育子女可能會觸發舊有的恥辱和痛苦，而她不想用「她被迫接受的傷痛經驗所塑造出來的行為」來面對自己的小孩。這也促使她以好奇心面對自己的黑暗地帶。

當你偶然發現自己內在的黑暗地帶，甚至在開始探索之前就對它有所感觸，你或許會有一種恐懼或不祥的感受，一種焦慮、想逃跑或躲藏的感覺，或者你的怒火會告訴你，這裡有危險的事物。

假如你的經驗是這樣，請不要嘗試「強行通過」這些不舒服的感受。這些不舒服的感受是黑暗地帶的一部分，與其強行通過，不如好好深呼吸。與這些複雜的感受共存，將注意力轉向這些複雜的感受，並且抱持著……你猜到了：平靜而溫暖的好奇心。

自信就是了解真相，包括了解一個艱難的真相：在我們生活的世界，性愛可能會被當成對付某人的武器，而任何不符合指定「規範」的人，都會因為自己的性能力而受到羞辱和懲罰。

附註：沒有人符合指定規範。我們都被羞辱和懲罰過，這就是為什麼我們都有黑暗地帶——而這也是為什麼有些人沒有察覺自己的黑暗地帶。我們把它們藏起來，甚至連自己都找不到……然後當性能力出了問題，我們就毫無頭緒，因為我們怎麼看都覺得自己的性能力很正常。

黑暗地帶或許是自己最難了解、自愛的部分。但你不用擔心自己無法「走完全程」、讓光照亮所有黑暗地帶，因為你可能永遠走不完，也不必走完。用溫暖的好奇心面對你的黑暗地帶吧，每一次嘗試都會變得更輕鬆。

創傷、忽視與虐待（我的天啊）

身為性教育者，我有一些很狂野的幻想，但或許不是你想像的那種。比方說，我幻想總有一天我會寫一本談性愛的書，卻不必包含關於創傷的段落。我可以只談我們透過性能力所獲得、令人愉悅、樂觀、喜悅的樂趣。

讀到這裡的讀者中，至少有三分之一的女性、六分之一的男性，以及一半的跨性別與非二元性別者，經歷過某些形式的親密關係創傷或性創傷。創傷並不限於對於單一事件的反應，如一次特定的攻擊，它也可能源自對於持續虐待的反應——例如覺得自己被困在一段關係中（無論是否為性關係）。除了性能力本身，「忽視」所造成的傷害並不下於一次特定暴力事件。童年時期被忽視是很棘手的問題，因為我們很容易告訴自己：我們沒有被忽視，我們是自主的，照顧我們的大人非常需要工作，他們也過得很苦……諸如此類。這一切都可能是真的，但你小小身體的需求，包括需要被關心，沒有滿足到能夠防止情緒傷害，這也是真的。大約有三分之一的人經歷過的童年逆境，包括被忽視，其實大幅影響了他們長大之後的健康和人際關係。這意味著有很大比例的人口都是帶著深刻創傷、長期情緒痛苦，以及相關生理健康的後果過活。

所以我們都在這裡。嗨，各位，我也是。歡迎來到這個沒人想受邀的派對。

但這可是個派對。我們在這裡擺脫那些告訴我們「安全不是你應得的」的經驗。我們在這座花園裡，將豐饒、肥沃的肥料灑進不毛之地（也就是有人傷害我們的地方）。我們一起歌頌自己的倖存、悲痛和暴怒，並重新發現自己。以白話文來說，我們會接受治療，閱讀關於治癒的書籍，培養愛與值得信任的聯繫，練習自我憐憫——如果太困難的話，就憐憫別人及更年輕的自己吧。

你的創傷、忽視、虐待（trauma、neglect、abuse，簡稱TNA）經驗，很可能會影響你的情緒平面圖。我不知道你的大腦是用什麼方法倖存的，但以下是你可能注意到的一些模式；不過我再次強調，每個人的大腦不同，對TNA的反應也獨一無二。

你的關心空間可能有一個隨機出現的時空傳送門，通往恐慌／悲痛，所以無論你何時處於關心，很可能一眨眼就突然處於恐慌／悲痛中。或者你的關心空間地板結構不堅固，你一踏上去就破裂，導致你跌進暴怒或恐懼空間。你會注意到，我的情緒平面圖有一道單向的門，從色慾通往恐懼，這就是我的大腦應付創傷的方式。

請回想恐懼空間包含的各種經驗。不只有逃跑而已。甚至也不只是蜷縮在角落顫抖，直到威脅離開，它也可能是取悅別人、完美主義，以及必須隨時讓你周圍所有人都開心，無論你要付出什麼代價。這算是一種壓力反應，有時稱為「討好」（fawn），而它也可能是創傷反應。恐懼也可能是僵直（freeze），一種遲鈍、麻木、魂不守舍的感覺。我跟別人講話時，曾在對方的眼神中看過這種反應；對方跑來問我一個關於他的艱難經驗的問題，我開始用溫和卻坦率的方式回答，而他們的眼球好像不聽使喚。他們看起來像有在聽，但他們的ＴＮＡ已經抓住了他們的理性腦，說道：「不行。」然後將他們拉進恐慌／悲痛空間，或使他們出現僵直的恐懼反應。

大腦適應ＴＮＡ的方式，並不是讓我們崩潰，而是讓我們倖存。我們的情緒平面圖讓我們度過難關。或許有些適應ＴＮＡ的方式，到現在已經沒那麼有幫助；或許我們想要做出一些改變，因為現在已經沒有立即的危險。我們可以選擇。

有很多書在談性愛和倖存，而假如你的ＴＮＡ正在影響你的性能力，我希望你能探索其中一些ＴＮＡ，或許還要尋求治療[4]。但在這裡，我想提供一個具體訣竅給倖存者——**有時我們「逃避現實」的行為，其實是痊癒的一環：**

對於那些能安撫你的隱喻和故事保持好奇心。

我們的現實生活中，沒有東西能夠解釋或形容我們從創傷痊癒時，內心發生了什麼事。我們可能需要奇幻世界的隱喻來形容我們的經驗。

以《魔戒》（*The Lord of the Rings*）為例。一千頁的古典奇幻文學，加上兩冊虛構神話故事。人們重讀《魔戒》，並不全是因為花很多時間跟一群不同身高的白人相處很有趣。人們重讀《魔戒》、背誦族譜、學習說虛構語言，是因為他們需要某個地方，好好感受他們內心的情感；而現實中沒有任何地方，能給他們如同內心創傷一般的感受。

哈比人佛羅多（Frodo）說：「我會把魔戒帶到魔多（Mordor），可是……我不知道路。」你選擇從創傷痊癒時，可能就是這種感覺。每天早上起床，我們決定帶著這份負擔，朝那個能夠摧毀負擔的地方邁進一步，即使我們不知道要去哪裡、怎麼到達那裡，或是否真的能夠抵達。

為什麼大家喜歡山姆衛斯・詹吉（Samwise Gamgee）？因為他雖然不能背負魔戒的重擔，但他可以揹著佛羅多。他是個理想的共同倖存者（co-survivor），無論局勢有多麼可怕，他都待著不走；他跟佛羅多一起受苦，但他從來不覺得自己的苦難能與好友相比。你想知道怎麼幫助有創傷的朋友嗎？想知道有個理想的支持者是什麼感覺嗎？看看山姆，他很想回家陪蘿西（Rosie），但他永遠不會放棄佛羅多。

至於我自己的TNA，最佳隱喻則是迪士尼（Disney）音樂動畫電影《海洋奇緣》（*Moana*），我這個四十幾歲的女人去戲院看了三次。當某個東西緊緊抓住你的心，使你必須看它、讀它或聽它好幾次，那就對「這個隱喻給你的啟示」抱持好奇心吧。

莫娜（Moana）受到海洋召喚，打算橫越地平線並歸還塔菲緹之心（Heart of Te Fiti）——一顆從生命與豐饒女神那裡偷來的綠色石頭。對我而言，最重大的時刻是莫娜面對她最後、最凶險的敵人岩漿怪物提卡（Te Kā）時；當我看見提卡憤怒地站起來，我的大腦想著：「它就是我。」我看著「最好的我」（莫娜）接近我最難過、最受傷的部分（提卡）。莫娜做了什麼？她察覺提卡胸部上的漩渦，剛好符合塔菲緹之心上面的漩渦。她看穿了提卡表面的怒氣，所以並不害怕，反而還挺身面對提卡。她唱著：「他們偷走你內在的心，但這並不會定義你，你不是這種人。」她將塔菲緹之心放在提卡胸部漩渦的中心；他們額頭相碰，呼吸彼此的空氣，然後……岩漿怪物變形成塔菲緹——生命與豐饒女神。

而我瞪著螢幕，張大眼睛，眼淚從我的臉頰滑落，滴到零食上頭。為什麼？

因為這個隱喻解釋了「痊癒」給我什麼感覺，而且比任何字面描述都準確。我就像莫娜一樣，看穿自己傷痛的表面；我挺身面對它，卻沒有任何恐懼，而是抱持著有夠平靜且溫暖的好奇心。我與傷痛都呼吸同樣的空氣。而傷痛轉變成力量。

比較看看這個隱喻與痊癒給人的感受的字面描述吧：創傷經驗告訴我的大腦，我自己和別人的內在經驗並不安全；但事實上，我和許多人的內在經驗都很安全。我溫和地注意那些發生的不適情緒，並察覺當這些情緒發生時，我並沒有不安全，藉此教導了我的大腦。

這種字面描述會引起一個疑問：你該怎麼「溫和地注意」？在你覺得不安全的時候，你該怎麼察覺自己很安全？而這又是什麼感覺？

我不用隱喻就無法形容：這種感覺就像我著火了，但我同時也是海洋，我也是愛。沒有字面描述比這種隱喻更清楚，在我們的平凡生活中，沒有東西可以刻畫從創傷、忽視、虐待中痊癒的內在經驗。

我們需要奇幻故事才能討論從創傷、忽視、虐待中痊癒的過程。當你「逃進」一場幻想，或許你就是在治癒自己。透過奇幻隱喻來處理TNA，其重要性使我大談卡通與情緒科學和創傷之間的相似之處——不只是《海洋奇緣》，還有《腦筋急轉彎》（*Inside Out*，探討情緒消除[i]）、《冰雪奇緣》（*Frozen*，探討童年創傷和忽視）、《魔法滿屋》（*Encanto*，探討代際創傷[ii]）、以及《青春養成記》（*Turning Red*，探討雙重文化創傷）。

創傷怎麼痊癒？每天都有奇蹟發生，就是這麼痊癒的。我們醒過來，攜帶著魔戒的重擔；我們刷牙，和怪物做朋友；我們過生活，提起布魯諾[iii]。

---

i 編按：emotion dismissing，安慰他人的方式，採取情緒消除的父母，會希望能透過轉移注意力的方式，讓孩子忘了遇到的挫折與憤怒。

ii 編按：intergenerational trauma，心理創傷在一代人身上發生，影響到下一代、下下代的心理現象。

iii 編按：引自《魔法滿屋》中的歌曲〈我們不提布魯諾〉（We Don't Talk About Bruno），布魯諾是被主角的家族排斥、視為反派的舅舅。

沒錯，去找治療師，並和值得信任的人練習自我照顧和聯繫。練習瑜珈、太極拳，或其他以身體為基礎的體驗，讓你的內在感到安全。在現實世界中痊癒。同時，在虛構世界中自我安慰吧，你的內在終於可以符合外在了。我們的故事充滿神奇之處，這是有原因的，因為我們這些倖存者都充滿神奇之處。

身體會隨著時間和經驗改變。好奇心能幫助我們面對這些變化，是我們最棒、最不會出錯的工具。它可能不充足，但絕對不會是錯誤的起點。

第七章懶人包

- 好奇心就是挺身面對真相（無論它是不是你希望的真相、或是別人要你相信的真相），並說：「我看見你。我愛你。我想了解你。」請不要轉頭去看恐懼、暴怒或恐慌／悲痛空間發生了什麼事。
- 身體會隨著時間改變。尤其在年齡、疾病或傷害的影響之下，我們的身體或許有新的需求，可能會改變伴侶在這段關係中給予和接受關心的方式。只要你把伴侶當成他們本人（把他們的需求和本人分開來），你就能夠維持一種聯繫，坦然接受他們的身體。
- 我認識的所有人，都曾從某些地方吸收到性恥辱，無論是從家庭、宗教或流行文化。我們越讓自己察覺到這種恥辱，並將光明照進它的藏身處，就越可能取得聯繫和愉悅。
- 許多人的身體都帶著創傷。除了治療、安全聯繫及瑜珈之類的練習，許多倖存者會利用奇幻故事來體驗並清楚表達一件事情，它比日常生活中任何事情都更接近「倖存」。

一些好問題

- 在哪些脈絡中，我比較容易處於腦中的好奇空間？
- 恥辱位於我身體、情緒或思維中的何處？它位於伴侶內在的何處？如果以最棒的自我，跟彼此討論我們的恥辱，會發生什麼事？
- 我已經發展出什麼「魔法」，來回應我不該忍受的創傷、忽視或虐待？我的超能力是什麼？我被賦予的重責大任是什麼？誰是我的山姆衛斯？哪些神話生物聽我差遣？我是神話生物嗎？我是否能夠拜訪已逝的祖先，以獲取他們的智慧與愛？什麼事物在呼喚我？

第八章

關係會變，
我們可以應對

當我傳授性能力的科學時，他人問我的問題中，最難的是這兩個：

「我喜歡這些概念，但我該怎麼讓伴侶接受你所描述的變化？」

「你說的東西都幫不到我們，除非我們治好這個無法痊癒的舊傷。該怎麼度過這一關？」

這兩個問題的核心都是：「我們該怎麼改變？」

光是只有牽涉到一個人，改變就很難了，但假如改變需要兩人合作呢？那就難上加難。

在繼續討論之前，請注意這個問題是「我們該怎麼改變」，而不是「我該怎麼改變我的伴侶」或「我該怎麼為了我的伴侶而改變」——例如：「我該怎麼說服伴侶，改變他對於規畫性愛的想法？」或：「我該怎麼讓伴侶放下過去發生的事情？」

與那些不被看好的短暫戀情不同，長期關係需要一套能共同改變的有效策略。我會分享我認識的情侶們怎麼回答這些問題，他們運用了前幾章討論過的工具。我也會補充一些人類刻意創造變化時的科學——具體來說：我們一次只會改變一點點，即使傷口已經痊癒，舊傷繼續疼痛也很正常。

怎麼讓伴侶接受變化

讀過《性愛好科學》或親自參加過工作坊的人，最常問我的問題之一是：「這真的很棒，我覺得這甚至可能會改變我的人生！可是到目前為止，每當我提到這件事，我的伴侶給的反應都很負面，我該怎麼讓他接受？」

簡短的答案是：對他們目前的處境抱持好奇心。你本來就很正常了，假如你能用平靜且溫暖的好奇心，面對你們的性聯繫中發生的任何事情（無論它是否符合你的期望），等同已經做得很完美了。這沒什麼好急的，風險很低。**長期關係很難光因為性愛問題就面臨風險，如果一段關係面臨真正的威脅，幾乎都是其他問題所致，只是這個問題表現於性聯繫上**。請把急迫的心態留給可能會導致你失去東西的問題，例如金錢、小孩、健康方面的歧見，這些都可能有立即且改變人生的後果。

當你想讓伴侶接受你在情慾聯繫方面的改變，那麼對於「人怎麼改變」抱持務實的概念，通常都很有幫助。所以我們來談談這件事吧。

神經內分泌學家羅伯・薩波斯基（Robert Sapolsky）說過：「當一個人從沒被說服做某件事，你就無法說服他不做這件事。」事實或許不在乎任何人的感受，但感受也不在乎任何人的事實。請求伴侶跟你攜手合作、為你們的性關係做出一些改變，絕對不是要「令他信服」或試圖勸說他。重點從來就不是他錯你對或是他對你錯。

很常見的情況是，當我們希望伴侶改變，我們會預想改變的過程是A↓B，例如：「今天，我的伴侶的想法、感受和行為都是一套舊反應；明天，他聽完我的話、理解我的觀點，同意我是對的之後，他的想法、感受和行為都會是新的一套，變得跟我一致。」

但這幾乎從來就不是成功之道。

與其說是A↓B，其實更像是A↓E，加上中間的所有步驟[1]。以公共衛生的術語來說就是「改變的準備程度」（readiness to change），而「準備」有五個粗略的階段：思考前期、思考期、準備期、行動期、維持期[2]。

當你找上伴侶並請求改變，為了讓他們同意，你的目標並不是在一步之內就把他從A帶到E，而是讓他比他的「心理準備」更往前邁進一步。我們來依序探討每個階段，並思考什麼事情能幫助他再向前邁進一步。

第一階段：思考前期。這個人還沒考慮改變，你會聽到他們使用「維持現狀的說法」，這種語言暗示現況不值得改變、無法改變。「我們現在就很好啊。」「我們忙到沒空擔心這件事。」「我們已經試過了，稍微休息一下吧。」

讓我們把「尚未準備好改變」視為正常的狀態。在大部分的時間，我們都處於對改變不感興趣、也還沒準備好的狀態，無論信念和行為模式皆如此。還沒準備好要改變沒什麼不對，刻意改變可能很難，而且我們的生活光是沒增添變化就已經很艱難了。沒錯，**就算伴侶願意接受改變，他也可能還沒準備好**。比方說，在本書截稿日接近時，我對性愛的興趣便消失在啼笑皆非的黑洞中。我和配偶都輕易接受一件事：我連討論「如何對性愛感興趣」的餘力都沒有。我們看著日曆，然後達成共識：「等這本書寫完之後，到這一天再來討論這件事。」有生小孩的伴侶也可能這樣做。「我們等到〇週／月後再談這個話題。」

但假如你的伴侶對於改變既不感興趣也不接受，那就不要因為他抗拒改變而批評他，反而要對他的反應抱持好奇心。你甚至可以說：「我可以理解你為什麼連只是討論這件事都沒興趣。」或是：「如果這件事對我的影響沒有很大，我也不想改變。」

當伴侶處於思考前期，就是在考驗信任——待在伴侶現在的心境陪伴他，不要催促他。你可以只陪伴而不催促，因為長期關係的時間很充裕，你可以「允許」變化發生，而不是「強迫」它發生。因為這是長期關係，根據定義，你有時間能喘息，並讓伴侶待在他的心境之中[i]。

假如他們沒有足夠的資訊，無法意識到探索改變可能會讓生活變得更好，你可以試著提供基本資訊：「我讀了一本書，裡面有一些關於長期性關係的事情，我以前從沒這樣想過。我不曉得它跟我們有多少關聯，但我可以告訴你一個聽起來很有趣的概念嗎？」

或者：「現在或許不適合改變任何事，但我們都希望事情總有一天會改變，所以我讀了一點科學。假如你有興趣，我可以分享一些我正在讀的新東西。」

與此同時，請欣賞對方。跟對方討論改變時，「欣賞」通常都是很棒的起點——對他們所有做對的事情表達真正的讚賞與感激，這樣你在聊很棘手的話題時，就能最有效地卸下心防、打開對方的心胸。討論改變時，明確且真誠地欣賞，也能夠增強伴侶的自主感，減少被批評的感覺，畢竟被

---

i 作者按：假如這段關係有風險、而你無法讓伴侶接受改變，那麼你在尋求的改變，並非真的是性愛方面的改變。第一章的問題該派上用場了：「當我想要這樣改變我們的性聯繫時，我真正想要的是什麼？」

批評只會加重對方的心防而已。

第二階段：思考期。這個人已經對改變產生興趣了，他在思考改變的形態，或假設決定創造變化時，應該採取哪些步驟。這通常是被一個特定的主要事件所觸發，或被許多次要事件（對他們來說次要）累積起來觸發。你會聽到他們使用「改變現狀的說法」，也就是語氣透露出他們正在考慮改變。「將來我們或許會嘗試這件事。」「這很重要。我認為我們可以讓它發生。」「上週發生那件事之後，我覺得我們準備好了。」

為了促使伴侶從思考前期過渡到思考期，你可以問一些問題來擴大改變的好處、以及維持現狀的壞處。我們是在提問、不是在解釋，因為我們的目標是提高伴侶對於改變的興趣，而不是告訴他們「為什麼他們應該要有興趣」。

強調「改變的好處」的問題：

- 關於○○事情，有什麼好的地方？
- 假如你能夠揮舞魔杖來立刻改變情況，你會改變什麼事？你的人生會有什麼好的變化？

強調「維持現狀的壞處」的問題：

● 當涉及○○事情時，我們曾遇到哪些困難／麻煩／掙扎？
● 這會怎麼阻止我們獲得我們想要的生活／關係？
● 假如我們不改變，會發生什麼事？

第三階段：準備期。這個人幾乎準備好改變了，他正在擬定計畫，並採取步驟以準備改變。對方可能讀過關於改變的書籍或文章，或主動跟經歷類似變化的人聊過。他可能認為自己已經在改變了，而在某種程度上的確如此！你會聽到他討論計畫這件事。

假如你正在讀這本書，你可能正在準備中。假如你的伴侶拿這本書給你看，他可能想幫你從思考期過渡到準備期，而且這麼做是有效的！

從思考期過渡到準備期的目標，就是把興趣轉變成意圖。有個對話法能幫助伴侶做出這種轉變，就是透過問問題來增強他們對改變的意圖或承諾。

增強「改變的意圖」的問題：

● 這個改變對你／我們而言有多重要？
● 你／我們願意嘗試什麼事情？
● 假如你／我們要為改變擬定計畫，這個計畫會是什麼？（這裡的「假如」是尊重對方的自主權；你不是在強迫他們規劃，只是一起思考一個假設的計畫。）

第四階段：行動期。這個人主動創造改變，變更行為模式，調整並適應新的事實。你不只是閱讀關於反應式慾望的知識，你還調整了臥室（就像我和伴侶弄了一個做愛專用毛巾抽屜）。你不只是討論情緒平面圖，而是真的畫出自己的平面圖，並且幫助彼此過渡到更接近色慾空間的房間。

為了促使伴侶從準備期過渡到行動期，你可以問一些問題，來擴大你們對於改變的共同信心，這樣很有幫助。

增強「對於改變的樂觀態度」的問題：

- 假如選擇這麼做，我們對於創造改變有多少自信？
- 我們有什麼個人長處，能幫助我們成功？
- 誰能支持我們？假如我們感覺卡住了，要採取哪些步驟？

在改變過程的這個階段，你的態度是欣賞、欣賞、再欣賞！你已經成長很多了！即使你嘗試的事情沒有效果，你也試過了！你探索了新事物、做實驗、還跟伴侶一起玩！大聲說出你有多麼欣賞伴侶和兩人的關係吧，我很佩服你走到這一步了！

第五階段：維持期。這個人已經改變了，並主動運用他的新技能和意識，在各種新局面中維持這種改變。為了幫助伴侶從行動期過渡到維持期，請利用持續且互相的回饋，對於改變保持開放的溝通。

增強「對於改變的回饋」的問題：

- 什麼方式有效？
- 你最喜歡這次改變的哪個地方？
- 有任何方式不管用嗎？怎麼做比較好？

請在這裡套用性積極心態所定義的「完美」。剛開始，你建立的這種新模式或許不代表你的所有想法，但你仍然處於從受傷到痊癒的循環中，而且無論你位於循環中的何處，你都是完美的[3]。刻意的改變，只會發生於人們準備、願意且能夠改變的時候。不過也有些時候，人們問：「我該怎麼讓我的伴侶接受？」其實內心想說的是：「我的需求沒被滿足，我急需伴侶改變，這樣我的需求才能被滿足。」

既然你再急都無法改變「你伴侶需要時間與幫助，才能過渡到改變之中」這項事實，你可以對他抱持好奇心，藉此管理你的心情。回到你情緒平面圖上的全景觀點，觀察你對於改變的迫切需求，但不要評斷、也不要完全相信它。

長期關係——你打算和他長相廝守，直到死亡將你們分離——有個很棒的優點，就是你有時間讓情況逐漸改變。情況可能是逐漸創造出來的，要花好幾個月、好幾年才會穩定成為常態。改變情況也可能要花好幾個月或好幾年。當改變感覺太急迫、讓你沒耐心，那就對急迫性保持好奇心吧。事情變化速度不夠快，真的會造成什麼風險嗎？

麥克與肯德拉

麥克與肯德拉正在嘗試不把焦點放在慾望，改為專注於共創一個強調愉悅的脈絡。他們找了一位性愛教練，他使用的方法叫做「動機式晤談」（Motivational Interviewing），善用改變五階段，接受人們的現況，並完全支持他們的自主性。它能促使人們思考改變，卻不會對改變產生壓力或期望。建立一些簡單的基本規則之後，對話聽起來的感覺就像這樣（為求簡化，我刪除了鬥嘴的部分）：

教練：我們一開始要先確定，教練輔導比治療更適合你們。你們的關係是否岌岌可危？如果你們不改變性聯繫，會有人想結束這段關係嗎？

麥與肯：噢，不會，絕對不會。我們彼此相愛、想在一起，身為人、父母、朋友，我們珍惜彼此。已經這樣生活這麼久了，再多個幾年也不會改變。

教練：好，所以你們來這裡，是因為你們想要探索改變，但無論發生什麼事，至少在中期之內，你們都沒有痛苦到想結束這段關係，對嗎？

麥與肯：對，其實記住這件事，並跟彼此保證這件事，感覺滿好的。

教練：很棒，那我們來列一張清單吧。說到你們的性聯繫，你們目前的情況有什麼好的地方？

麥與肯：呃……

教練：那先講「沒那麼好的事」吧，這樣應該比較好回答？

麥與肯：對。我們不常做愛，而且打從我們的學齡前幼兒還是胎兒時，我們就在為做愛頻率爭吵。這種挫折感洩漏到生活的其他部分，就像一種普遍的怨恨、挫折和不滿。當所有事情感覺都跟做不做愛有關時，我們就很難欣賞彼此。而且我們很容易為了小事而怨恨彼此，但我們其實是在怨恨這場永久（不是永久，只是持續很久）的爭執。爭執的主題好像從性愛變成權力、誰是對的、誰被傾聽與認真對待。而且，麥克因為沒做愛而感到非常寂寞，肯德拉對此感到很愧疚，但我們也都感到怨恨，非常、非常怨恨。

教練：OK，這份清單列得真好！你們還有想到其他事情的話，都可以補充。但有沒有好事呢？你們的現況有什麼好事？

麥與肯：我們有時會做愛，而且做的時候兩人都很享受。有時候真的很美好！如果做愛時雙方都很投入，我們也會喜歡做愛之後的感覺，比起肯德拉只是出於義務或愧疚而做愛來得好。身為夫妻，我們在性愛方面聯繫時，對我們有很多好處，感覺也更親密。

教練：好，又一張很棒的清單！把這兩張清單擺在一起，你們有察覺什麼嗎？有看見什麼嗎？

麥與肯：嗯，「沒那麼好的事」比較多。看起來問題真的是缺乏被滋養和支持的感覺、罪惡感，或許最嚴重的是怨恨。我們都有好多痛苦的感受。

教練：思考這些事情時，你們可能會用哪些策略——或許你們已經在用了——來獲得好事，並將「沒那麼好的事」最小化？

麥與肯：我們必須處理這種互相怨恨的感覺，這種怨恨已經延伸到跟性愛八竿子打不著的地方了。而且，我們得持續專注於親密時體驗到的愉悅感——這是我們做對的事情。

教練：如果你們的身體還是帶著這些怨氣，就很難創造一個促進愉悅的脈絡。還有，麥克，你必須在「沒得到你渴求的性愛」的情況下，治癒你的怨氣。

麥與肯：唉唷，這可是……大工程耶。

教練：是的，你們到目前為止都表現得不錯。所以假如你們想創造改變，得到好事，並將一些「沒那麼好的事」最小化，那你們應該試著在性愛脈絡之外處理彼此的怨恨，同時也要試著在性愛脈絡之外增加愉悅。這樣聽起來沒錯吧？

麥與肯：（點頭同意）

在教練協助之下，麥克與肯德拉發展出一套假設的計畫，包括每週進行嚴肅對話以認真處理怨恨，以及挪出時間和空間、分享非性愛愉悅的次數。他們為這些時刻的進行方式，建立了一些基本規則。

教練：很好！你們有了這些清單，也有一些假設的計畫。現在的目標是挑選一個簡單、可行的計畫，而且在這個計畫中，你們兩人的所有權和責任是相等的。現在以小改變為目標，未來就會獲得許多成功。我們可以再同意一件事嗎？

麥與肯：好。

教練：肯德拉在這個情況下，並不是被診斷的病患。你們雙方一樣有理、一樣健康，兩人都沒有錯，也沒有壞掉，壞掉的是你們之間的聯繫。如果要修復這個聯繫，你們都必須同樣投入於推倒這面艱困的高牆，因為這道牆是你們自己蓋在彼此之間的。

麥與肯：……唉唷。

以上就是一個例子：夫妻可以藉由討論感受和問題（但不處於感受和問題中），來務實地思考艱困局面。你可以把這些感受全都拿出來、倒在桌上，就像拼圖一樣，再開始整理。現實生活中，這種對話要花上好幾個小時，通常還要分成好幾次。

最重要的是兩人的自主性都受到尊重，沒有人覺得自己被強迫做任何事，也沒有人覺得自己的需求被忽視。在體貼、耐心與專業支持（假如有必要的話）之下，你們可以一起擬定計畫，以獲得好事，並將「沒那麼好的事」最小化。藉由這種方式，伴侶可以透過合作，共創更容易獲得愉悅的脈絡。

關係中留下的傷，可以治癒

長期關係有一個特性，就是伴侶好幾年、好幾十年間都會對彼此造成傷害；通常是意外造成，但偶爾是刻意的。治療師知道這在長期關係中是正常、幾乎不可避免的經驗。我有一位治療師朋友這樣形容這個情況：

當人們長時間非常親密地糾纏在一起，就會觸及伴侶最脆弱的地方。或許是被劈腿，或是伴侶在糟糕的時刻講了很過分的話，或許他們自己也說了一些話，本意是要幫忙，結果反而加深了舊傷。雙方都想繼續交往、真心愛著彼此、想要再度擁有良好的性聯繫，但在這些親密的時刻當中，舊傷復發了，也關閉了他們敞開心胸做愛的能力。即使傷痛不是刻意或惡意造成的，即使對方真心誠意地道歉並被接受，不過，一旦脆弱的地方遭到攻擊，受傷的伴侶怎麼可能放下傷痛？

我就老實說吧：治癒舊傷對大多數情侶來說都不容易。這是一個需要時間培養的共同過程，隨著過往傷痛的累積，彼此承認這些傷痛必須被處理，否則關係將逐漸瓦解。假如你無法處理關係中跟非性愛問題有關的舊傷，那麼當你遇到性愛的舊傷，大概會非常掙扎。還在因為伴侶亂花該存的錢，沒有先告訴你而發飆嗎？先處理這件事，然後再去然後再去面對那些更敏感的傷痛——比如某次其中一方在與他人互動時，超出了雙方同意的界限，或某人曾對另一方的身體、性經歷或給予與接受愉悅的能力，說了傷人的話。

你可以先利用我在這裡描述的技巧來處理其他問題，再處理跟性愛相關的傷痛。討論性愛可能比其他話題困難很多，因為我們從小就覺得自己在性愛方面有先天缺陷，同時又覺得我們的性愛表現一定要夠優秀，才有資格生存。

讓我們舉兩個例子，一個是跟性愛完全無關的舊傷（身體傷害），另一個是跟性愛相關的舊傷（情緒傷害）。這兩個例子很類似，我們對待情緒傷害的方式越接近對待身體傷害，就越容易避免責備、羞辱、怨恨及無助感。

第一個例子：還小的時候（應該八歲吧），我的球棒打到我姊妹。她站在我身後當捕手，而我準備要打哥哥投來的球，結果我大棒一揮，揮過了我的肩膀。

砰！

我撕裂了她的嘴唇，還打斷她兩顆門牙[4]。

這是一場意外[i]。我感到很懊悔，趕緊道歉，但這改變不了她受傷的事實。我的道歉無法替她的嘴唇止血、也無法消除她臉上的傷痕，我的懊悔無法止痛。事實是，這場意外可能會讓她的牙齒長不出來。只有時間跟療傷能夠讓牙齒長回來，而在這段時間（超過一年），她必須在沒有門牙的

i 作者按：我使用的所有例子都是意外傷害。如果你在處理的舊傷是刻意造成的，那你可能還多面臨了信任問題，或許你可以考慮接受治療。

情況下生活。

後來只要我拿著球棒，艾蜜莉亞再也不敢站在我後面；倒不是因為她沒原諒我，或以為我是故意的，而是因為她的大腦注意到我手上有球棒時，就會非常合理地送出警訊。事實上，從那天以後，只要在她附近，我就不會主動拿球棒。這跟情緒傷害非常類似：雖然傷害本身已經痊癒，但它在大腦的警戒系統中留下痕跡——受傷的人和因造成傷害而後悔的人都是如此。

從觀測距離不帶評斷地觀察身體傷害，其實還滿容易的。沒有人會因為我已經道歉，就去責怪艾蜜莉亞的嘴脣怎麼還沒痊癒；而當艾蜜莉亞不敢靠近拿著球棒的我，也不會有人去批評艾蜜莉亞的大腦。

同理，假如我握著球棒時，看見艾蜜莉亞在躲我，就算我再度感到懊悔、因為傷到她而感到羞愧，或對於舊傷至今仍未消散而感到戒備或莫名挫折，也不會有人批評我。不過，我的朋友應該會告訴我，不必一直懊悔。

第二個例子：我朋友傑米（Jamie）和羅文（Rowan，皆為假名）已經結婚十幾年，而且在一起將近二十年，而傑米不小心批評了羅文的身體。兩人早上起床，羅文坐在床上，而傑米帶著愛與深情的意圖，靠過去抓住羅文的肚子側面，然後說道：「阿寬（Beamy）！」

「Beamy」一詞指的是船的寬度，而且是很寬的船。傑米從小家境富裕、家裡有遊艇，在大學還參加帆船校隊，所以對他來說，航海方面的名詞是一種愛的語言。他是真心表示愛意，他事後跟我說，他是想表達自己對於伴侶的心寬體胖感到驕傲。畢竟，羅文的「寬」是得來不易的。

非二元性別的羅文，出生時被判定為女孩（第十章會詳談這方面），他有著痛苦的身體臆形症（body dysmorphia）和進食障礙病史——跨性別和非二元性別者比順性別者更常遇到這種狀況[5]。而且羅文生長的世代，對於進食障礙的治療幾乎都不會考慮性別差異，所以他的困境既漫長又無人聞問。他大半輩子都罹患強烈的憂鬱症。他花了好幾年調整情緒，融入一個酷兒社群，才跟食物建立健康的關係。從此以後，他與食物建立了健康、甚至歡樂的關係……結果肚子就變大了。在某個場合，羅文曾經形容他的肚子是練習自我憐憫所得到的戰利品。

可是。

傑米有沒有愛意根本不是重點。羅文聽到傑米的話，再加上傑米把手放在這個一直很有爭議的身體部位，致使羅文這輩子經歷過的身體疾病，一瞬間全部湧上心頭。

這完全不是故意的，就像我打到艾蜜莉亞的臉也不是故意的。傑米跟我一樣，看到自己造成的痛苦之後，感到很懊悔。他真誠地道歉；這很重要，但他的懊悔和道歉無法治癒羅文的傷痛，就跟我無法治癒艾蜜莉亞的嘴唇一樣。治癒羅文傷痛的方法，就跟治癒我姊妹傷痛的方法一樣：時間及情緒傷害治療。而在這段期間，羅文必須帶著傷痛生活。

但即使經過悉心照料、即使傷痛痊癒，羅文的大腦還是留下警戒的痕跡，所以當這對伴侶接近性愛脈絡時，羅文的大腦會告訴他要準備好承受衝擊。假如他情緒特別脆弱，光是朝著舊傷比個姿勢，就可能會觸發痛苦，宛如回到起初事件發生那天般記憶猶新。而當傑米察覺羅文在退縮，或假如羅文說「我現在情緒起伏很大」，傑米的大腦也會響起類似的警報——傷痛至今仍未消散，令他感到羞愧、戒備或莫名挫折。警報拉緊了剎車。

傑米看到羅文猶豫時會感到懊悔，不會有人因為這樣而去批評傑米，而且他的朋友應該會告訴他，不必一直懊悔。

懂了嗎？至今仍未消散的傷痛，不一定尚未痊癒，因為我們的大腦已經學會去害怕以前發生過的有害情況。

忘掉這些恐懼的第一步驟，就是以不帶評斷的角度，去看待痊癒所需的時間，以及受傷之後殘存的警戒心。

從這裡開始，我想教你第一個技巧：「第三件事對話」（Third Thing Conversation）。

舊傷是第三件事——它不是存在於其中一位伴侶內部的問題，而是位於所有人與這段關係之外。我們拿球棒當例子，假設某個勞動節週末，我去拜訪艾蜜莉亞，而我們一群人決定在後院打壘球，輪到我上場打擊。

艾蜜莉亞意識到舊傷，身體激動起來，大腦響起小小的恐懼警報作為回應。

「你們閃遠一點啊，艾蜜莉手上有球棒！」艾蜜莉亞對家人喊道。她顯然是在開玩笑。

而我笑了出來，因為那是以前發生的事情，是一場意外，她的牙齒有長出來，沒事。但我的身體意識到舊傷，我的大腦響起小小的恐慌／悲痛警報作為回應。

這也很正常。家人之間經常會冒出過去的情緒垃圾，而且距離起初事件已經幾十年了。家人通常都能甩掉、放下它，或假如他們很老派，他們只會爬起來拍掉灰塵，然後重新來過，這就是家人的好。

但有時我們辦不到。假設腦中的警報干擾到我們享受假日的能力。我和艾蜜莉亞都很努力經營我們的姊妹親情和友情，所以那天結束時，我們會坐在一起，討論第三件事（也就是我們的共同警報），然後擺脫它。

讓我這位心理諮商碩士，來解讀我們可能會有的對話吧：

我：（說出感受）你開那個球棒的玩笑，讓我想起我弄傷你那件事，而一想起我以前曾經弄傷你，我就覺得不舒服。

艾：（說出感受）我開這個玩笑是因為，看見這支球棒，令我想起了你造成的傷害。我覺得不舒服，所以試著消除不安。我們都用手上的資源盡力而為。

～平靜而溫暖的好奇心～

我：（將感受跟以前的事件分開來看）事件已經解決，但情緒過了幾十年還是在。不過，光是可以跟你分享這件心事，這個事實本身就已經很療癒了。

艾：（安撫這種感受）我同意，而且我們都知道怎麼該通過這條難過感受的隧道、在盡頭找到光明，這是有幫助的。我們可以一起走。

我：（以一種維繫工具結束對話）我們能夠維持聯繫，我感到很感激，即使這讓人不舒服。

沒有人會這樣講話，對吧？以下才是我們的真實對話（我們是患有自閉症的同卵雙胞胎）：

我：（說出感受）當你對球棒開玩笑的時候，我有一種感受。

艾：（說出感受）嗯，我開玩笑也是因為我有一種感受。

～平靜而溫暖的好奇心～

我：（將感受跟以前的事件分開來看）這些感受還真無聊。

艾：（安撫這種感受）而且真是累人。

我：（以一種維繫工具結束對話——我選擇「情緒參與」）既無聊又累人。

大多數人的真實對話，應該會介於療程對話（每件事都講得很明白）及雙胞胎閒聊（每件事都講得很簡略，別人聽不懂）這兩個極端之間。不過，第三件事對話若要有效，就必須具備一個基本架構，帶有兩個重要要素：

甲：說出他們正在經歷的難過感受，將它拿出來討論。

乙：說出他們的難過感受（或許跟甲的難過感受有關？），將它拿出來討論。

～兩人都用平靜而溫暖的好奇心面對這些難過的感受～

甲：注意到起初的情況已經徹底解決，但感受依然存在。

乙：提供擺脫這些難過感受的方式，而且跟起初的情況無關，它已經被解決了（你可以回想你怎麼回答與你的不利空間相關的問題，進而想起能夠幫你離開這些空間的策略）。

甲：表達欣賞、信任、自信與喜悅，以及從受傷到痊癒的循環——簡言之，就是利用關係維繫工具或性積極心態，以毫不含糊的正向語氣結束對話。

以下是我跟我配偶之間的類似對話，主題是我的性慾又變低了。在這個例子中，我已經自我批評好幾天，後來我終於講出來，因為我需要他的協助，才能通過隧道、找到光明：

我：（說出感受）我現在可以稍微抱怨一下，我們有多麼不常做愛嗎？我的意思是，我明白問題出在我身上，我埋怨自己內心壓力大到不想做愛，但我無法擺脫這種壓力，所以我很洩氣。

他：（說出感受）你沒有問題啦，我也不喜歡你有壓力，但不只是因為性愛的緣故。我討厭看到你不快樂。

～平靜而溫暖的好奇心～

我：（將感受跟以前的事件分開來看）你知道這不是你的問題。我愛你，也被你吸引，我很想有性趣，但我只是……我的大腦就是辦不到。

他：（安撫這種感受）你想點個外帶，然後放《歌聲滿人間》（*A Mighty Wind*）來看嗎？

我：（以一個維繫工具結束對話——我選擇「欣賞」）你怎麼知道我想做什麼?!

我們的對話聽起來沒有這麼直接。我之前提過，我配偶的注意力很容易轉移，所以我們的對話其實不斷離題，還談了一些「如果○○那會怎樣？」的假設情況。我在這些嚴肅對話中的職責，就是把我們帶回正題。剛交往時，這件事令我非常挫折，但我很快就學到，我可以聊任何事情，討論任何艱難的話題，進入最深、最黑暗、最嚇人的情緒空間——只要我能接受一件事實：我是跟一隻非常興奮的小狗一起通過隧道；他會四處蹦蹦跳跳，而我會讓我們持續前進……他會先找到光明，然後帶領我走過去。你們的對話可能也一樣雜亂且離題，但唯一重要的，是你要把問題當成第三件事，而非你或另一半天生就有問題。

我朋友傑米和羅文也很會溝通，但他們必須克服一個模式。他們已經採納了一位治療師的建議：不要在這一刻重提那件事。假如舊傷復發，請等到雙方平靜下來後再討論，這樣才不會在因為壓力而激動的情況下爭吵。一般來說，這是很棒的方法。然而，這樣做的後果是，假如他們是在開始做愛時舊傷復發，他們就不會做愛，或羅文帶著壞心情繼續做愛（唉）。

但經過幾年不帶情緒地討論這個舊傷之後，它仍然會復發、拉緊剎車（尤其當傑米試著求歡時）。而兩人都很挫折，因為他們明明很謹慎地處理這個舊傷，卻還是無法擺脫它。

所以我說：「那你們聊聊那一刻吧。當你開始感覺到那種感受，就先暫停做愛、專心處理該感受。不是要你們都不做愛，只是這樣你們才能消除矛盾心理，做值得做的愛。」我把我跟柯恩的故事講給他們聽，當時我暫停一切、想問清楚可能的不良後果；沒錯，討論它會改變慾望體驗，但接著我們做愛就可以既有趣又愉悅，而沒有矛盾心理。

他們第一次（甚至頭幾次）嘗試這種做法時並沒有效果，因為他們很難度過那種感受，最後他們沒有做愛，而是摟抱著彼此。

如何原諒？

根據科學家表示，原諒的意思是忘掉自己對罪魁禍首的負面想法、感受與行為，或許還要對他們產生正面的想法、感受與行為[6]。

在現實生活中，人們使用原諒這個字眼時，可能有很多種不同意思。原諒只是在聲明「我原諒你」嗎？原諒可以使你不再把精力投入於「對於傷害你的人的負面想法和情緒」嗎？原諒可以讓你重新接受對方，讓他走進你的生活嗎？你有必要信任你原諒的人嗎？

在我看來，你覺得原諒是什麼，它就是什麼。原諒甚至不必是你做的選擇或採取的行動。正如我常講的：複雜的感受就像隧道。你要一路度過黑暗，才能在盡頭找到光明；原諒可能單純就只是走到隧道終點時的所在地。

當一個人要求原諒，而你說「我原諒你」，對方不滿意時，請務必要察覺。他想要的不只是原諒而已，或許他想要恢復以前的關係，或許他想聽你說：他一開始就沒做錯，又或許他想確定你還是一樣愛他。你的原諒不一定包含這些東西，但也可能有。

「我原諒你，但我不想再看到你」可以是原諒。

「我原諒你犯下的錯誤和造成的傷害」也可以是原諒。

「我原諒你，但我不認為我們的愛會跟以前一樣」可以是原諒。

「我原諒你，而且我們的關係變好了，因為我們一起度過這個難關」也可以是原諒。

原諒不代表舊傷永遠不會復發——當某個已經原諒你的人再度經歷同樣的傷痛，你千萬不能說：「可是你已經原諒我了！」

原諒就像愛。當你愛某個人，意思單純只是你愛他。而你原諒某個人，意思單純只是你原諒他所造成的傷害。至於你們的關係是否完好如初，則要分開來看。

關於第三件事這種以好奇心為基礎的舊傷處理方法，有一件事要注意，千萬別說：「我已經道歉了，不然你還想怎樣？」你已經成功地把傷痛和已解決的事件分開，現在的不安跟過去的事件沒有關係，因此重點不在於當時是誰道歉、怎麼道歉。第三件事對話的重點在於，陪伴現在正在發生的不適情緒。

關於羅文和傑米的故事，我最喜歡的部分是，他們真正取得重大進展的時刻，其實違反了我一直以來描述的「規則」。那是在他們一起對抗那個第三件事時發生的，大概就像這樣：

羅文：（說出感受）（一邊發出含糊的抱怨，一邊埋進傑米的胸膛）

傑米：（說出感受）唉，又來了。

～平靜而溫暖的好奇心～

羅文：（將感受跟以前的事件分開來看）我甚至不……我現在真的覺得很無聊。我覺得處理這件鳥事還真他媽有夠無聊，試著憐憫這種感受也很無聊。幹，我不喜歡這種感受，我討厭這種感受，我受夠了。去他媽的感受！

傑米：（安撫這種感受）去他媽的感受啦！我們受夠了！

羅文：（以一個維繫工具結束對話）我他媽要秀出這種感受。你以為你能毀掉性愛嗎？今天不行啦，撒旦！我要在床上躺成大字型，開著燈，使勁做愛，直到我狠狠高潮到不能走路為止。上我吧，寶貝！

做一個能療癒舊傷的白日夢

第二個治癒舊傷的技巧，我稱之為「假如呢」白日夢。

舊傷的悲劇性在於，無論你有多麼盼望，都永遠無法回到過去消除傷痛……或者，其實你可以？容我向你介紹「假如呢」白日夢。

有了「假如呢」白日夢，你就可以重新想像傷痛，而且是既鮮明又發自內心的想像，接著你為自己想像一下，你在那個痛苦的時刻，真正需要的東西是什麼。別想像傷痛從未發生，而是幻想有人以理想的方式陪伴你；他徹底與你同在，充滿安全感和愛意，抱緊你、直到痛苦稍微舒緩一點為止。如果你在那一刻是安全的，那會怎麼樣？如果以平面圖來比喻，這個問題就變成：如果傷痛發生那一刻，平面圖中所有不利空間都消失了，你可以進入的空間都是有利的（尋求、玩樂、色慾、還有最重要的關心），那會怎麼樣？

想像一個不同於現實的往事，真的能夠治癒現在的情緒嗎？當然可以！啟動警報的就是我們的想像力，它預測到潛在的風險。假如我們的想像力可以啟動生理壓力反應，表示它也可以啟動生理治癒反應。假如你正在處理身體的疼痛，我們會將這種幻想稱為「矯正性經驗」（corrective experience），也就是訓練你的大腦，對於疼痛的存在感到安全。但這招對情緒痛苦也有用。

我可以拿艾蜜莉亞的門牙和她躲球棒的經驗為例。她會和我坐在一起，接著大聲說出白日夢：

艾：假如你打到我的時候，我們已經有一個完美的照顧者來陪伴我們呢？如果我們理想中的奶奶，在場擁抱我們，還帶來急救箱和全世界所有憐憫呢？（這個想像特別有效，因為我們的奶奶二十年前就過世了，所以我們正在祈求一位祖先，帶來無限智慧和仁慈的力量。）

我：如果她在場，利用這個機會教我怎麼照料傷口，讓我可以成為照顧者呢？她應該會請我去拿冰塊來，再教我把冰塊包在毛巾裡，壓在傷口上止血。

艾：然後我們兩人就能盡情大哭，等到我的嘴巴不痛了，她就會餵我們吃她親手做的雞排配起司醬，這可是全世界最美味的食物。

我：而且，即使我們整整一個月都沒清理房間，她還是買了史努比甜筒機（Snoopy Sno-cone Machine）給我們，於是我們用甜筒機製冰來吃，讓你的牙齦舒服一點。

就算是數十年的傷痛，都能夠因一個重新想像、理想的「假如呢」白日夢而受益。

我們將這套方法應用在那對被身體意象評論所傷害的伴侶身上吧！請他們一起坐在沙發上，然後試試看：

羅文：假如你說完那些話之後，突然得到通靈能力，使你能夠立刻完全理解影響我情緒的言行，會怎麼樣？想像一下，假如不必解釋，你就立刻理解我內心既有的傷痛和不安全感，以及你說的話是怎麼戳到那份傷痛。

傑米：假如我立刻知道你受傷的原因，使我變成一個完美的照顧者，完全值得信任，並清楚知道該說什麼、做什麼，那會怎麼樣？想像一下，我對你既沒有戒備也沒有罪惡感，只有無限的愛。假如我清楚知道能夠治癒這些傷痛的話語——不只是我說的話所造成的傷痛，也包括所有你小時候、尤其是念高中時留下的舊傷。想像一下我可以抱緊你、訴說當下該說的話。

在這段幻想中，或許羅文知道他想聽到什麼，像是：「我愛你的身體，不是因為它的外表，而是因為它是你的一部分。」而傑米也可以真心誠意地這樣說。但羅文當下並不知道該如何表達，所以這部分細節變得模糊，即使這段情緒體驗既具體又強烈：

羅文：你說出該說的話，而我的身體聽見了，也相信了。

他們想像一段從未發生過的往事，藉此為現在坐在沙發上的他們創造出真正的體驗。他們相擁而泣。

如果你已經準備好想像一個從未存在、但可以在記憶中共創的現實，那就適合嘗試「假如呢」

白日夢。我和艾蜜莉亞想像的白日夢真的有可能發生，而羅文和傑米為自己想像的則是一個奇幻故事。「假如我們有魔力呢？」可說是絕妙的「假如呢」白日夢使用法，因為我們的想像力不限於現實世界。奇幻的隱喻可以幫助創傷倖存者理解他們的倖存，同理，這種白日夢可以運用現實生活中不存在的資源，解決尚未了結的情緒問題。它是一場共享的白日夢，而不是盼望往事能夠改變。

當我跟配偶練習這個方法時，我們會想像現在的自己能夠回到過去，向八年前的自己告知現在知道的事。我們不會說「假如我當初就知道我現在知道的事」，而是說：「假如我可以回到過去，把我此後學到的一切都告訴以前的自己，那會怎麼樣？」我們告訴彼此，我們會向過去的自己告知什麼事，這樣一來，感覺就像過去的自己知道了這些事情，也就可以感到平和。

作家兼療癒師譚凱成（Kai Cheng Thom，音譯）在她的著作《我希望我們選擇愛：跨性別女孩的世界末日筆記》（*I Hope We Choose Love: A Trans Girl's Notes from the End of the World*）中，承認我們的生活深陷於鳥事之中，因此她提供了一個溫暖心靈、樂觀且非常務實的解方：選擇愛。假如你很憤怒，你有所有憤怒的權利，用愛去捧住你的憤怒吧；假如你很絕望，你有所有絕望的權利，用愛去捧住你的絕望吧。

愛的「捧住」不是握緊拳頭，而是張開手掌。用你的雙掌捧住你的憤怒、絕望、寂寞、恐懼，就像一隻鳥、一灘溪水、幾片玫瑰花瓣。用平靜而溫暖的好奇心觀察它們。把它們秀給你的伴侶看，這樣他們也能用平靜而溫暖的好奇心見證你的傷痛。用你內在的觀測距離空間，見證這些難過的感受。

有時你的伴侶會用他們的雙掌，溫柔地捧住他們的憤怒、絕望、寂寞或恐懼，跑來找你。如果你的伴侶很憤怒，他們有所有憤怒的權利，用愛去捧住他們的憤怒吧；如果你的伴侶很絕望，他們有所有絕望的權利，用愛去捧住他們的絕望吧。憤怒你好、絕望你好，我看見你，我愛你，我想了解你。

本章討論的工具，可以幫助你和伴侶攜手照顧你們共享的花園；當然，他們可能會覺得太複雜、困難或遙不可及。如果你遇到這種狀況，那我想跟你聊聊你和你盼望的長期性聯繫之間，最大、最凶險的障礙。無論你的關係架構、參與者的性別、你的年齡或其他任何事情，你都是在「眾人都有意見」的文化中長大的，他們期望你能同意他們的意見，並以他們為中心來安排你的生活。接下來兩章，會使用我到目前為止描述過的所有工具和科學，來克服由他人意見構成的障礙，我把這些工作分成兩部分：性愛教條及性別幻覺。

第八章懶人包

- 內在變化是逐漸發生的，可以培養，但千萬不能強迫。人不會因為你對他們更沒耐心，就改變得更快。
- 你該怎麼帶著改變接近伴侶，取決於他們對於改變的準備程度：思考前期、思考期、準備期、行動期或維持期。促進改變的時候，可以一步一步慢慢來。
- 在任何持續夠久的關係中，伴侶會經歷情緒傷害，而且就算造成傷害的事件結束了，傷口依然會留下來。它們痊癒的方式跟身體傷害一樣：時間和治療。道歉跟懊悔很重要，但它們無法讓人重新振作。有效的做法是挺身面對舊傷，把它當成第三件事，也就是伴侶想要一起痊癒的共同計畫。
- 舊傷會留著，是因為我們對起初的傷害產生恐懼，而不是因為傷害一直持續。我們立意良好的想像力反而讓傷痛揮之不去，但這也表示我們可以利用想像力，透過「假如呢」白日夢來擺脫恐懼。

一些好問題

- 假如我的伴侶希望我改變，我會希望他怎麼接近我？
- 我們各自想要藉由改變得到什麼？怎麼知道什麼時候已經發生足夠的變化？
- 創造改變時，真正面臨風險的事物是什麼？假如這個情況沒有解決、伴侶不滿足，會有一方結束這段關係嗎？
- 我們是否能將解決問題本身，跟處理雙方對此問題之感受的過程分開？我們是否可能在做到想要的改變之前，就開始對彼此有更好的感受？平面圖告訴我們哪些方法，能有效協助雙方度過不利空間，並進入正向空間？

第九章

社會要你遵守的「性愛教條」

在《華麗性愛》一書中，作者克萊因普拉茲和A・達納・梅納德（A. Dana Ménard）訪談了不同性傾向、性別認同、年紀的人；無論性癖奇不奇怪、單一配偶還是開放式關係，他們都有一個共同點：他們都認為自己的性生活是非凡的（extraordinary）。在訪談中，研究人員不但問他們非凡的性愛是什麼模樣，還問雙方用什麼方法得到這種體驗。

答案呢？先「忘卻所學」（unlearn），意思是忘掉以前對於性愛和性能力的大部分知識，包括負面、毀滅性或單純約束性的訊息。第二個答案是放下並克服，意思是必須解構並克服對於性愛和自己的限制性概念，因為這些概念已經深植於他們的腦海中。

這些負面訊息和限制性概念，就是我在第五章談到的謊言。這些錯誤觀念可能讓性愛困境感覺既急迫又高風險，好像你如果沒有「修復」性生活，就會損失慘重一樣。這些訊息也會讓我至今描述過的工具和心態，感覺遙不可及或無法應用。

最重要的是，每個經歷過這些負面影響的參與者都克服了這些觀念，接著成為享有華麗性愛的人。你也可以辦到。

在本章中，我想討論其中一些負面或限制性概念，以及兩個能夠拔除這些雜草的重要策略，將它們永遠逐出你的情慾花園。

我在第一章提到一位X世代的酷兒女性，她覺得自己需要被渴望，因為她深信自己是「不可幹」（unfuckable）的——儘管她當時其實經常做愛。明明她經常做愛，為什麼仍無法說服她是「可幹」的？

她說：「不可幹的感覺，跟做愛完全無關。它其實跟文化認可（cultural validation）有關。重點在於覺得自己被看見、被當成性交對象，看見你自己成為性交對象、反映於文化中。電影或電視節目中那些被描寫成『可幹』的人，看起來都不像我。所以我跟誰做愛並不是重點，因為我把『真正的做愛』跟『文化認可』搞混了。」

我回答：「我跟其他人聊過，有時他們會把『可幹性』跟被愛的能力聯繫在一起，這是一種歸屬感。所以當你覺得沒人想上你，就表示你覺得自己被冷落，然後永遠無法被接納。」

「對！」她說。

「所以……這算是依附性傷痛吧。」我提到了恐慌／悲痛空間。

「我爸在我很小的時候就離開了！」她證實了我的說法。

「所以你小時候留下的傷痛，遇到了一個跟你說『不想被拋棄，就要讓人渴望跟你做愛』的文化，而且這個文化還跟你說——」

「沒人想跟我做愛。」她幫我把話說完：「沒錯。」

這只是其中一個例子：當我們在青少年時期（或更早）遇到性愛教條文化時，我們不完美的童年就開始變得有害。這些教條不只定義誰有性慾，還定義了性愛該怎麼做。

在《媒合的親密關係：媒體文化中的性愛建議》（*Mediated Intimacy: Sex Advice in Media Culture*）中，梅格–約翰．巴克（Meg-John Barker）、羅莎琳德．吉爾（Rosalind Gill）、蘿拉．哈維（Laura Harvey）記錄了主流媒體（如女性雜誌和電視節目）的性愛建議中，無所不在的教條。

以下教條，聽起來或許很熟悉：

- 「交媾教條」：做愛時陰莖一定要插入陰道（等於假設大家都是異性戀）。
- 「花樣教條」：做愛除了陰莖要插入陰道，還要有手交、口交和肛交。
- 「表現教條」：要增強你的性愛技巧，就像有企圖心的員工在追求升遷，必須改善並鍛練身體，同時撥出時間對性愛下工夫。

此外還有：自信教條、愉悅教條、「因為親密關係中的性愛比較好，所以你一定要跟別人發展關係」教條，以及性愛教條本身——也就是成為一個有性慾的人，想做愛、真的去做愛、甚至喜歡做愛。

我要替這份清單追加單一配偶教條——你一次只能有一段性關係；還有慾望教條，這在第二章描述過——你必須經常體驗到自發式慾望，無論脈絡是什麼。

我們也可以列入幾條身體教條，我朋友會將其形容為「可幹性教條」——盡可能順從文化所構成（而且高度性別化）的美學概念，並持續鍛鍊自己的身體，千萬別接受你原本的身體。

我們對於性愛教條的這些概念從何而來？來自四面八方。**當然可能來自明確的性愛建議，但也可能來自電影、電視、色情片，甚至來自朋友願意透露的資訊**。人們會讀戀愛小說和色情作品，把它們當成「腳本」，或甚至自力救濟，來改善自己的性生活。《格雷的五十道陰影》（*Fifty Shades* *of Grey*）紅透半邊天的現象，難道有一部分是因為女性把它當成潛在腳本，取回她們曾經失去的性愛滿足？有些人確實是這樣做[1]。在我主辦的工作坊上，有一位治療師說她跟一對情侶合作，這對情侶把《格雷的五十道陰影》當成教科書，使她覺得很困惑，因為她覺得「BDSM的本質似乎是虐待性的」。而我尤其擔心的是，連這位治療師都以為《格雷的五十道陰影》能夠準確代表BDSM，因此以為BDSM一定是強迫的。

如果你是BDSM群體的讀者，聽到我的答案應該會鬆一口氣：「天啊、不會吧！不是啦！《格雷的五十道陰影》不是BDSM！還有其他很多更好的書值得他們去讀吧！」[2]

這些教條對於做愛途中的概念有時非常具體。比方說，一對異性戀情侶已經訂婚，但想要在完全投入婚姻前解決一個性愛難題，於是他們去看治療師。他們的難題是：女方幫男方口交時，男方想要女方吞他的精液，可是她不想。

他們用了類似第一章提到的方法：他希望她吞精時，是想要什麼？她不想吞精時，是不想要什麼？他說他想感到被完全接受。他希望口交的體驗收尾時，她的嘴巴不要離開他的陰莖，而是要含完整段過程；可是她不喜歡完事後消化精液的感覺，也不想覺得自己被迫去做不喜歡的事。

解方：如果他射在她嘴裡，但她不吞，他們感覺如何？事後嘴巴就繼續含著陰莖，甚至跟他接吻，把精液送到他嘴裡、讓他吞掉（這招有時叫做「滾雪球」〔snowballing〕），這樣可以嗎？

沒錯，這樣他們既能得到自己想要的，也能避免他們不想要的。他對用嘴巴含自己的精液沒興趣，但他同意射在她嘴裡，然後她不用吞。

我是透過這對情侶的治療師知道這件事，只是她是婚姻與家庭治療師，不是性愛治療師。當時我告訴她，等這對情侶聊過利弊之後，或許會找到像這樣的共識，而這位治療師告訴我，她跟客戶都沒想到，有人會允許伴侶射在嘴裡，但是不吞下精液。有時候，當我分享這個故事時，很多人難以理解為什麼治療師和情侶雙方都沒聽過「吐掉或吞下」（spit or swallow）這種選擇。這表示，人們會因為他們從文化吸收的性愛教條而各有不同。

有時人們心照不宣、潛意識的性愛教條，會令我很難理解他們的問題。在一場辦在情趣玩具店的工作坊中，一位出席者必須重講他的問題三次，我才明白他以為「肛交」（anal play）一定要有插入的動作。

當我終於聽懂之後，我說：「哦，我懂了！我說的『肛交』泛指所有肛交類型，而且大多數都不必插入。舔肛門時，不必把舌頭伸到伴侶的肛門裡頭，你可以只親吻括約肌和會陰外部就好，而且當你用手指摸肛門時，也不必把手指插進去……不過，你一定要在手指上塗潤滑劑，就算只摸外部也一樣。」

「哦～原來如此。」這位出席者說道。

接著我們繼續討論怎麼管理肛門括約肌的不自主緊張。

本書第一部的工具（尤其是平靜而溫暖的好奇心，以及調整「正常」和「完美」的定義），用意就是幫你處理這種狀況：當你的性生活出現性愛教條，而你決定直接面對它的時候。

可是心照不宣的假設有個棘手的地方——它們心照不宣。你可能甚至沒有意識到它們的存在，就像那對接受治療的情侶，沒有意識到他們的假設是「假如某人射在你嘴裡，你只能吞下去」；那位工作坊出席者，也沒有察覺他的假設是「同意肛交等於同意插入肛門」。

你總是有另一個選項：要吞或是不吞、要親吻或不親吻、要高潮或不高潮、要繼續或停止。請你的伴侶改變某件事，或讓他們繼續原本的做法。你可以用言語表達你想要和喜歡的事物，也可以使用非言語的發聲或身體語言。你可以選擇。

阿瑪與迪

我的朋友不一定會聽我的建議。無論我多常講：「其他人的性生活跟你的性生活無關。」迪還是想知道，根據研究，一般的夫妻有多常做愛。

她的理由是什麼？迪被一個名為「女同性戀床事之死」（lesbian bed death）的概念困擾著。「女同性戀床事之死」的意思是，在女性之間的長期性關係當中，性愛最終會消失。

喂，聽好，沒這回事[3]。我的意思是，你可能有這樣的個人經驗，而且任何關係都可能這樣，但女同性戀不會比任何人「更可能」經歷床事之死。

可是迪會查詢性愛頻率的平均值（這種集中趨勢的估計根本沒有用），然後她會不可避免地、反射性地拿她們的性生活跟完全無關的數字相比……結果導致她很擔心她們「做錯了」。

這個故事我最喜歡的地方在於，單純的事實對於解決問題是很有幫助的。而我這個書呆子，特別珍視這種罕見的情況。

我並沒有弄一份關於這項研究的 PowerPoint 簡報，但我確實有向她們宣布，我要讓這個迷思「永眠」（引自女同性戀性愛治療師蘇珊娜．亞森薩〔Suzanne Iasenza〕說過的話）。於是我總結了關於長期女同性戀關係的真相：隨著關係持續下去（或在關係的每個階段），女同性戀的性愛頻率可能較低，但女同性戀也表示：

- 性愛滿意度非常接近性愛頻率更高的異性戀情侶。
- 性行為的類型更多，包括口交或使用情趣玩具。
- 性愛更持久。
- 更多高潮和更溫柔的親吻。

她們也更可能說「我愛你」[4]。

當你不只看頻率，一般來說，女同性戀的性愛比異性戀更好。她們更可能高潮、性愛更持久（時間大概是兩倍左右），而且通常更滿足[5]。為什麼？因為她們不必擔心父權的、以陰莖為中心的性能力榜樣，也沒有用毫不相關的標準來評斷自己[6]。

「你們覺得這聽起來有像床事之死嗎？」我總結道：「透過親吻說我愛你，同時把按摩器放在你伴侶的生殖器，看著她高潮，就像過去無數年來，她看著你、你看著她高潮一樣？」

阿瑪與迪沉默不語，但她們的眼睛說：「不像。」

我繼續說（把腦海中的幻燈片換成這一切迷思背後的父權思想）：「用性愛頻率來衡量床事之死的概念之所以存在，是因為性愛教條——也就是順性別異性戀父權標準，是由順性別男性設定並強加於所有人的。它無法解釋性愛持久度、愉悅、聯繫、高潮甚至基本的滿足。它忽略了『性愛時間』以外發生的所有事情，抹去了迄今所有情慾、聯繫、愉悅和愛意的時刻。簡言之，你們只有在接受性愛教條的時候，才會存在這種問題。

「所以，假如你們的『性感時分』頻率已經降低，那麼，在你們貼上床事之死的標籤之前，請留意自己的床事存在多少活力。假如不用某些虛構的標準（到底多常做才算「夠常做」）來評斷你們的頻率，你們對於情慾聯繫的品質會有多麼滿意？假如你們想增加關係中的情慾活力，那麼除了頻率，還有什麼事情會有幫助？」

（就算你不是女同性戀，我也鼓勵你問自己同樣的問題。）

阿瑪拍拍迪的手臂。「看吧？她是對的。我們知道怎麼挑逗和玩樂，高潮也沒有問題。我們最缺的東西只有時間，艾蜜莉沒辦法幫我們生出更多時間。」

「我很確定有科學家正在想辦法，但我真的沒辦法。」我說。

為了感謝我的科學講座，她們請我吃甜點。

下次我遇到迪的時候，我發現我激發了她的好奇心；她來幫我上歷史課。以下是她教我的：女同性戀床事之死這個名詞，並非一開始就是仇女的父權式陳述。它起源於一九八〇年代初期，女性主義者的「性論戰」（sex war）即將結束之際，第二波女性主義者（後來被定義成「反色情」或「性積極」）之間的衝突。

迪說：「二〇二〇年代，跨性別包容女性主義者（trans-inclusive feminists）與其他女性主義者之間的緊張關係，有一大部分就是源自於此。其他女性主義者認為，順性別女性的舒適與便利，比跨性別女性的安全與生命更重要，而跨性別男性……不算女性。」[7]

「但是！」她繼續說：「往好的方面想，在性積極或『贊同性愛』的修辭中，女同性戀床事之死的意思，不只是女同性戀關係中的低性愛頻率或無性愛頻率，也意指女性運動當中，公開或集體討論性能力的社交空間縮小了。」[8]她的語調帶上了一種我熟悉的抑揚頓挫，令我聯想到她解釋碩士論文的樣子：「這個名詞在描述一個歷史性的時刻，它並不會令人聯想到女同性戀伴侶不再頻繁做愛，而是聯想到女性追求共同且具體的解放時，被禁慾且父權的性規範給傷害。

「簡言之，女同性戀床事之死的概念，正如這個名詞在二十一世紀初期的使用方式，只不過是另一個貶低女性性能力不如男性的說法。沒想到我居然信了這種仇女的二元垃圾。但從經驗和歷史方面來說，我現在更懂了，所以我會做得更好。」

「讚哦，我喜歡。」我告訴她：「各種女性都應該享有公開、沒有集體羞辱、沒有批判的性能力討論，以她們的經驗為中心，而不必提到順性別異性戀父權標準。我們可以保留這個概念嗎？」（對，我在現實生活講話就這麼文謅謅，但迪也是這樣！）

她舉起她的水杯：「願我們能永遠重視、珍惜並學習那些互享性愛之女性的情慾和性生活。」

自信是了解真相，而喜悅是喜愛真相。阿瑪與迪跟深入了解科學和文化史後，不只了解該怎麼以愉悅為中心，也了解為什麼她們以愉悅為中心，是一種讓世界更美好的方式。在一個仍然（仍然！怎麼可能？）試圖立法將LGBTQIA2+[i]人士排除在公共生活之外的世界中，她們的愉悅意味著某種強大的事物[9]。

美貌教條：扭曲你的身體意象

但願我能寫一本不談創傷的性愛建議書，同理，但願我能寫一本不談身體意象的書。但我們在此又要再度談談「比基尼工業複合體」（Bikini Industrial Complex，簡稱BIC），這是我姊妹取的名字，用來形容藉由你的自我厭惡來獲利的巨大集團賺錢機器，它欺騙你，假如你的身體不順從它說你應有的「理想身體」，你就不討喜、不可愛，還很不健康、不道德（既懶散又貪心）。

它跟性愛教條、慾望教條同性質，我認為它是「美貌教條」。現實是，你現在的身體就很討喜了，而且你的健康不能用尺度衡量[10]。你被騙了。我們隨著年齡經歷的變化，則是我們夠幸運、活得更久所贏得的大獎。

i 編按：除了常見的LGBTQ（女同性戀、男同性戀、雙性戀、跨性別、酷兒）之外，還含括了間性人（intersex）、無性戀（asexual）、雙靈（two-spirit）及更多。

黑人讀者肯定不需要我告訴他們這件事。崔西・吉爾伯特（Tracie Gilbert）在她的著作《黑人與性感：種族化性能力的框架》（*Black and Sexy: A Framework of Racialized Sexuality*）寫道：

> 許多非裔美國人似乎充分意識到主流社會表現出來的期待，也就是拒絕黑人女性氣質和黑人美女。然而，他們選擇依然珍視這些特質。而這種獨特的反抗舉動——在沒有外在誘因的情況下選擇忠於自我——本身就成為一種塑造性感魅力的來源和機制。

某種意義上來說，BIC對於被邊緣化的人而言多半是外在負面影響，但對於白人、身體健全的人、瘦的人，以及其他「離達成理想似乎只有一步之遙，以至於他們忍不住相信這個目標可達成」的人而言，它更像是內在負面影響。有色人種、殘疾明顯可見的人、肥胖的人，以及其他被邊緣化的人，早就知道他們永遠無法符合BIC的理想美學標準。但你越接近理想，就越希望總有一天能夠美麗到值得被當成完整的人對待。你越接近理想，就越不可能相信我所說的：你的身體不必完美也能討人喜歡。

但我們就直接討論解方吧：首先，你能單純地對自己的身體抱持好奇心嗎？

身體意象問題，就是你對自己身體的暴怒——一種毀滅的衝動。顯然，想讓你的身體不存在的衝動，跟想要體驗情趣的衝動是不相容的。另一個跟我們身體有關的空間是恐懼——背對它、逃避它、假裝它不存在。

在《性愛好科學》中，我推薦了一個務實的方式，用來實驗該怎麼從暴怒、恐懼轉變成尋求。在「鏡子作業」（mirror exercise）中，你全裸站在鏡子前面，看看你在鏡中的樣子，然後寫下所有你喜歡的地方。反覆做這件事，你就會逐漸對BIC產生免疫力。你會一再學到：喜悅、愛、體貼早就是你應得的，因為你的身體不可能剝奪自己獲得這些愉悅的資格。

換言之，哈囉，身體。我真的看見你，我愛你，我想了解你。

艾蜜莉亞和我在《情緒耗竭》中建議大家「接受邋遢」，也就是認清一件事：我們可以努力接受身體的本來模樣，但BIC還是繼續懲罰膽敢試著愛自己的我們。

哈囉，邋遢。我看見你，我愛你，我想了解你。

我希望你明白，你有資格喜歡你的身體。我知道有很多人每天都為了身體而掙扎，在一個告訴我們不要愛自己的文化中，我們會為了愛自己不斷耗費心力。所以我也希望你明白，只要用平靜而溫暖的好奇心，面對你的身體及你已經內化的批評訊息，這樣就夠了。

用中立且溫暖的好奇心面對自己的身體，或許意味著避開那些鼓勵你順從理想（而不是接受自己本來的模樣）的人。身為移民之子，創傷治療師索娜麗．拉沙特沃（Sonalee Rashatwar）經歷過「恐胖」文化，包括父母施壓要求她減肥、甚至要動減肥手術，這種壓力根植於愛及對於同化的渴望。改變身體以符合文化理想的壓力，通常出自我們對別人的愛、取悅別人的渴望，以及他人希望我們能免於現實中對不符合文化標準的身體，所施加的危險汙名。

她在二〇二〇年寫道：

身為創傷治療師的我，會在自己舉辦的身體意象工作坊中傳授一個觀念：把我們的身體理解成傳家之寶。若思考傳家之寶的用意，它其實就是「韌性」的象徵性代表。

我們不會批評傳家之寶，不會因它的瑕疵或不完美而貶低它，反而把傳家之寶視為祖先存在的實體證據。

我希望有色的胖子們能把自己的身體視為「生存脈絡中的必要之物」。我希望我們捨棄節食文化和恐胖症，讓自己真正存在。[11]

哈囉，傳家之寶。我看見你，我愛你，我想了解你。

在日本文化中，「侘寂」會讓人進入一種境界：接受無常，並將「缺陷」及老化和耗損的痕跡納入美感中。引起廣泛討論的非洲「烏班圖」（ubuntu）倫理，英文一般被翻譯成：「我是如此，因為我們皆如此。」（I am, because we are.）它認為美感並不在於個人之中，而在於群體和人際關係之中[12]。侘寂和烏班圖的存在都不是為了理解我們的身體之美，但兩者都創造了潛在的脈絡，比ＢＩＣ更人道且憐憫地理解（我們自己和別人的）身體。

「留出空間給超越比基尼工業複合體的美感」，這種語言只能在美國白人文化以外的文化中找到，而我不認為這是巧合。至於西方觀念中最接近「超越ＢＩＣ美感」的是jolie laide，這個法文名詞照字面翻譯是「很醜」的意思；但現在，它通常用來表示具有非傳統吸引力的事物。可惜的是，用這個名詞去搜尋網路圖片，跑出來的幾乎都是超瘦的順性別白人女性，她們的臉部特徵很漂亮，只是在數學上沒有精確對稱。這凸顯出「傳統」美感的範圍有多麼狹窄。

我真心相信每具身體都很美，因為每具身體天生就有美感，就像每朵花、每隻鳥、每塊石頭、每條河本來就帶有美感。但根據長期經驗，我知道難以內化這個真相的人，比我預期得還多。如果我遇見你，你在我們互動時帶來的美感和體貼可能會令我欣喜，接著我會驚訝地發現，你腦海中也有一個惡意的聲音，告訴你愉悅和愛不是你應得的……就像我腦海中的聲音。

我不是在說「你應該美麗」，而是說「你無法克制自己的美」，因為所有身體本來就很美了，只是這樣而已。人類之美跟文化建構出來、令人嚮往的美學理想不一樣。只要你有人體，就有人類之美。

教條的解藥，是「全面許可」

由於我無法預料你花園中性愛教條的每個「應該」或「不應該」，容我提供全面許可給你吧。我唯一的規則，如我前面說過，就是每個參與者都樂意在場，可自由離開而沒有不想要的後果，也就沒有不想要的痛苦。

你可以允許或不允許伴侶射在你嘴裡，你可以選擇要不要吞，你和伴侶可以選擇要不要含著精液接吻。你一開始就可以選擇是否要把陰莖放在你嘴裡，你可以只用雙手，或是只用嘴巴，並用雙手做別的事，例如碰觸伴侶身體的另一個部位、或自己身體的某處，又或是抓住床單，甚至——假如你很瘋編織的話——也可以在這段時間織衣服，小心別被針刺到就好。

假如你認為自己應該做某件事，但那件事拉緊了你的剎車，那你就不必做。你可以做其他事情，任何事情都可以。如果你想的話，也可以唱首歌，或是過度解釋你最愛的電影情節。你總是可以選擇。

更多全面許可包括：高潮要花多少時間就花多少時間，它的重要程度由你決定。如果你的身體有陰蒂和陰道，那麼刺激陰蒂比刺激陰道更容易高潮，但其他許多類型的刺激也可以達到高潮——刺激乳房或胸部、耳垂、腳掌、膝蓋後面或肘窩，或純粹幻想，或以上皆非。有些人永遠不會高潮，也永遠不想高潮，儘管他們會感到來自別人的壓力、因此持續嘗試。人有千百種，你沒做錯。假如你想高潮但還沒高潮，有書籍可以幫你（見第一章尾註2）。

你也可以嘗試情趣玩具，要不要跟伴侶一起玩都可以。雖然它們無法替代伴侶，但可以當成附件。當人們告訴我，伴侶的情趣玩具令他們感到威脅、害怕或不安全，我會問說，他們對伴侶搭的車子、公車、火車、腳踏車或其他交通工具也有這種感覺嗎？交通工具能辦到你無法辦到的事，但你能辦到很多交通工具辦不到的事。你可以「上車」試試看。

說到這個主題，情趣玩具不會使你上癮，但在某種意義上，你可能會被「寵壞」。比方說，假如你用按摩器會更快高潮，這種速度會重設你覺得高潮應該花多久的期待。這表示當你嘗試不靠玩具高潮，或許會因為「要搞這麼久」而感到挫折，但事實是，沒有按摩器就是要這麼久。假如你開始感到挫折，挫折感會讓你更容易高潮，還是導致你拉緊剎車、慢下來？沒錯，答案是剎車。

另外，還有更多許可：假如你想做色色的事情、但不碰觸生殖器，儘管去做吧。假如你想使用潤滑劑，但不只塗在生殖器，而是塗滿全身，這樣碰哪裡都是又濕又滑，只要所有參與者都樂意為之，那就去做吧。假如你希望伴侶溫柔地咬住你的陰脣，你可以請他這樣做。假如你想把舌頭伸進伴侶的耳朵，你可以徵求他的許可。假如你想幹伴侶的腋窩，而伴侶很樂意，那就幹他的腋窩吧——這叫做「腋交」（axillary intercourse）。

放下別人的批評

很多性愛書籍都談過「放下自己對於他人批評的恐懼」此一主題。一般的建議是：請記住，別人其實沒有這麼在乎你！他們忙於自己的生活，根本不會注意到你在擔心的事情。這是對的，的確是個好建議。

但我認為，這個建議忽略了一個很重要的動態：最擔心被批評的人，也非常喜歡監控和批評別人。誰變胖了？誰沒化妝就來上班？誰的衣服沒穿對？哪對情侶在派對上如膠似漆？哪對情侶將時間花在不同的社交團體？哪對情侶在鬥嘴？

假如你很在乎別人的外表、行為，以及有沒有把事情「做對」，那你有可能也很在乎自己的外表、行為，以及有沒有把事情做對。你對別人的批評及對自己的擔憂，兩者隱含的理念都是「做事有對的方法、也有錯的方法，而我們都應該不計代價把事情做對，無論它感覺有多麼不自然、有多麼痛苦」。畢竟你折磨自己，確保你的身體、臉部、行為都是正確的，而假如你可以（或必須）這樣做，那麼其他任何人、所有人都可以（或必須）這樣做！

若想放下別人對你的批評，請先放下你對自己和他人的評判。做真正的自己，並憐憫沒有符合教條的自己。欣賞別人真正的自我，尤其當他們真正的自我不符合那些教條的時候。

你屬於人類群體。你可以做自己，別人也可以做自己。而且你會發現，當你用自我憐憫和自我原諒，取代嚴厲的自我批評和身體紀律時，你就不必再評斷別人，也不必害怕別人批評你。

給新手父母的全面許可

對於那些剛生下孩子的人來說，這些教條變得完全不現實，必須換個全新、極為個人化的方式來體驗情慾聯繫。這是必然的，畢竟，他們的個人生活、共同生活、身體和身分，全都徹底且永久地改變了。每一個成為父母的人都知道這件事，但不知為什麼，有許多父母並沒有準備好迎接發生於他們身體、關係和性聯繫上的徹底改變。

新手父母比任何人都更常問我：「我應該怎麼○○？」而我的答案永遠是「你不必如此。」只要盡力而為，你不一定要做任何事情——就算外界沒有對你施壓，要你做「應該」做的事，這也已經夠難了。

「我應該怎麼滿足小孩、雇主、伴侶，以及生活中所有人的需求，同時不把自己搞瘋？」你不必如此。你的確該盡力而為，但你的「盡力」不可能滿足這個世界對你的需求，它就像個巨大而無限的吸力漩渦。

「我的乳頭已經裂到流血／這一年來，我幾乎沒有一天連續睡超過三個小時／光是照顧小孩，我的肢體互動扣打就已經滿了／伴侶用莫名憤怒的眼神看著我……在這種情況下，我要怎麼有性慾？」

答案是，你、不、必。你不必如此。

你知道你該做什麼嗎？你應該跟伴侶合作，共創一個脈絡，讓你們更容易獲得愉悅。當你的生活正在迅速、持續且失控地改變時，這件事非常、非常難以辦到，在這樣的情況下，愉悅的優先順序降低也很正常。

但是，有些家長和我分享他們的困境與解方，以下是我發現的事情：

我認為你們想念彼此。即使你們對彼此很生氣，但也想設法度過所有情緒、疲憊和存在恐懼，達到成人聯繫的境界。養育子女可能會令你極度寂寞——畢竟生小孩之後，最先失去的事物就是獨處時間，這還真是既辛酸又諷刺。跟小孩相處的時間有很多層面，但這和與朋友相處的時間或自己獨處的時間不一樣，而後面兩者都是基本的人類需求。找時間讓自己好好理解一位成年友人，很能滋養身心，而性聯繫能夠有效地辦到這件事。

你想知道訣竅嗎？我教你五個。但假如你的目標是做你「應該」做的事，那它們全都幫不了你；你的目標應該是設法回到你欣賞和信任的伴侶身邊，哪怕只有幾分鐘也好。

以下是我可以提供的訣竅：

1. 安排一個固定時間來聯繫，即使你們最後沒有做愛。你們可以注意自己的情緒平面圖，察覺雙方該怎麼幫助彼此抵達與色慾相鄰的空間，進而增加做愛的機率，但期望和義務多半只會拉緊剎車。要找時間一起當大人、同時還要照顧小孩——對這種困境抱持幽默感會有幫助，但假如你們必須大吵一架才能澄清彼此的需求，那就吵吧。

2. 以愉悅為中心。你們的共同任務就是共創一個脈絡，讓自己更容易獲得愉悅，而不是性興奮、性衝動、高潮或慾望。假如你做愛時並不享受（只是這樣你就可以說你已經做了、可以交差了），下次機會出現時，你的大腦會記得「喂，上次不好玩」，導致你更難提起興致。

3. 沒有規則，只有同意。假如你們其中一人想要性聯繫，而另一位伴侶感到疲憊、但帶有愛意，或許興趣缺缺、沒睡飽的那一方可以懶懶散散，躺在伴侶身旁，看著他自慰，就像在看電視一樣——純粹為了好玩、娛樂、放鬆和分心。

4. 週末去外面過夜，改變脈絡。只要是能維持情慾聯繫的父母，通常都會刻意安排一段時間，不照顧小孩。如果有家人可以在你們出門時顧小孩，這就比較容易辦到，但說不定讓小孩去阿姨家過夜，你們自己待在家裡會更省事。在家裡，先花幾個小時營造一種成人情趣的氣氛——在《性愛好科學》練習簿之中，我稱之為「魔法圈」（Magic Circle）。用燈光或蠟燭裝飾，為空氣添加香氛，此外，一定要把小孩的玩具全部拿出寢室。換好床單、洗完碗盤和衣服，順便清理浴缸，以防你們想在浴缸裡打鬧。這可是「家事遊戲」的大好機會啊！或許你們相處的時間只做了一件事：睡十二小時，但光是這樣就能滋養你們的身體和關係。

5.當你有疑慮，就回到初衷。我想要做愛時，是想要什麼東西？我喜歡什麼東西？什麼東西會踩動我的油門？什麼東西會拉緊我的剎車？你的答案可能會隨著家庭、關係、身體和內在經驗變化而改變。持續跟彼此討論吧！如果你們能聊另一個人的體液，肯定也可以聊自己的性生活。

現在輪到你了。舊規則（性愛教條）永遠不會適用於你的性生活，而你們的關係中因為多了小孩而產生的轉型，剛好是個好機會，可以把舊垃圾丟掉，然後從零開始。你可以用你發明的一套新規則，玩全新的遊戲。至於規則到底是什麼、要怎麼應用，這會隨著每段關係和小孩成長的時期而變化。

最後再提供一個附贈的訣竅：無論你是不是孩子的親生父母，你的身體仍會永遠改變。不要浪費時間和精力試圖「找回你的身體」，你的身體還在，沒有離開；你反而應該把時間和精力花在學習你現在的身體上。沒有任何「身體應該怎麼樣」的規則適用於你，但現在它們成了令你分心、跟你無關的事物，使你沒有察覺，你的身體是個霹靂無敵的大奇蹟，可以幫助其他小朋友活下去！

你的身體很美，請關愛它，正如你關愛你的小孩一樣：傾聽你的身體，移動身體時記得管理內在壓力，跟其他成人維持愛與信任的關係，吃能夠滋養你身體和靈魂的食物，並且，能休息就盡量休息。

性愛教條的另一種解藥：玩一個新遊戲

性愛教條的嚴苛和急迫，把性愛困境搞得好像什麼高風險問題，你甚至會懷疑你、伴侶或你們的關係已經完蛋了。

嘿，你還記得情緒平面圖中，哪個空間能夠降低風險嗎？

答案是玩樂。

性別治療師費茲（Fitz）在散文〈拼圖塊〉（The Pieces of the Puzzle）中，將性能力比喻成拼圖[13]。他說，當你開始拼拼圖的時候，你會按照形狀、顏色、文字、材質來組織圖塊，而你會仰賴盒子上的圖片，告訴你拼圖最後會長什麼樣子。但假如拼圖只用一個袋子裝著，而沒有圖片引導你呢？你根本無法確定這些圖塊都來自同一組拼圖！不妨讓這袋拼圖帶來的「未知」激發你的好奇心，而不是害怕圖塊拼不起來、或你「拼錯」了。

他的結論是：

我喜歡把這想成逐漸蒐集拼圖塊的過程。蒐集拼得起來的圖塊，把拼不起來的圖塊放一邊。隨著時間經過，你會看出它們是怎麼拼在一起的，而且會覺得很合理。你不必知道整張圖，就能認出你喜歡的圖塊，並享受這段經驗。

這令我想到另一種教條解藥：玩一個新遊戲。

一開始，為你們想嘗試的事情（例如腋交）取個名字。我已經學到，人們如果知道某件事情有一個名稱，就會覺得正常。有一次在工作坊結束後，一位女士找上我，然後說道：「我知道你會說這樣很正常，但我還是要問。我的伴侶很喜歡把他的腳底合在一起，讓我舔他足弓中間的空間。這是……？」

「這樣完全正常啊！」我說。我稍微說明了一下，即使雙腳跟生殖器距離很遠，但它們在大腦中彼此相鄰，所以很多人很享受足部的體感。接著我靈機一動，想到用來發明醫療名詞的拉丁語源，於是我又補了一句：「我們就稱呼它為『interplantarlinctus』好了。」你有興趣也可以試試看。你跟伴侶如果對某件事情抱持好奇心、想試試看的話，那就試著替它取個名字吧，這就是在替你們要一起玩的新遊戲取名。

如果你不確定自己想玩什麼新遊戲，但想揭穿你的情慾思維中一些心照不宣的教條，那可以試試看「停止—開始」遊戲。這種遊戲要求你分享愉悅和碰觸，但不會急著追求或期待「表現」。你唯一要做的，就是在做愛期間隨便找個時刻停止任何性行為，然後改成其他性行為。不必遵循「你應該記住什麼順序」或「你應該在什麼時候過渡到新做法」的腳本。如果這樣能夠打破規則，你可以把它變成類似「老師說」的遊戲：

A：老師說別吸了。

B：（停下來，發出既失望又好笑的咕噥）

A：老師說可以吸，但要非常、非常溫柔。

或者：

A：別插了。

B：（停下來，發出既失望又好笑的咕噥）

A：（挑逗）我又沒說「老師說」。

你覺得性生活裡多一個「老師」很不舒服嗎？那就改成「姊姊」吧！或者換成：「媽咪，我可以這樣嗎？」你可以使用任何比媽咪感覺更好的愛稱，例如：「甜心／親愛的／愛人，我可以這樣嗎？」或是用伴侶的名字，不然就用媽咪吧，你開心就好！

還可以玩什麼遊戲？下一個，我稱之為「舔哪裡」。問你自己：「伴侶的身體有哪個部位我從來沒舔過？在什麼情況下，我們雙方都會有興趣體驗我舔沒舔過的部位？」討論這件事。創造一個性積極的脈絡，然後試試看吧。

或者你可以嘗試一種感官專注療法，過程分成好幾個階段，然後持續好幾週。例如：

1. 首先，A碰觸B，但不碰有穿內衣褲的部位。A的工作是碰觸會讓自己愉悅的部位，而B的工作是說出某件事情是否感覺不舒服。接著交換角色。

2. 接下來，A碰觸B，還是不碰有穿內衣褲的部位，讓雙方都愉悅。被碰者說出哪件事情感覺不舒服、哪件事情感覺特別舒服。接著交換。

3. A碰觸B，包括穿內衣褲的部位，讓雙方都愉悅，因為上一個階段已經互相溝通過了。接著交換。

4. 最後，A和B同時碰觸彼此，讓彼此都愉悅。

當人們用這種更加系統性的方式來探索，教條通常就會浮出表面，它們浮現時，你們就可以討論，看要在浮現的當下談論，還是另外找時間，但別在體驗到一半時就突然切換成討論。

另一個可以讓教條浮現、進而捨棄的遊戲，圍繞在周圍神經系統的結構內。選擇一個身體區域（你或伴侶的），一次用一種感官刺激來細心探索。以下是一些讓皮膚體驗到觸感的方法：

- 輕度碰觸：如羽毛般輕柔的觸感，刷過皮膚。

- 深度碰觸：壓力觸感，感受到皮膚下方的肌肉。
- 材質：試試不同的材質，從光滑的絲綢到粗糙的鬍渣、從麂皮到矽膠。
- 溫度：一開始當然要維持在溫和的範圍內，你可不是要燙傷或凍傷對方；隨著冰塊滑過皮膚表面，會啟動那些對溫度敏感的神經末梢。
- 動／靜：體感可能很短暫（如手掌撫摸一個表面後移開），也可能很持久（如手掌放在一個表面上）。碰觸你的伴侶（待著不動，持續同樣的碰觸幾秒鐘或以上），會讓你的身體有什麼感覺？
- 伸展：皮膚伸展、關節與肌肉伸展、結締組織伸展。
- 毛囊移位：你能非常輕柔地碰觸伴侶，移動他身體上的毛髮，卻不碰到他的皮膚嗎？毛囊有神經末梢，能感覺到毛髮被移動！

別忘了我們在第二章學到的：我們對於體感的知覺也會有變化，一切取決於脈絡。開燈或關燈時的感覺如何？在家或在外度假時的感覺如何？下午或午夜的感覺如何？

若想知道更多新遊戲的點子，可以試試各種卡牌、骰子遊戲（就像第三章的情侶），以及書名類似《一〇一種做愛時的好玩派對新把戲》的書籍。它們全都能夠激發好玩的靈感，但前提是你接觸它們時，不著急、不冒風險、不計較遊戲方式的對錯。性別與性愛治療師瑞・麥克丹尼爾（Rae McDaniel）在著作《性別魔法》（*Gender Magic*）中講了一個故事：他看著一位朋友穿著充氣恐龍裝，在派對上一群愉快的觀眾面前自慰到高潮[14]。你真的可以打破所有規則，這一切都是為了好玩。在第二章，我把愉悅形容成害羞的動物，當你玩新遊戲時，你就是在打造新規則，讓這隻動物願意慢慢開始無憂無慮地嬉鬧。

這些遊戲的唯一共通規則就是：每個參與者都樂意在場，可以自由離開，而沒有不想要的後果。每玩一個遊戲，你就會蒐集到更多你、伴侶，以及你們交往時的性愉悅拼圖塊。

假如你在讀這本書時，感受到一種急迫感、覺得你們的關係因為性愛困境而面臨風險，請你先深呼吸。假如你覺得本書第一部的工具和心態似乎行不通，那就先退後一步。性愛教條已經占領了你的情緒平面圖，或許是時候清除它們了。

沒有任何性愛困境值得賠上本來很穩固的關係。你有沒有帶著欣賞和信任的心情陪伴彼此？你有用自信、喜悅和好奇心，面對你現在的性能力嗎？如果有，你已經做對了，無關後果或時間軸。

對你而言，真正必要的是要辨認出你所聽過的謊言，並選擇要不要相信。你必須遵守性愛教條嗎？你的身體必須鍛鍊到符合比基尼工業複合體的概念，才值得獲得愉悅嗎？還是說，你可以根據你覺得舒服的規則，跟伴侶玩樂？

你可以選擇。

第九章懶人包

- 交媾教條、花樣教條、表現教條、自信教條、愉悅教條、關係教條、慾望教條、甚至性愛教條本身（成為有性慾的人，想做愛、真的去做愛，並喜歡做愛）都可能創造出一種不必要的急迫感，使你在性生活上「下工夫」，讓它更像「該有的樣子」。
- 你已經很美了，因為美麗是你無法克制的，就像樹木、狗兒和河流一樣無法克制美麗。你怎麼做都無法否定這個事實。
- 想停止性愛教條的影響，可以嘗試用不同規則玩新遊戲——這些規則要求你分享愉悅和碰觸，但不會急著要你改變自己，或你的做愛方式。

一些好問題

- 哪些性愛教條清楚出現在我腦中？哪些性愛教條是含蓄的——雖然心照不宣，但還是阻礙我成為慾火中燒的自己？
- 我要做什麼才能正視鏡中的身體，並發現我已經很美，正如樹木一年四季都很美麗？
- 與其讓心照不宣的教條，告訴我們該怎麼過情慾生活，我們可以嘗試運用新規則來玩什麼遊戲？

第十章

打破性別幻覺

你出生的那一天——甚至更早——有些大人會看著你的生殖器，然後宣布：「他是男孩！」、「她是女孩！」或「他是間性人！」。宣布之後，你會拿到一本文化「手冊」——一套關於怎麼活在這具身體內的規則，你應該玩哪幾種玩具、愛哪幾種人、表達哪幾種感受，以及你會因為表達哪幾種感受而受懲罰，還有許多關於當個「男孩」或「女孩」的義務。至於間性人寶寶，家人和醫療提供者通常會按照他們的最佳猜測，挑一本手冊給你[1]。

這就是我們經常聽到的性別二元論——我們基於人們的身體，指派給他們的兩種社會角色。就像性愛教條一樣，性別二元論是別人意見的集合，我們可以選擇無視。

但我們聽過太多關於性別的謊言，無論是自己還是別人的，這跟性愛教條完全在不同層級。我認為這是一種幻覺，一種閃爍的視錯覺，看起來很真實，你無法想像它是社會動態的副產品——這種社會動態會先試探多元的人體，再創造出不存在的表象。

「你跟伴侶應該基於你們被指派的性別而遵循規則」，這種幻覺我認為是當我們試圖使用本書第一部的工具時，所面對最普遍也最頑強的障礙。從最基本的層級來說，如果我們很難創造改變，那這個問題不在於我們的伴侶，也不在於我們會改變且不方便的身體，甚至不在於我們卡在情緒平面圖的某處，而是我們看不見自己的身體、關係和世界的真實面貌，因為我們看見的是幻覺——性別幻覺（gender mirage）。

典型的幻覺是沙漠裡的水。旅行者在遠方看見綠洲，閃爍著擺脫缺水困境的訊號。但旅行者越接近幻覺，「沒有綠洲」的事實就會越明顯。這是一種視錯覺。

在我們單調且不必橫越沙漠的生活中，這種幻覺可能是炎熱道路上，像是水坑的一道反光，促使我們在開車時刻意閃過它。

你知道怎麼消除字面上的幻覺嗎？

改變你的觀點。你越靠近，就越能看見它的真面目：一個幻覺，由實際存在的事物產生，但這個事物並非你肉眼所看到的那樣。

我在本章的目標，是促使你的觀點改變得夠多，進而察覺性別二元論這個視錯覺；它的規則從我們出生那一天，就定義了我們的生活，讓我們無法看見、理解、喜愛自己的身體、關係，及世界的真實面貌。我想要向你展示這種幻覺，描述你如果擺脫這個幻覺會發生什麼事，並解釋該怎麼擺脫。這或許是本書最困難的任務，因為幻覺已經影響你的情慾花園數十年，而你應該也需要數十年才能消除這種影響。所以最好趕快開始。

在我描述這個極度有害於愉悅的幻覺之前，我們先確保你已經有取得解藥的管道：聯繫的真實性（connected authenticity）。

你需要的東西：聯繫的真實性

皮克斯（Pixar）電影的典型架構是，角色一開始會追求他們想要的東西，但最後成功獲得他們真正需要的東西。他們想要的，是他們相信會讓自己永遠幸福的東西；但他們需要的東西，才會讓他們永遠幸福。

《青春養成記》中的美玲（Mei）想要擺脫她的貓熊身分，但到最後，她選擇留下牠；《可可夜總會》（*Coco*）中的米高（Miguel）想要成為音樂家，但他需要的是和祖先建立聯繫；在《腦筋急轉彎》中，樂樂（Joy）希望萊莉（Riley）快樂，但她必須讓憂憂（Sadness）來建立聯繫（樂樂突然明白：「媽媽爸爸會來幫忙，是因為憂憂的關係！」）。

你想要的，也就是性別幻覺保證能帶給你幸福的，是成為理想的付出者（Giver，假如你是女孩）或勝利者（Winner，假如你是男孩），這些我很快就會詳談。但你真正需要、會帶給你幸福的，是成為完整而真實的自己，然後受到你的社群歡迎。

故事是這樣的：想像一下，有個小嬰兒出生了，然後領到「你是女孩！」手冊。打從第一次呼吸，這個孩子就在接受訓練，以成為付出者——她有道德義務，必須成為漂亮、快樂、平靜、大方的人，還必須無微不至地照顧別人的需求。

嬰兒的生命完全仰賴滿足其需求的成年照顧者。所以最穩的生存之道，就是當個乖小孩，做會受到稱讚的事、避免會挨罵的事。

所以這位小朋友，每天都學到更多該怎麼當個好女孩的知識。當她既漂亮又快樂，就會受稱讚，當人們看到她面對別人的需求時大方又體貼，就會非常寵愛她。真是好女孩！噢，不！不要哭！這麼漂亮的臉蛋就該笑笑的！這樣才對嘛，多麼甜美、漂亮、乖巧的小女孩！

隨著她長大，她開始經歷自己不是完美付出者的時刻。她會生氣，而且因為生氣而挨罵；她想要一些東西，就被說成自私；她比男孩更快、更聰明或更有趣，結果所有人都裝作沒看見。她發現自己有些部分使她無法成為好女孩。

沒有女孩能夠受訓成為理想的付出者，也沒有女孩天生就這麼理想；她生來就是要做真實的自己。她真實的自己，是她帶給世界的贈禮，而這份贈禮是上帝、命運或宇宙隨便擲骰子之後（看你相信什麼）送給她的。

但隨著時間經過，她累積了許多「無法當個好女孩」的經驗，而這些經驗逐漸侵蝕她的靈魂，就像河流侵蝕出峽谷一樣，直到「她該成為的理想自我」和「真正的自我」之間，出現無法接合的裂隙。

但手冊說這不是真的。手冊說**女孩的天賦是漂亮、快樂、平靜、大方、無微不至地照顧別人的需求，假如她沒辦到，就會被懲罰**。她活該被懲罰。她的化學、語言或橄欖球技能都只是錦上添花，要先漂亮、快樂、平靜、大方、照顧別人的需求，別人才願意接受。

但即使她嚴厲批評自己，也無法淹沒她內心的呼喚——成為真正的自己，她天生的自己。

總有一刻（不只一次，她一生會遇到好幾次）她會有選擇權，選擇成為好女孩或忠於她自己；行為舉止像個理想的付出者，或成為真正的她。

你希望她的故事有什麼樣的結局？你希望她學會怎麼表現得像個完美的付出者，成為好女孩，受到她的社群歡迎……前提是，她永遠不令任何人失望？或者，你希望她選擇做自己，然後受到一個理解、喜愛她真實面貌的社群歡迎？

你希望自己有什麼結局？你希望你的女兒和母親有什麼結局？

在最佳的關係中，我們的愛人會鼓勵我們選擇做自己，即使這減少了他們生活的方便性。

但許多人把自己的成年生活，全都耗費在那個理想自我上，忽略且貶低了真實的自我，覺得它不值得獲得安全、愛、歸屬感。這是個理性的選擇，畢竟我們想要變得夠好，才能歸屬於自己的社群。身為嬰兒，我們的生命仰賴別人的愛與認同，而有人教導付出者：我們的生活將會一直仰賴這件事。

男孩的真實自我和理想自我也有分歧。「你是女孩！」和「你是男孩！」手冊之間的差異，有一部分是「別人要你符合的理想」的本質——不是付出者，而是勝利者，強壯、堅忍、有企圖心、獨立、絕不犯錯。最後，成為好男孩的意思就包含了：即使別人反對你，你也要「做你自己」。的確，如果男孩太依賴別人的意見或喜愛，就會受到懲罰。**這種堅忍的個人主義理想，意味著男孩沒有義務犧牲自己的需求來照顧別人的需求，而是有義務孤立自己，不需要依靠別人**，忠誠或兄弟情誼是他們唯一的溫柔。

男孩就跟所有人一樣，都想要安全、被自己的社群喜愛，並成為他天生的自己。他的聯繫需要真實性。

而跨性別人士也想要一樣的東西，但「他是誰」跟「世人告訴他他應該是誰」之間的分歧就更大了，而擁抱真正自我的必要性也更迫切。他們就跟所有人一樣，拿到一本手冊，但他們沒有在手冊裡看到自己。他們每天會聽見別人一再用某些代名詞提及自己，而他們內心某處或許會覺得：

「不對，不是這樣。」但也還不確定為什麼。世人要求他們的表現背離真實自我的核心層面，但他們內心的渴望就跟其他人一樣：成為真正的自己，同時安全地處於人類群體中。

整個LGBTQIA2+群體，加上有色人種、肥胖的人、身障人士、有神經多樣性或慢性病的人，都不需要我告訴他們：當你自己的其他部分（不只是性別認同或性別表現）不符合「理想」，事情就會更複雜。

我們全都想要感到安全、被我們的社群喜愛，但我們必須在不犧牲真實自我的情況下達成這個目標。這就是「我全都要」的核心：不符合理想也不會受罰，做真實的自己也能被愛。我們需要聯繫的真實性，這就是我接下來要談論的性別幻覺解藥。

以下包含兩個對話起點，可以探索「你是女孩！」和「你是男孩！」手冊是如何引導人們活在自己的身體內[2]。閱讀的時候，你可以隨意圈出符合你個人經驗、或你察覺伴侶有這種經驗的部分，然後劃掉不相關的部分。

在開始前，先講清楚一個重點：這些都是主流西方文化規則的描述，也就是別人對於「人們一般來說應該怎麼活在體內」以及「尤其該怎麼表現性慾」的意見。即使我已經試著讓我的語氣既有趣又溫和，還是可能有人讀到會覺得不舒服。對於跨性別、非二元性別、無性別或其他性別多元人士來說，以下段落讀起來可能很像在描述暴力犯罪者。我不是要給你的生活添麻煩，所以請隨意略讀、跳過，或把這幾頁撕掉、再儀式性地燒掉。你必須做什麼就去做吧。

「你是女孩！」手冊：如何活在你體內的五個規則　by性別幻覺

你好，歡迎出生！你被分派到「女孩」這個人類類別。你好漂亮和甜美！感謝你這麼甜美！我們來談談活在這個身體內的一些規則吧。

身為女孩，第一條規則是「女孩是甜美、討喜、體貼的男孩附屬品」。更弱小、更友善，我們甚至還更乾淨！我們也很堅強、有趣，從不抱怨自己心情受了傷！好吧，其實我們會，但老天，女生就是這樣，對吧？成為甜美而討喜的附屬品，但也要堅強、有趣、不抱怨，這兩者完全不矛盾！

第二條規則：我們喜歡自己被喜歡，所以會努力取悅別人。我們是服從、聽話的好女孩，別人叫我們做什麼就做什麼。被男孩喜愛是非常重要的。偷偷跟你說，其實這是最重要的事情，即使我們千萬不能大聲說出來。畢竟我們也是堅強而獨立的女性，不需要男人就可以很快樂！這也完全不矛盾。

第三條規則跟情緒有關。女孩有各種情緒，但大部分時間，我們都應該快樂、友善。我們要負責確保每個人的心情都很好，如果有人心情不好，我們要留空間給他們鬧情緒。他們（任何人，每個人）的感受都比我們更重要，所以我們要確保自己永遠不會拿著任何「跟自己的負面感受一樣煩人」的事情，造成任何人的不便。

有時我們會感到悲傷、孤獨、擔心甚至害怕，因此我們需要關注——齁，女生就是這樣啦。但我們永遠不能生氣。好吧，有時我們會生氣，但我們知道這是錯的，所以會盡力不讓怒氣造成任何人的不適……但有時怒氣累積太多，就會爆發，而假如大家用輕蔑的態度對待我們的憤怒，嗯……很公平。當女孩子就是這樣。

第四條規則：我們是付出者。我們有道德義務要漂亮、快樂、大方、體貼別人的需求[3]；因為這是道德義務，假如我們沒有漂亮、快樂、大方、體貼別人的需求，那這不只是任務失敗，還是做人失敗。我們就成了失敗者。因為這樣，我們活該受罰。假如沒人懲罰我們，我們就痛扁自己一頓！我們找方法「修好」自己，變得更友善、設下更好的界線、減肥、更愛自己的身體、更有耐心、為自己發聲。我們犧牲自己的身體、時間和注意力、希望和夢想，甚至生活，以換取別人的舒適和便利。

這也讓我想談談第五條規則——性愛規則。這段規則非常單純：

> 他的愉悅最重要，所以對他好一點。太堅持你自己要體驗到愉悅的話，就是自私。別告訴伴侶你想要和喜歡什麼，別做任何看起來很「淫蕩」的事情，也別做任何看起來很「裝淑女」的事情。「床上功夫」要好，也就是他喜歡的事情你都要做，但千萬別太注意你自己的性能力。假如女生太常求歡，她就是蕩婦、婊子；假如她不夠常求歡，她就是在裝淑女、性冷感、充滿性焦慮。她應該要很容易性奮、很容易因為陰道插入而高潮、很容易取悅。

假如我們穿著特定服裝、跟某個男人回家、喝醉、跟別人性交，嗯……都是我們自找的。假如我們不夠漂亮，別人甚至懶得強暴我們。

等等，你說什麼？這不可能是真的吧！這難道不是某些人想讓我們相信的可怕謊言嗎？因為他們想控制我們的身體，認為我們不應該擁有自主權——哦，是實話嗎？噢，好吧。

這是實話。這……嗯……絕對是實話。我們的身體並不真正屬於我們，所以我們的選擇無關緊要。我們的身體放在公有領域，給別人品頭論足，供別人碰觸、批評與做愛，而我們的工作，就是微笑、待人體貼，並試著擁有一具別人認可且渴望的身體。

假如我們沒有微笑、不願意照男人的意思去做，我們就是婊子。假如我們是女同性戀，我們就是仇男的婊子。假如我們是女性主義者，就是沒人要跟我們上床的仇男婊子。如果我們討論父權，就是把自己的問題怪在男人身上，而不是為自己的缺點負責；或許我們提出要求時要更溫柔、應該穿不一樣的衣服、化更濃或更淡的妝、鞋跟變高或變低，又或者，我們應該耐心等待，或下更多工夫，或是給生活中的男人多一點耐心和支持，這樣我們就會得到想要的東西。問題不在於規則，而在於我們。嗨！我們就是問題！就算抱怨也改變不了這回事。

對於這一切，我們「被允許」感受到的情緒是：快樂，偶爾可以悲傷或害怕，或難得可以寂寞。女人不能生氣，也肯定不會拿任何跟醜陋又讓人不舒服的感受，來造成別人的不便。

這些就是當女孩的規則。

再見了，祝你好運——你會需要好運的。

「你是男孩！」手冊：如何活在你體內的五個規則　by 性別幻覺

你好，歡迎出生！你被分派到「男孩」這個人類類別，這對你來說是真正的榮耀——但話說回來，這只不過是你應得的。

關於當個男孩子，你應該要知道幾件事，才能讓你最後成功成為像我這樣的男人。你有注意到我有多 MAN 嗎？當男孩的第一條規則是，男孩比女孩優秀。「當男孩」就是「當女孩」的反義詞，任何稍微女孩子氣的東西都會減少你的男孩子氣。

第二條規則：男孩所有身體部位都很巨大、強壯——包括大腦！他們已經知道所有事情，並且輕視那些還在學習的人。男孩可以忍受任何程度的痛苦，並輕視那些不掩飾自己痛苦的人。

於是又有了第三條規則：情緒。男孩的情緒是生氣、好勝和好色。你可能注意到你內心有其他感受；但這些感受必須憋著。完全禁止悲傷，悲傷是女孩的事，而女孩是男孩的反義詞，所以悲傷會減少你的男子氣概，悲痛、孤獨也會。在特定情況下，多半是生死交關之際，男孩也可以感受到其他男生的兄弟情（#NoHomo）[i]，但不可以感受到恐慌／悲痛空間或恐懼空間中的任何事物。

假如你真的表現出這些情緒，你會被嘲笑、懲罰或羞辱。這就是我們讓你維持正直與坦蕩的方

---

i 編按：英文俚語，對相同性別的人表現羨慕或讚賞時，後面補上這句話，強調自己沒有任何同性戀相關暗示。

式。不客氣。

第四條規則：你是勝利者。勝利者有義務要強壯、堅忍、有企圖心、獨立、絕不犯錯。勝利者的道德義務是戰勝、戰勝、永遠戰勝。贏再多都不能停止戰鬥，永遠都要戰鬥。

以下是很完美的道理：男孩不需要也不想要別人給的東西，我們是完全自主的，但我們也會戰鬥、勝利、上床……而這些事情都需要別人參與。這很合理。

第五條規則：我們來聊性愛吧！它超重要。你身為男人的價值，有一部分取決於你有多常把陰莖插進別人的身體。因此，當某人（尤其是女孩子）不讓你把陰莖放進她的陰道，那她不只是在表示「謝謝，我現在不需要陰莖」，而是在攔阻你身為男人的價值。

假如你不上床，你就是失敗者。假如你在上床前會先等待對方給予許可，那就表示你在跟別人要求東西，這樣你也是失敗者。假如女人拒絕你，你就是魯蛇，也就表示你並非勝利者。

要有自信、絕不犯錯、主導床事；千萬不能脆弱、溫柔或敏感。記住，當男孩的第一條規則是「男孩比女孩優秀」，所以假如你試著跟女孩做愛，那麼這個攔阻你價值的女孩比你還不如。你讓一個低等的弱女子支配與控制你。你對此可以抱持的情緒只有生氣和好色。不能感到寂寞和悲傷。

此外，男孩唯一能和戀愛伴侶一起體驗愛與親密的方式，就是透過性愛。這就是為什麼，性愛是你日常生活中非常迫切的問題。科學事實是，性愛本身並不是生物驅動力，你就算不做愛也不會死。飢餓是驅動力、口渴是驅動力，就連睡覺也是驅動力，假如你沒有滿足這些要求，你最後可能會死，性愛並非其中之一[4]，但愛情是。而假如你唯一能夠滿足這個（跟吃飯、睡覺一樣必要的）

基本生物需求的方式，是透過性愛，那麼當某人拒絕你把陰莖插進他體內，這等同對方在讓你挨餓。這種風險高到攸關生死。你需要性愛，你需要它才能成為真男人，才能餵養你的靈魂；你需要它，否則你就不會存在。而性愛守門員（多半是女人）是軟弱、溫順、可控制的，所以你可以自由取用。

愛情這種生物需求必須徹底仰賴別人（可是千萬別忘記，男孩不需要跟任何人求任何東西），而我們多半仰賴女人。幸運的是，在情況緊急時，女孩有道德義務要給你任何東西，對你好、保持微笑和甜美、溫暖地同意你；假如你無法讓女人這樣對待你，你就比女人還不如。

這很嚴苛，但你可以承受。你可以承受任何痛苦。

性愛是簡單且可預測的，你的慾望是持續不斷的，你可以立刻勃起，你的陰莖很大[5]。男人能掌控性愛跟他們的伴侶，男人能讓女人失控；她越瘋狂，就表示你越好。她的失控、她的高潮，都可以用來衡量你的價值，所以你一定要讓她高潮。

面對這些性愛規則，你會感到畏縮或做不到嗎？你是否很希望捨棄它們，贊成有聯繫的性愛，將共享愉悅視為優先，而不要求表現？那你就是該死的娘炮。

這很嚴苛，但你可以承受。你可以承受任何事物。

就這樣！如果你有任何疑問——等等，你不應該有任何疑問。男孩早已知道所有事情，並且輕視必須提問的人。這就是當男孩的規則。

再見，然後請記得：你永遠不會贏，但這不表示你可以停止戰鬥。

分配給我們的這一切，都以我們的生殖器形狀為基礎。

而且這些東西當中，沒有任何一件是不可避免的，沒有任何一件本來就是對的，沒有任何一件真的是我們必要的生活方式。

我希望你知道什麼事情對你、你的伴侶、你的關係來說是對的，而唯一能夠發現它的方法，就是透過清澈、不受幻覺扭曲的眼光，看著你自己、你的伴侶和你的關係。

沒有人對這種幻覺免疫

我有一位朋友在快三十歲時以女同性戀的身分出櫃，她很訝異地發現，自己處於一個比她以前的異性戀關係更嚴格的「二元」文化。她告訴我：「就好像你不是T（butch，男性化）就是P（femme，女性化），兩者涇渭分明。所以許多人就變成這樣：『是我跟你做愛，不是你跟我做愛。』你可以在外是T、在床上像P，但你在床上永遠都只能是個P。我以前在異性戀關係中的自由度，高於跟這個次文化當中的女生交往。」

我朋友第一次跟伴侶（這位伴侶未來成為了她的妻子和共親父母）做愛時，她說：「好，我衣服都脫光了，你也脫光吧。」她並不覺得只有「像女生」的伴侶才要全裸。有許多人很享受僵化的權力角色，也就是一人全裸，另一人永遠不脫。但我朋友正在一種文化中探索她的性能力，這種文化說性愛必須是一種特定方法，而且角色是「性別化」的——不是依照生殖器而定，而是依照性別的社會表現而定。她正在對抗僵化角色的父權期望，包括女生要被動和順從。但我的朋友對自己很有自信，她覺得只要雙方都假設現在的做法只是一次嘗試，就不會涉及任何風險。

「我沒什麼好損失的，」她告訴我：「所以我可以清楚表明我是誰、我想要什麼、我不想要什麼。」而她不想要的，是有人阻止她進行任何令她和伴侶愉悅的性接觸。

任何性別認同的任何人群組合，都可能擺脫不了這種幻覺造成的習慣。儘管層面和程度各有不同，但我們每個人都很難從我們的花園中根除它，包括那些並非從小就是異性戀、順性別、單一配偶和／或性觀念保守的人。但當你和伴侶一起照顧你們共享的情慾花園時，你們的其中一項共同任務就是拔掉雜草，也就是你不想要、不請自來、一再出現的文化與家庭訊息。

它甚至不是二元的

假如你不是在白人西方世界長大，那麼在你成長過程中的文化，性別角色數量可能會不同，例如，傳統的薩摩亞文化（Samoan，薩摩亞群島上的主體民族）有三到四個性別角色[6]。這些東西很複雜，很難套在西方白人的二元觀念上；傳統的納瓦荷文化（Navajo，美國西南部原住民族）有四個性別角色（也可能是五個——我必須重申，有些東西難以直譯）[7]；印尼的傳統武吉士（Bugis）文化有五個性別，包括超然、雌雄同體的薩滿[8]；殖民時期前的約魯巴（Yorùbá）文化，人有不同的生殖角色，但沒有性別之分[9]。這些文化的性別數量都沒有對錯，沒有理想或正確的數量，但它們都不只有兩種。

當我聽到人們堅持只有兩種性別（他們可能會說：「因為：生物學！」[i]），我就覺得他們是在說：薩摩亞人、納瓦荷人、武吉士人和其他許多文化跟他們相比，是比較「不正確」的人類[10]。

我相信你不會這麼想，對吧？對嘛。

所以現在我們有兩種方式，能認清性別不是二元的：我們知道間性人存在，所以我們知道解剖學上的性不是二元的，而且在許多文化，社會性別不是二元的。我們開始能看出幻覺了。

但沒有這個資訊的話，二元性別（「她是女孩」和「他是男孩」）真是太有說服力了！就像馬路表面閃爍的水坑幻覺一樣，我們看到性別二元論時，雖然的確會看到某個東西，但我們沒看到「真正存在於那裡」的東西。那裡實際存在的是貫串整段歷史、位於全球各地的間性人與其群體，對他們來說，我們所謂的「跨性別」身分是他們日常生活的一部分。無論幻覺多麼有說服力，性別都不只有兩個。

我不是在說你自己的性別認同——你身、心、靈當中真實而鮮活的經驗——是幻覺。我的意思是，當我們基於生殖器的形狀，把二元性別角色分派給嬰兒時，我們就是在分派幻覺、錯覺給他們，而不是真實且普遍的人類特徵。

確信幻覺為真的人們，通常會投入很多時間、經歷、情緒甚至金錢，來順從他們分派到之性別的標準概念，以至於他們討厭以下概念：沒有任何標準是真正必要的，他們可以選擇加入感受更真實的不同性別[11]。

我們認為它是真的，我們可以看到它，它看起來好真實……但我們越靠近就越明白，它並非真的存在。我們不必遵守任何規則。我們可以當女人，只要我們感覺舒服就好；我們可以當男人，只要我們感覺舒服就好；我們可以是無性別者，只要我們感覺舒服就好。我們可以是跨性別、非二元、性別流動；我們可以邊搽口紅、邊穿三件式西裝；我們可以邊穿絲質睡衣、邊留鬍子。我們可以愛人，也可以被愛；我們可以上別人，也可以被別人上，我們所有人都是。性別幻覺只是別人對於「你該怎麼活在你體內」的意見。你永遠不必問他們的意見，也沒有義務認同。

「但是該怎麼做，艾蜜莉？」

我一直在尋找大家可以實踐的練習、作業、行為，將新知識應用在性生活中，並指點該怎麼實踐這種不同於以往的知識——長期關係中的性愛是什麼樣子？我們跟某人維持聯繫好幾年後，會面臨什麼阻礙？說到性別幻覺，很多轉變會在你過生活時自然而然發生，就像把燒焦的平底鍋拿去泡水一整晚，或是種下一顆種子；把鍋子洗乾淨或是等種子發芽，都不必寫工作表，甚至不必每天練習，你只要在支持性的脈絡中讓時間過去。泡水的平底鍋需要肥皂和水，種子只需要足夠的溫度和

i 作者按：如果你認為「但是艾蜜莉，生物學上……就真的是兩個性別啊」，請見附錄2。

濕度。擺脫性別幻覺，需要你周圍的信賴關係，以及用平靜而溫暖的好奇心面對你的複雜感受（拜託！是要講幾次？）。

我在本章開頭說過，我的目標是要改變你的觀點，足以讓幻覺閃爍不定，這樣你就能看見你的身體、關係、世界的真面目，看見它們有多麼狂放。你會對此有所感觸，我們知道真相會使你自由，但它會先氣死你。換句話說，有時候暴怒是通往平靜的途徑。

當人們問我，該怎麼利用他們對於性別幻覺的意識來改變性聯繫，他們通常其實是想問：「這麼痛苦，我該怎麼辦？」

只要你認清真相和你真正需要的東西，你就知道（或學到）該怎麼穿過所有你可能經歷的情緒隧道。容許所有情緒吧。很多「該怎麼做」都是：在正向的脈絡中讓時間過去。好事會來。你不必操之過急也不必下苦功，讓它靜置。讓它浸泡你的心，鬆脫層層謊言、道德教條與羞恥。

它不會突然發生，這或許會讓你想要介入其中並做點什麼，但你只需要讓自己逐漸以不同的角度看世界、看關係、看你自己。跟別人聊聊你看到的東西，哀悼你和伴侶永遠無法成為的理想自我，以及你們沒被騙的話，可能成為的自己。

以自信和喜悅擁抱真實自我，幻覺的外殼就會消失，而你們就能徹底看見彼此，甚至可能是第一次看見彼此。

你該怎麼在關係中取得你需要的東西，才能「防幻覺」？你該怎麼取得聯繫的真實性？欣賞、信任、好奇。將所有你學過的技巧，刻意且明確地用於防範性別幻覺對你的關係和性聯繫的侵擾。雖然跟我聊過的人都同意，在關係中保持真實自我是個好主意，但有些人（搞不好你也是？）很怕孤獨，他們絕對會犧牲真實的自我，換取伴侶肯定永不離去。他們狂熱地堅守自己習慣的角色，因為他們一輩子都聽到別人說，這樣才能保證社群接受他們。

假如你或伴侶處於這種心境，那當你讀到一本不告訴你標準答案、讓你衡量自己是否「做對」的性愛建議書籍，可能會覺得很怪。現實是，根本沒有所謂的理想自我，這裡就只有你跟你現在的樣子，你已經是你必須成為的一切。那你對此產生的感觸又該怎麼處理？用平靜而溫暖的好奇心面對它們。

噢耶！這又一次成長機會。

好消息是，我們可以同時感到安全且被愛，儘管我們內心有一些陰暗的掙扎。但我們無法獨自辦到這件事。本質上，我們需要別人——至少需要一個特別的人——了解並喜愛我們的真實自我。只要我們攜手合作、讓我們的關係「防幻覺」，就能辦到這件事；這樣一來，我們再也不會任由別人的規則掌控我們對自己或伴侶的感受。請秉持這種認知：每個人都想做自己，也想受到社群的歡迎並滿足別人的需求。

當你練習在關係中忠於自我，並感受到被愛，同時越來越了解伴侶的真實面貌並愛著他們，你就能辦到這件事。這就是「防幻覺」。

瑪格與亨利

我講瑪格與亨利的故事時，女生通常會說：「嗯，亨利跟其他男人不同，瑪格很幸運。大多數男人都會有防備心、大多數男人都不會採取行動、大多數男人……」所以我要回到起源，結束瑪格與亨利的故事。他們剛交往時，就已經一起正視了性別幻覺。

亨利長大成人時，並沒有察覺男性特權和性別幻覺。他在一九七〇年代長大，這個時代很難知道好男人的意義是什麼。他搞砸了好幾段早期的性關係，而且他至今仍會犯錯。

例如他和瑪格剛交往時，瑪格要求共度一個「徹底以她的愉悅為中心」的夜晚，而且她不必回報亨利；亨利答應了。他喜歡讓她愉悅。等到下一個共度的夜晚，就可以換成以他為中心。亨利向瑪格保證：「你的愉悅對我來說，就是很棒的贈禮。」

他們有了一次愉快的經驗，瑪格希望亨利用香氛精油幫她深入按摩全身，接著來一段又久又慢的親熱，而且亨利不能期待她為他「表演」，或給他任何東西做為回報。亨利照做了。

但是當瑪格心滿意足、準備要休息時，亨利多要求了一點事情，只有一點。他很有禮貌地提問，打趣地噘嘴，問道：他可以讓她高潮一次嗎？

瑪格覺得她有三個選項。即使這跟他們原先講好的不同，她可以讓亨利得寸進尺，但這樣會破壞這一晚的特別氣氛；或者，她可以很老派地大發雷霆，痛罵他試著把他們共度的夜晚變得完全不以她的愉悅為中心，只是先取悅她、再期待她滿足他的期待，好像她的愉悅是一種交易——她可以按照自己的意願獲得愉悅，但她必須付出代價。這個選項非常誘人，但是，她選擇了第三個選項。

她對著天花板失望地嘆氣，然後說：「可以，當然可以。你以前經常這樣，我也很享受。但這樣一來，今晚就會從『我們規劃好的特別夜晚』——我得到了罕見的愉悅體驗，沒有義務替伴侶做任何事——變成非常平凡、典型、甚至可說是正常的體驗——我有感受到愉悅，很棒，但接著我就對此感到虧欠，因此同意讓你做想做的事，因為很顯然，我不可能無條件地體驗到我想要的愉悅。所以你決定你希望這一晚會怎麼樣吧。這一晚會讓我學到『我是可能獲得無條件愉悅的，而且這甚至是我應得的』？還是說，這又是跟以前一樣的夜晚，即使我們事先講好了，我仍覺得你的期待是我的責任？」

這個夜晚失去了原有的火花，所以瑪格心想，既然她無法獲得無條件愉悅的火花，那她乾脆跟亨利講清楚自己的想法，否則她就必須重新定義他們的關係。

亨利說：「我只是想要更親近你！重新協商一直是我們聯繫的一部分。我又不是做了你不希望我做的事，我只是問你，你可以說不要啊。」

瑪格說：「告訴我，為什麼你想親近我的慾望，會比我想要無條件愉悅的慾望更重要？我們之所以事先協商，就是要讓我們不必冒險提問並被拒絕，或是被問了之後又要拒絕對方。」

最後她說：「我很不想這樣講，但如果是你爸，你覺得他會站在哪一邊？」

「啊，靠北。」亨利說道。

「根據你所說的，你爸應該不在乎伴侶的愉悅，對吧？但他肯定覺得他有權為所欲為，而不顧伴侶想要什麼。你希望我愉悅，不代表這樣就比較不為所欲為。」

亨利用雙手抹臉。「沒錯。」

並非任何人都適用這種對話方式，但瑪格知道亨利真的很討厭變成跟他爸一樣的男人：為所欲為、憤恨不平、控制狂、還會刻意對人刻薄。「你爸會怎麼做？」是一種認清現實的方式，讓亨利的性別幻覺浮上表面，就像用熱敷布把囊腫逼到表面，這樣它就會自己消掉。

從此以後，他再也不會藉由哀求或噘嘴來要求任何事情，除非雙方講好要角色扮演。而且下一個他們共度的夜晚，瑪格確實一整晚都在取悅他。年輕時，亨利在這種體驗期間應該會射精好幾次；不過他現在變成全身高潮好幾次、但沒有射精，所以他一直維持勃起（不過只「舉」了一半，這個年紀的勃起通常都這樣）、全身顫抖。這只是另一個拒絕性別幻覺所帶來的好處：在高齡的脈絡下做愛，沒有任何關於勃起、射精、支配、使伴侶高潮，或是保持完全掌控、卻要讓伴侶失控等煩惱，也沒有其他瞎掰的床上功夫標準，會讓「勝利者」無法顧及自己的愉悅和與伴侶的聯繫。

看穿性別幻覺是一項終身計畫，但回報很大，因此亨利繼續努力。而且這不只讓性愛更棒——儘管性愛肯定更棒了——他還能夠抱著冒險、玩樂、驚喜與愛的精神，持續探索並加深他的情慾體驗。

防幻覺，包你性愛幸福數十年

無論你或伴侶的性別、性傾向、世代，你都是在關於男孩和女孩的雜草中長大的，而這些雜草會塑造你的情慾花園——你在床上的表現，以及你對伴侶床上表現的期待。

但是拒絕性別幻覺，對於老化的人體來說尤其重要。生殖器的行為會變，而且因為「性別手冊」本來就是年齡歧視和殘障歧視，所以老年人無法再仰賴身體做身體「應該做」的事。假如我們堅信生殖器的行為可以衡量我們的身分和價值，那麼這些可預測且平凡的年齡相關變化，就可能重創一個人的自我價值或戀情——全因為陰莖無法立刻勃起、性奮速度更慢，或交媾難度變高。

所以性治療師會主動建議對方拒絕僵化的性別角色。比方說，在《六十歲之後的夫妻性能力：親密、令人愉悅與滿足》（*Couple Sexuality after 60: Intimate, Pleasurable, and Satisfying*）一書中，作者巴瑞・麥卡錫（Barry McCarthy）和艾蜜莉・麥卡錫（Emily McCarthy）強調了「男女性能力平等」的力量（他們七十幾歲，而且結婚五十幾年了），讓伴侶擺脫交媾教條之類的性別指令，進而創造空間給有變化、有彈性的性聯繫，以感官享受和趣味為中心。他們寫道，夫妻體驗到擺脫性別角色的自由，最大的缺點是：「他們會後悔、恨自己沒有早點採納這種平等模範。」[12]

LGBTQIA2+情侶如果早點擺脫僵化的性別角色，到了老年也可受益。在《石牆世代》（*The Stonewall Generation*）中，珍・弗雷許曼（Jane Fleishman）強調了性能力的兩個層面，我認為我們都可以學習：

第一，嬰兒潮世代的LGBTQIA2+人士的性滿足，其中一個最重要的相關因素就是低度的內化恐同症——那個不斷在你腦海中重複，告訴你「你是不對的」的文化聲音。恐同症是西方性別二元幻覺的核心特徵之一，而這些老年人在成長過程中，比後面的世代更不敢出櫃，因為法律不准他們愛想愛的人，而且他們的身分被當成一種醫學診斷。如果他們能夠擺脫上述訊息，並接受他們現在的性能力，那真的很了不起。難怪這與更高的性滿意度息息相關。

第二，LGBTQIA2+老年人心中的性滿意度較高。他們不會像異性戀老年人一樣受到身體理想的汙染，或許是因為他們從來不曾符合過理想。「我穿裙子從來沒有好看過。」一位年紀大的T告訴珍。老化並沒有奪走她體內的舒適，因為她已經非常接受自己。

簡言之，LGBTQIA2+老人只要拒絕性別幻覺，就能享有更棒的性愛。異性戀老人也是如此。

你也可以。

作家兼性治療師露西．菲爾丁（Lucie Fielding）利用既迷人又溫和的隱喻，解釋我們該怎麼接受人類經驗的異常多樣性：

想像你走進一間冰淇淋店，面前的櫃子有十幾種口味的冰淇淋。但你抬頭看著菜單，菜單只寫了：「巧克力或香草。」

所以你選了巧克力或香草冰淇淋，然後走出店外……人行道有一堆人吃著「石板街」、「薄荷巧克力脆片」、「花生醬漩渦」或「草莓奶油蛋糕」口味的冰淇淋。

如果你假設自己必須點菜單上的口味，而不是直接點櫃子裡的許多口味，或許你會氣那些不先問是否什麼口味都可以點、不等店員許可、不遵守不成文規定的人。

但假如我們都假設自己能擁有自己想要的東西，而不必用別人的規則來限制自己的可能性，那會如何？

在我看來，談到「替你的戀情防幻覺」的性愛建議書籍這麼少，實在很奇怪。每個我讀過或聊過的合格專家，都同意一件事：**若想一輩子自始至終都體驗到性滿足，最重要的一步，就是打破你出生時分派給你的「你是女孩！」或「你是男孩！」規則**。努力遵守這些規則，多半只會阻礙你獲得性愉悅；但擺脫這些規則，你就能擴大愉悅的管道。

假如你能自由選擇適合你的事物，而且仍然完全歸屬於你的群體，那會如何？我希望我們永遠不要限制自己對於性能力的可能性，永遠不要強迫自己順從別人對我們性能力和身體的意見，永遠要問自己和伴侶：「你的真相是什麼？我的真相是什麼？我們的真相是什麼？」

第十章懶人包

- 有個很容易證明的事實，就是性別不是二元的——跨性別、非二元、無性別與性別流動人士的存在，就已經是證據了，但他們也能協助消除性別幻覺，進而使人認清：其他許多文化並沒有把性別建構成二元。文化可以有零個、五個或更多性別，而且它們跟兩個性別的文化一樣真實。
- 關於性別的訊息無所不在，而且感覺非常急迫，但在現實中，我們越做真實的自己（不管別人教我們應該要怎樣），我們就越能自由地建構出一種歸屬感，包括我們真實的自己。
- 「你是女孩！」手冊規定你該怎麼活在體內，它說你應該當個付出者，快樂且微笑的犧牲你的時間、注意力、愛意（有時還要犧牲你的身體、健康甚至生活），換取別人的舒適與便利；「你是男孩！」手冊規定你該怎麼活在體內，它說你應該當個勝利者，戰鬥、勝利、做愛、而且永遠不求任何人。
- 當我們主動消除幻覺，就能找到自己真正的需求——也就是說，即使我們做完整且真實、天生的自己，依然可以安全地待在一個人類群體中，並受到喜愛。

一些好問題

- 別人教了我哪些規則（別人願意接受我的哪些情緒、無法接受我的哪些情緒）？當我感受到似乎無法被接受的情緒，我該怎麼辦？當伴侶感受到似乎無法被接受的情緒，我又該怎麼辦？
- 我什麼時候會努力確保我的內在經驗或需求，不會造成伴侶的不便或困擾？用平靜而溫暖的好奇心挺身面對伴侶的困境，感覺如何？
- 世人說我應該成為什麼人？我天生是什麼人？我和伴侶可以用什麼方式合作，為「天生的真實自己」創造空間，並消除性別幻覺，進而揭露我們的原本面貌？

第十一章

關於異性戀關係……

在二十一世紀，統計數字上的現實是，讀到這裡的人大多數是順性別，不是正處於異性戀關係、就是希望處於異性戀關係，而這些人在交往時會額外面對一些異性戀特有的問題。處於LGBTQIA2+關係的讀者，也可以能會很享受這一章、甚至覺得它很實用，不過本書這部分假設讀者是順性別，並且處於異性戀關係（但他們的性別認同不一定是異性戀）。至於其他人，我們就第十二章再見吧！異性戀和異性戀特權（straight-privileged）[i]人士，請跟我一起這樣做！

我們必須先承認，每個人跟性別幻覺手冊的關係都不一樣。我老公的手足全是女生、外加一個強勢的母親，再加上他帶有神經多樣性，所以跟男同學處不來，因此他已經有一部分「防幻覺」的功力。至於其他男人……這聽起來很誇張，但是是真實事件：有個男人幫老婆掛號檢查腫瘤，聽完輻射或化療的副作用之後，居然說：「但她還是能煮飯，對吧？」

女人遠離幻覺的距離也不盡相同。我從未強烈覺得自己的角色是付出者，有一部分是因為我的神經多樣性，也有一部分是我的原生家庭非常仇女，所以我從小學會不要表現得女性化，才能避免我爸的輕視。其他女性……嗯，舉個例子，我姊妹主辦了一個《情緒耗竭》工作坊，參加者是一群女性高階主管，其中一人竟問，該怎麼停止在半夜查看電郵信箱。

艾蜜莉亞說：「如果我說有些人都是到早上九點才回信，你會很驚訝嗎？」

這位高成就、傑出、又是女性主義者的高階主管說：「我從沒這樣想過。」

我們都在不同的位置，但我們可以更靠近地觀察性別幻覺，並思考它會怎麼干涉我們的情慾生活，這樣對我們有益。

當你一直在吵同樣的架，或許就是幻覺的錯

假如你或伴侶卡在不滿、挫折、正常的婚姻仇恨，或任何有害於愉悅的空間中，這一段是寫給你的。同理，假如你對於性愛（或其他事情）一再出現同樣的爭執，這段就很重要。假如你試過本書中許多方法，但還是感到卡住、苦苦掙扎、既不快樂又滿腹牢騷，這一段在談的是能夠讓你脫困的心態轉變。

為了解釋清楚，我想談談男人和女人對彼此的抱怨，以及其核心的不對稱之處。為了說明，以下是一張不詳盡的清單，列出一些夫妻對彼此最常見的抱怨[i]。

女人抱怨男人：

- 不懂基本技能，例如做一道超簡單的料理。
- 沒有女人嘮叨，就不會自己替自己收拾殘局——「我也不想唸他，但如果不嘮叨，他什麼都不會做。」

---

i 作者按：異性戀特權人士指「表面上很像異性戀」的戀情，無論伴侶雙方的性別認同為何。如果你的戀情在世人眼中夠像異性戀，就會受益於異性戀特權，例如帶伴侶去參加同事聚會而不受到性別歧視；或是去醫院探望伴侶時，無論你在不在場，醫療提供者都不會提出帶有偏見的問題。因為你們「看起來像異性戀」，所以受到良好對待，感覺可能會有點噁心，而你的「酷兒之心」會因而怒火中燒。不過，你的順性別異性戀關係，或許受到了性別幻覺習慣的影響。

- 只想做愛，不想親密。
- 只會出門做自己要做的事，而沒有陪伴家人。
- 對於生活中的女性，或女性讓他們生活更美好的方式，都沒有心存感激。

男人抱怨女人：

- 總是在抱怨和批評；男人沒有一件事做對——不養育子女、不洗碗、甚至沒有基本對話。「如果我做什麼都會被批評，我何必嘗試呢？」
- 對性愛沒興趣，或對性愛太有興趣。
- 試圖掌控一切，如果沒有得到她們想要的，她們反應會很大。
- 把小孩看得比配偶重要；她們沒有生活，家庭和職場以外，不做任何有趣的事情。
- 對於生活中的男性，或男性讓她們生活更美好的方式，都沒有心存感激。

你有看出不對稱的地方嗎？

女人抱怨男人遵守勝利者規則，而男人抱怨女人不遵守付出者規則。

為什麼不對稱？很簡單。因為規則本身就不對稱，比較偏袒勝利者。付出者想要擺脫數百年、數千年的道德義務——所有人的舒適與便利都優先於自己；與此同時，勝利者覺得，若自己和作為付出者的伴侶都沒有遵守規則，那他就會失去一切。

但這些抱怨有一個遠比不對稱更大的共同特性：每個人都覺得不被感激。每個人都覺得沒被愛。這些抱怨的底層都是一種持續渴望的痛苦。「你不夠愛我。多愛我一點。拜託你愛我。」

核心問題在於，規則（遵守規則、打破規則、規則本身的存在）正在阻礙人們表達和接受愛。

女人對男人說：別再遵守這些糟糕的規則，這樣你就能愛我！

男人對女人說：遵守規則，這樣你就能愛我！

這是有解方的！有讀過《情緒耗竭》的讀者應該很熟悉：記得誰才是真正的敵人。

在《飢餓遊戲》（*Hunger Games*）系列中，凱妮絲・艾佛丁（Katniss Everdeen）準備要參加一場「遊戲」，只有一人能活著出來，所以她必須為自己的性命而戰，這表示她可能要殺掉別人。整個遊戲會像電視實境秀一樣轉播。

她的導師建議她：「記得誰才是真正的敵人。」

她的敵人並不是跟她一起困在這個死亡遊戲的人，真正的敵人是遊戲本身，以及將他們困在這裡的制度。只要你拒絕按照規則來玩，就能夠獲勝。

凱妮絲在遊戲中被別的玩家追殺，不知道該信任誰，她把弓箭對準一個男生，他可能無害、也可能想殺她。

結果他說：「記得誰才是真正的敵人。」

明白他不是要傷害自己之後，凱妮絲把弓箭指向天空——指向圍住遊戲場地的圓頂。她把弓箭射向真正的敵人——遊戲本身。

當你困在有害於愉悅的空間，滿腹牢騷，很難信任或欣賞你的伴侶，或假如他們對你有這種感覺，請記得，**你的伴侶不是敵人**。你的抱怨終究跟他們無關，你的抱怨是針對這個制度——它把你們一起困在這場沒人能勝利的假遊戲。**真正阻擋你獲得完全、令人欣喜的愛的，往往不是個人缺陷，而是性別幻覺所設下的規則**。

在爭執當中，真正的敵人是性別幻覺，不是伴侶。這種幻象讓女性似乎無法達到被設定的性別期待，或讓男性似乎只能落入女性從小被教導該對男性抱持的低標準，這類衝突看起來像是：

- 一些小事情，像是伴侶淋浴之後沒有擦乾牆壁，或「我才剛洗完所有碗盤，他又把一個馬克杯放在水槽」，覺得對方做這些事是在針對自己，或是心想：「這代表你不愛我！」
- 分歧變成權力鬥爭——誰對、誰錯、誰為所欲為、誰必須投降。
- 你在爭執中獲勝的策略是一直斥責伴侶，直到他投降，或是一直阻礙他，直到他閉嘴。
- 吵架包括了「你根本跟你爸一樣！」或「你比你媽還糟！」等句子。
- 你們的衝突就跟情境喜劇一樣。
- 一個搜尋一下就找到答案的問題，但你們只顧吵架而沒有去查。
- 你無法對平凡的生活問題抱持幽默感，結果引發了這麼大的情緒。
- 最重要的是，你們一直吵同樣的架，而沒有任何進展。

如果沒有性別幻覺，這些類型的分歧、爭執和爭吵都不會存在。它把你困在一場惡意且無止境的遊戲中，所以它才是真正的敵人，不是你的伴侶。你之所以沒察覺，是因為性別幻覺深切影響了我們如何看待自己、伴侶和戀情，導致你很難想像如果沒有性別幻覺會怎麼樣。

請將你的憤怒、怨恨、挫折和仇恨，從對著你的伴侶，改成對著你們的共同敵人：有害謊言的集合，它阻礙了你看見對方真實面貌、因而愛上他們的能力。

這場性別幻覺的「遊戲」，又是一種「第三件事」。但這次你們不是帶著共同的迷戀或喜悅面對它，而是把它當成共同敵人。你的伴侶是你對抗幻覺（你們「應該」是什麼人）的盟友。你們可以一起面對，盼望將其從你們的關係中根除。它就是花園裡的雜草，扼殺所有你期望成長的東西。

你們吵架時，假如遵守了性別幻覺的規則——她希望他放棄當勝利者；他希望她成為更完美的付出者——請務必察覺，並將你們的怒火從對著彼此，改成對著幻覺。以務實、深思熟慮、有同情心的方式來解決問題，對抗性別幻覺的規則。

隨便舉個例子：有一位男士聽了我和艾蜜莉亞以《情緒耗竭》為基礎製作的 Podcast 後，寄信給我們。我們在 Podcast 上說道：「用體貼與憐憫來面對棘手的感受。」由於講了太多次，結果我們最後開始說：「體貼跟他媽的憐憫！」因為到頭來，我們真的只是在設法對彼此好、對自己好。可是，唉，這有時候很難。這位男士告訴我們，他和太太在爭執時，已經開始使用這句話。當他們其中一人察覺他們落入舊模式時（如不斷重複自己講的話，卻不聽對方說），他們就會暫停，然後其中一人會對另一人嘆道：「體貼跟他媽的憐憫！」接著他們會繼續吵，但對自己跟彼此都會溫柔一點，因為他們正在擺脫性別幻覺。

當然，說比做更容易，更何況連說都很難了。但這個真實且深入的解方，能夠克服你和穩固長期性聯繫之間的障礙。這是你和你渴望的愛之間最大、最可怕的敵人。

你需要時間、刻意努力和許多不完美的嘗試，才能找到實踐這件事的方法。

好事會來。

給男人

嗨，男人們。我有壞消息，也有好消息。

壞消息是，我在寫這本書的過程中，有一部分蒐集了「人們怎麼改善他們的關係」的故事。正如你在前面讀到的，同樣性別或其中一人屬於非二元性別的情侶，對於他們的關係會有許多自我反思，並會開放性地思考他們對於性別的文化理解，即使他們的關係中也有一些跟異性戀情侶相同的未檢驗假設。

但當我跟異性戀人士談話時，就是另一回事了——而且我坦白說：他們的「另一回事」，永遠都是同一回事。

我問一對異性戀情侶：「告訴我，你們用了哪些方法來改善你們的性關係？」

女生回道：「嗯，這是一段過程，而且我發飆了幾次，但他逐漸學會不要假設他有權獲得……

性愛／照顧／服務／便利。」

例如：「當我明白我的反應式慾望沒有比他的自發式慾望更糟時，我終於站穩立場說道：『不想跟你做愛，不代表我有毛病！或許你才必須改善自己、幫我創造一個令我真的想做愛的脈絡。或許你不該說我必須更努力想做愛，是你必須更努力讓我更想做愛。』」

又或是：「我們兩人仍從事全職工作時，我開始念研究所，他真的很支持我，願意陪伴在我和我們的家庭身邊，對此我很感謝，於是我告訴他我有多麼感激，我告訴他：『這感覺就像我有一個老婆！』結果他生氣了。他覺得被嚴重冒犯了！於是我指出：『我的身分也是老婆，為什麼我稱呼你為老婆，你會覺得被冒犯？』」

根據我的所見所聞，當女人站穩立場、指示她的伴侶別再當勝利者時，長期異性戀性關係就會改善，而且屢試不爽。

於是我開始尋找比較另類的故事。我找到最另類的回答是：「我和伴侶乾脆把關係改成開放式，他的另一位女伴侶非常成功地促使他理解何謂情緒勞動、何謂女性。」

簡言之，要動用一大群女人才能讓一個男人防幻覺。

假如你是例外，我實在很高興。我老公就是例外，所以我知道你這種男生是存在的！我想為所有「自己想通『當個勝利者』是個騙局和陷阱」的男人辦場派對。我想恭喜你們所有人，你們都已經擁有一項其他男人仍在發展的特質：當伴侶有需求，而你的能力似乎無法滿足該需求時，你不必覺得她很「難搞」或你很沒用，而是要盡力去滿足，無論是學習新技能、請別人幫忙，或以不完美的狀態滿足該要求。

儘管如此，我還是寫了這一小節，因為我跟數十對情侶、多位治療師與其他助人專家聊過後，很清楚地意識到一件事實：「你是男孩！」手冊不僅允許異性戀男性，在等到受不了伴侶抱怨後再考慮改變，甚至還會懲罰那些努力擺脫勝利者騙局的男人。

例如：「你搞啥，你是娘炮嗎？」

例如：「兄弟，我不曉得你有什麼毛病。只要那女的還有呼吸，我隨時可以上她。」

例如：「你要讓她這樣控制你？」

這實在爛透了。

你已經困在一個狀況中——你的伴侶要求你改變，但假如你改變，世人就會批判你、懲罰你。治療師瑞亞爾在其著作《我該怎麼走進你心裡？》（*How Can I Get Through to You?*）中就提到這件事：

> 儘管我們的意識有所提升，也懷抱著善意，但現在的男孩跟以前一樣，都被一整套無法逃離、高度受限的角色滲透。這些試圖走出框框的男孩，將自己置於險境，因為即使到現在，對於違背我們所認為的「男子氣概」的年輕男性，文化的容忍度是很有限的，而我們的無法容忍，以非常醜陋的形式表現出來。
>
> 最大的困境在於，那些不抵抗、選擇服從和被迫服從的男孩也無法逃離。雖然他們可能避開了

來自外界的攻擊，但接受男性應堅忍、獨立的傳統觀念，就有可能傷到他們自身最深、最鮮活的層面。反抗的後果是心理與身體遭到殘忍對待；服從的結果是情緒的截斷、麻木與隔離。

這意味著這種防幻覺計畫，對你而言可能比對伴侶而言更困難，因為從來沒人准許你學習這些技能，而你生活中的其他男人，可能無法幫你發展這些技能。假如你敢提出要求，他們反而會覺得自己有義務嘲笑你。

這表示你必須請伴侶協助你創造改變。

不過，這似乎是個壞主意，當對方老是在生你的氣的時候尤其如此。但假如你的伴侶已經在抱怨你沒有擔當，或你沒有尊重她自身的權利與需求，或者你假設她的存在就是為了滿足你的個人需求，正如媽媽的存在是為了滿足小孩一樣……你應該先假設，她正在明確且一字不差地描述事態。但你不懂她為什麼抱怨；你乖乖照著世人的教導去做，而且你一直都是這樣做。你當勝利者當得很好，她卻因此對你大吼。她是有什麼毛病啊？

這是最難的部分，所以請讀這句話兩次：「當個好的勝利者」跟「當個好伴侶」是不相容的。

但請思考一下：她抱怨是因為她希望你能當個好伴侶，而且她覺得你值得她努力。假如她在抱怨，代表她在設法跟你相處。你至少可以認真思考「她的抱怨有其根據」的可能性。

難道她就沒有錯？當然不是！但你的溝通方式必須更像一名好伴侶，少一點勝利者的樣子，才可能有效溝通你自己的抱怨。

所以你該怎麼成為好伴侶？做勝利者不該做的事──傾聽，問她需要什麼，然後照做。

再迅速提醒一下：如果你覺得不做愛等於有壞事發生，那代表性愛占走了其他事物的位子──愛、認同感、成就感，以及其他你想做愛時真正想要的事物。其實有數不盡的方法可以滿足這些其他需求。

但這也讓我想談談好消息：假如你想讓戀情迅速朝著「強化長期情慾聯繫」邁進，也做得到！我的確聽過一堆異性戀女性，談到交往對象帶來的好影響──這些男人不必責罵、不必訓練、不必爭吵，因為他們本來就不是為所欲為的勝利者。一位女性告訴我：

> 幸好我最後一任伴侶沒有一大堆性別偏見（他希望我支配他，他希望為我付出，他享受所有形式的性愛，而且不認為只有陰莖插陰道才算性愛）。這樣等於替我的性能力「防父權」，而我甚至沒意識到這是必要的……我透過他發現，男人很討喜，而且都很有同理心。這也是因為他完全願意向我展現他的溫柔。他不吝於表達關心。當他替我穿襪子，我就愛上他了！

你有潛力成為伴侶的最佳愛人，進而享有你人生中最棒的性愛。請詢問伴侶的經驗和想法，看看你該怎麼改變自己、支持她，或嘗試截然不同的東西。

我想承認，你可能會覺得這樣並不令你滿意。你應該明白，當你問「為什麼這件事這麼複雜？她到底想要什麼？」時，你真正想知道的是：「我必須給她什麼，她才會給我我想要的東西？」

這個問題並非小事，所以我不會隨便回答。我可以提供的是：第一，我所聽過最棒的戀情建議；第二，我老公對這個問題的答案。

第一，當我第一次跟別人認真交往時，我奶奶很喜歡那任男朋友。當年我二十歲，而我家過去每一代的女生，在這個年紀都已經結婚、甚至多半都懷孕了。所以她給了我以下建議，因為她覺得我快可以用得到：「如果夫妻雙方各自付出一半，那你們的夫妻感情也只有一半。所以，雙方都必須付出一切。」

所以想知道「我該付出什麼，才能得到我想要的？」的人，我給你們的答案是：毫不保留地付出你自己。

你可以去了解伴侶想要什麼，這樣她就比較願意滿足你的需求。但千萬別忘了真相：第一優先事項是了解伴侶想要什麼，無論這樣是否能幫助她滿足你的需求。假如你支持她自由做自己，她也一定會更支持你自由做自己。

這裡要提一下我老公。他說：「維持穩固性聯繫的必備條件中，有八〇%跟性愛無關。不要為了性愛而吵架，不要把焦點放在它身上，而是把焦點放在整段關係。當你們在一起的時候，要真的跟彼此共處。而且，你要意識到自己被男子氣概騙了。接受事實，並問自己跟男子氣概有關的問題。或許你會對它感到生氣，那就去劈柴或做點什麼來消氣吧。為自己創造一些改變，藉此放下謊言，再去跟你伴侶談這件事。

「跟性愛有關的那二〇%就比較簡單。要享受她的愉悅，就像享受自己的愉悅一樣。察覺並討論你與你喜歡的性愛之間的障礙，無論障礙物大小。跟伴侶合作擺脫這些障礙。跟一位性教育者結婚之後，最大的差異是我們可以輕鬆討論這些事情，而不帶評斷和責備。就像是我們總是在規劃假期，而我們規劃越多，就可以獲得越多假期。」

最後一個訣竅：學無止盡。如果你在一段關係中大幅成長，這不代表你現在就是一位女性主義超級英雄，都不會犯錯。「你是男孩！」手冊既鬼祟又匿藏於各處。未來你會有更多成長的機會，也能將新見解納入戒掉勝利者習慣的方式中。起初你的本能或許會反抗，心想：「我成長、改變得還不夠多嗎？我的伴侶、甚至世人有權要求我這麼多嗎？」這種感受完全合理，因為這就是勝利者的權力。請察覺這個習慣，並對自己說：「可惡！又是一堆勝利者狗屁！」然後看你要孕育還是除掉它。

他們說你很性感，是真心這麼覺得

幾年前，我出席了一場孕產婦健康研討會中的「老爸講座」，我在那裡聽到的內容，很像我這十年來與男性的多段對話。這些老爸來自各種不同的背景，但他們都說：「太太懷孕期間或自她懷孕以來，她對我的吸引力從來沒減少過。她懷孕前很性感、懷孕時很性感、生完後很性感。我太太很性感。」

那有沒有男人在伴侶身體變化之後，就覺得她沒有吸引力了？有，我也跟這些男人聊過。我發現他們最常把太太的傳統美貌，視為自己的地位指標，好像娶了一位別人都想跟她做愛的太太，就表示自己很大尾。有些男人是王八蛋，這點我們都知道。

但大多數男人不只愛他們的太太，也會因為太太身體變胖和變瘦而「性」奮。當他們說太太很性感時，我們可以相信他們。

給女人

「消除夫妻關係中的性別幻覺」，其核心有一個矛盾的地方，那就是你必須幫助你的老公。所以這一段雖然是寫給你的，但大部分……都是在談他。唉。

一方面，你會很希望伴侶多幫忙你，維持一個功能正常的家庭。希望伴侶更有情感、更能溝通、更體貼，或是希望他在情慾方面能更考量到你的能量，這些都很正常。而且，假如你一輩子都聽別人說「你的工作是照顧所有人的感受」，以下提案肯定很吸引人：只要讓你們的關係不那麼二元，你就不必再照顧所有人的感受了！真是甜美的解脫！

但另一方面，你老公在替他的花園除草時，一定會有情緒。對於許多男人來說，拒絕僵化的性別角色，就會引發一陣既折磨又混亂的暴怒，氣這個世界設立一個有害的標準，他只要沒達成就會受罰；再加上他因為忙著當個勝利者，結果錯過了聯繫、愛、喜悅的時刻，這會令他很悲痛。而且除了暴怒和悲痛之外，他還會因為存在危機而感到絕望，因為他不知道如果不做勝利者，他該怎麼做人。

所以他會有一些強大又複雜的情緒，需要你的幫助，因為他很難逃離男子氣概的陷阱，本質上意味著他還沒學到處理這些情緒的技巧，無論是獨處，或是跟你或其他人聯繫。

他的心裡話可能是：「別人只教我男子氣概就該像這樣，如果我不這樣做，你怎麼可能還會愛我？我到底是誰？」

或者：「我花了這麼多年，試著當一種男人，而現在我才發現我錯過了好多東西——好多愛、好多聯繫、好多做自己的可能性。而我永遠都不能倒轉時光，無法回去獲得那些經驗。」

或者：「我對於我聽到的謊言、浪費的心力都感到憤怒，也很氣自己要為了做自己額外下工夫，而且我也不曉得該怎麼處理這種怒氣。」

當他帶著複雜又脆弱的心情來找你、希望你能幫忙，這一刻既勇敢又美麗，但你可能會體驗到兩個不安的地方。

第一，你會想回去當個付出者，把他的難過感受當成你必須照顧的東西；或第二，你會怨恨自己又被塞了一件事情（似乎是你的責任），明明這整個計畫的目標，重點在於讓你獲得更多幫助、支持、聯繫、體貼和憐憫，但現在你又要為別人的鳥事負責了！第一部分的你想要扛下所有勞動，承擔他的難過情緒；但第二部分的你，想要拒絕男方的難過感受，想要把他跟他的心情推回那個名為「男子氣概」的框框裡，要他在那裡處理自己的鳥事，因為你不需要多一個他媽的計畫。你要做的事情已經夠多了，他應該要幫忙，而不是增加你的工作。這部分的你，還沒有準備好卸下他的勝利者鎧甲、一探究竟。

貝爾．胡克斯（Bell Hooks）在《改變的意志》（*The Will to Change*）中寫到這件事，她說：「**男子氣概的虛偽表現是『真男人不會痛』。現實是男人很痛，而整個文化的回應卻是：『請別告訴我們你有什麼感覺。』**」胡克斯鼓勵女人接受男人天生的情緒脆弱性。但是，我們不能讓男人的情緒，變成另一個女人必須放在待辦清單中的計畫。

在這兩個互相衝突的部分之間，還有一部分的你是明智的，意識到你幾十年來都在當個好女孩、照顧別人；這部分的你知道，你試著成為、做到所有人期望的所有事物，已經累壞了，同時也意識到你的老公也是人，可能也累壞了，而且他冒險找你傾吐自己的難過感受，代表他大概已經嚇得半死了。

他可能會不自覺地回到過去的模式，期待從你那裡獲得他一直以來習慣接受的「被照顧」能量——這種能量既給了他藉口，也阻礙他去面對並真正承受那些讓人不適的情緒，直到他的身體度過整段過程。但在這段為你的夫妻關係「防幻覺」的神奇時刻，他將體驗到成人在人際關係中的施與受：完全尊重每個人感受自己心情的能力，但你不必替他感受。在他體驗複雜感受時，你將會陪伴他，但不必試著替他感受心情。

你唯一該做的就是在場、傾聽。

我喜歡用以下隱喻來思考這件事：假設伴侶試著把一件家具搬上樓，他說：「我需要幫忙。」但你同時有另一件家具需要搬上樓。這時，最簡單且誘人的回答是：「我幫不了你，我有自己的事要忙。」

但事實是，你們是伴侶關係，必須把兩件家具都搬上樓。你覺得比起兩個人一起搬一件、分兩次搬，兩人各搬一件比較有效率，但沒想到你錯了。家具太重了，你必須重新思考這份計畫。

他的複雜感受既真實又沉重，而他真的需要有人幫忙處理。這是誰的工作？他一個人的？不可能，那是勝利者會做的事，也就是「你是男孩！」手冊要他做的；用一道羞恥之牆，將男人和他的複雜感受隔絕在後面。

不過，難道這是你一個人的工作嗎？也不是，那是付出者會做的事，也就是「你是女孩！」手冊要你做的；在現實生活中，你不必搬運所有人的重物。

就像你的複雜感受，他的複雜感受是一種共同責任。就像那件很重的家具，這些累贅的感受是你們共享的第三件事。他的感受不是他，你的感受不是你；這些感受存在於兩人之間的空間，把你們拉向彼此、或把你們各自推開。你們要一起凝視這些情緒，這是你們的共同計畫。讓它成為共同探索與好奇的場所。

這跟「好，我會去幫你」不一樣。回到家具的比喻，他自己搬得動他的沙發，但他之前從來沒自己搬過東西。在這種情況下，你的工作就是站在樓梯底部，看著他努力搬。你可以鼓勵他、充當安全網；你可以陪伴他，讓他找得到人、有所回應、而且參與其中，卻不必為他的感受負責。

假如任一位伴侶說「我需要幫忙」時，即使你自己有事情要忙，正確的答案應是：「我們來看看我們必須做什麼，才能滿足所有人的需求。」

當男人帶著複雜的感受來找他的伴侶，在這個纖細、美麗、勇敢的時刻，你們兩人都站在花園邊緣，而他正在展示令人窒息的「二元性雜草」造成的傷害。

當這種事發生，你已經知道怎麼做了。

哈囉，傷害。我看見你。我愛你。我想了解你。

麥克與肯德拉

麥克與肯德拉漸漸不去找性愛教練了。因為即使麥克是想要更多性愛的一方，肯德拉卻是那個必須不斷提醒他、確保教練出的作業真的有做完的人。她決定，如果這件事對他來說沒有重要到可以由他主動執行，那也不值得她浪費力氣嘮叨。

而現在，他們一起來參加由我主辦、為期一個週末的性教育工作坊。他們終於跨出了這一步。

在星期六的休息時間，他們告訴我，他們的問題是麥克跟許多人一樣，想要「感到被想要」。麥克說，感到被想要，能幫助他感到被接受與被愛。看到他已經願意展現自己的脆弱，我覺得很棒，所以我立刻覺得他們是有希望的。

我問肯德拉：「你想要他嗎？」

當我問這種問題時，有些人會猶豫、不敢眼神交會，那我就知道問題滿深的。但這次，沒有什麼棘手的情感，需要以平靜、溫暖的好奇心去面對。肯德拉直視麥克說道：「嗯！你知道我想要你。我只是不想要感到壓力、崩潰或失敗。」

更有希望了！

此時，他們看似困在很典型的「你追我跑」動態之中：高慾望伴侶要求越多，低慾望伴侶就越感到壓力和不願意；低慾望伴侶越拒絕，高慾望伴侶就越感到挫折和被拒絕，於是積極地繼續要求，使得低慾望伴侶更不願意……依此類推。

我提出遇到這種情況時，我經常給出的建議：完全不考慮做愛。

「要多久？」麥克問道。

我說：「只有你們兩個知道答案，所以我會隨便提出一個時間，你們可以先討論一下對這個時間的感受。」我知道他們打從肯德拉懷第一胎就在處理這個問題，而小孩現在已經在上幼兒園了，於是我說：「你們試試三個月不做愛如何？」

聽到這個建議，麥克翻了個白眼，重重嘆了一口氣。

哎呀，逮到了。

我不是治療師，但就連我都看得出來他的輕蔑。

他們的問題不只是「他想要感到被想要」，也不是他有舊的情緒傷痛（而感到被想要可以撫平傷痛），而是他內心深處覺得，他不需要放棄任何事物（即使只是短時間放棄），就能獲得他想要的性愛。他正在遵守勝利者規則，但兩人都沒有察覺，因為他們兩人都認為，麥克某種程度上有權要求肯德拉的自發式慾望，而肯德拉身為付出者，沒有自發式慾望的話就算失敗。

性別幻覺居然藏在光天化日之下。

在重重嘆氣的那一刻，麥克和肯德拉的情緒聯繫就消失了。他們沒有挺身面對麥克的複雜感受，因為他們很勉強才察覺這件事。他們並沒有看見，原來雙方都期望肯德拉替麥克扛下「渴望被人渴望」的重擔。

但我看見了，因為我是旁觀者。所以我問麥克：「聽到要幾個月不做愛時，你的這個反應，你覺得肯德拉看到會有什麼感覺？」

「我不知道……」他說。他似乎沒察覺自己有這樣的反應，看起來很驚訝。

接著我問肯德拉：「你看到他這種反應，有什麼感受？」

她回答了一大串感受，而且沒有一個是正面的。

最嚴重的是，她告訴麥克：「我覺得自己是個必須被解決的問題，這樣你才會快樂。就算我沒有真的投入，也應該硬著頭皮跟你做愛，這樣你才不會有剝奪感。但就算我做了，你還是同樣的反應，你還是怒氣沖沖、不理我，讓我覺得我沒有一件事做對。不做愛不對，答應做愛也不對，那我乾脆不做好了。」

我問道：「你覺得自己沒有一件事做對、自己是必須被解決的問題，這種感受踩動了你的油門，還是拉緊了你的剎車？」

「剎車！剎車！」她說：「因為這甚至不是『他希望我跟他做愛』，而是『他希望我想要跟他做愛』，而當某人認為，我不想跟他做愛就是有毛病時，我怎麼可能想跟他做愛？」

這還真是我所能想像最明白的陳述，道盡了勝利者和付出者之間，性關係中的固有矛盾。但即使他們描述得這麼清楚，他們還是沒看見。

於是我終於指點他們：「我們來比較一下性別幻覺規則發生了什麼事。麥克，我知道假如我問你『你覺得自己有權要求肯德拉的自發式慾望嗎』，你會說沒有。但當我們觀察你的選擇，就能看見這個權利。例如你們都同意『肯德拉缺乏自發式慾望』是問題所在，但你們也可以同意『你對她的自發式慾望所產生的慾望』是問題所在，或甚至——我大膽推測——你們可以同意『你們都服從慾望教條和性別幻覺』是問題所在。而且在我們應當討論愉悅時，我們為何在討論慾望和頻率？因為你們正在遵守慾望教條和性別幻覺的規則。」

他們又試了一次。他們來回對話，直到肯德拉確定麥克了解他「心照不宣的權利」對她有什麼影響，而麥克確定他的權利並非他想要的感覺。在這部分的對話中，我了解到肯德拉很早就嘗試要以愉悅為優先，而麥克驚訝地意識到，他對肯德拉的慾望，其實是對她全心全意接納他「不確定是否可接受之自我」的渴望。

肯德拉解釋他們為什麼沒有繼續找性愛教練，而我轉向麥克：「假如我問你，你是否覺得你有權要求肯德拉，承擔性愛教練出的功課和進度，你會說你沒有，對吧？」

麥克聽懂我的意思了。

「這種權利是無形的。」他說：「我的大腦不過是把『我希望她想要做愛』換成『我希望她想要做功課』而已。該死！」隨著他消化更多事情，他哭了出來（讚！），放下他原有的反應，然後為新的反應創造空間。

最後我說：「我們再試一次。無論有沒有幫助，我的建議是幾個月不考慮做愛。對此你有什麼感覺？」

麥克的反應完全不同了。

他沒有表達因為權利而產生的輕蔑，而是看著自己的雙手，然後對肯德拉說道：「這感覺好奇怪……是不是適得其反啊？……我想要更多性愛，現在卻不能做愛。但我想做愛時，我真正想要的是讓你有足夠的空間、使你更容易想做愛。」

「不考慮做愛這件事，能幫上這個忙。」肯德拉說道。

「這樣會讓『喜歡』做愛這件事更容易。」我補充道（慾望教條是很難戒掉的）。

這個週末結束時，他們告訴我，他們早上已經享受了很棒的性愛。他們將這件事歸功於兩人之間新產生的脆弱性。但我傾向將其歸功於他們多年來邁向彼此的旅程，他們共創了一個脈絡，讓他們稍微更容易獲得愉悅。

他們必須保持警覺心，才能持續察覺性別幻覺，並將其從兩人共享的情慾花園中根除。但他們現在有共同的語言，更棒的是，還有共同的目標：愉悅，而且不必理會別人對愉悅的看法。

最大的謊言是……

兩本手冊的核心都存在著一個重大的謊言。這個謊言是：男人都太單純——他們是勝利者，易怒又好色；女人則複雜得莫名其妙，連女人都不了解自己了，還有誰能了解[2]？

這個謊言在佛洛伊德（Sigmund Freud）之前就存在了，但他是真正讓這個謊言出名的人。據傳，他曾說過：

有一個大哉問，從來沒人回答，而我儘管研究女性心靈三十年也沒辦法回答，那就是：「女人想要什麼？」[3]

當時佛洛伊德的心理分析運動正在歐洲興起，而佛洛伊德試圖弄懂女人想要什麼；與此同時，美國的婦女正在呼喊自己的需求。

「給我們麵包，還有玫瑰！」

在美國婦女爭取選舉權的運動中，麵包指家園、庇護和安全，而玫瑰指音樂、教育、自然、書籍。當時是一九一〇年[4]。

作為勞工權利運動的政治口號，麵包與玫瑰意指工資平等，但也指有尊嚴的工作條件。它意味著生活不僅僅是存在於世上，而是充滿了自尊，「更多休閒，以及更大的行動自由」。當時是一九一八年[5]。

在壓倒性的白人勞動與選舉權運動期間，根據教授兼作家賽迪亞．哈特曼（Saidiya Hartman）所述，同時代的黑人女性這樣子過生活：「她們公然造反。她們奮力創造自主與美麗的生活，逃離等著她們的新型態奴役，活得像個自由人。」[6]

自主與美麗的生活；麵包與玫瑰；歸屬感（安全待在人類群體中）及真實性（忠於自己）。我們需要的就只有這兩樣東西，這兩者在第十章不複雜，現在也不複雜。

佛洛伊德寫道：「女人反對改變，被動接受事物，而且沒有主見。」[7]當時是一九二五年。

佛洛伊德學派的學者寫道：「總而言之：佛洛伊德的無助問題——『女人想要什麼？』依然是開放性的，並點出了女性在性心理發展方面的複雜特性。」[8]當時是二〇〇六年。

我真想一頭撞在桌子上。

麥克和肯德拉以為，麥克對於性愛、對於被渴望的慾望，其原因很單純；而肯德拉對於「把她當成問題的人」沒有慾望，原因則很複雜。麥克的慾望是要肯德拉改變，這樣他就不必改變，因為勝利者永遠不是問題；改變一直都是付出者的工作。但現實是，肯德拉沒有慾望的原因很單純：她不想在一個讓她既崩潰又有義務的脈絡中做愛。誰想啊？

我們可以捨棄「女人很難懂、男人很單純」的觀念嗎？我們可以贊同以下觀念嗎？在異性戀關係中，當你卡住了，很有可能是因為你假設男人的動機和經驗非常單純，而有複雜問題的都是女人

（大概源自她的童年）。可是，每個人都有源自童年的複雜問題啊！我們全都被騙了。

真相是，雖然細節不一樣，而且人們的管道不平等，但我們都有同樣的基本需求。我們需要忠於自我的自由，以及歸屬的安全感。

歸屬感與真實性。麵包和玫瑰。美麗且自主的生活。

問題不是（而且從來就不是）：「我的伴侶想要什麼？」

而是（而且一直都是）：「我該怎麼幫助他們自由做自己？」

第十一章懶人包

- 異性戀關係多添了一層難度，因為在一段很像幻覺的關係中，會更難察覺性別幻覺。
- 男人：先假設伴侶的抱怨準確且完全有依據，然後以此為起點。接著練習用平靜而溫暖的好奇心，面對她的難過感受。
- 女人：他需要你的幫忙，世界真的在試著防止他學會怎麼當個好伴侶。別為他的難過感受負責，只要陪伴他就好，讓他學習怎麼忍受這種感受。
- 位於異性戀關係核心的祕密謊言是「男人很單純、女人很難懂」。現實是，我們想要的東西都一樣——在與人聯繫時受到歡迎，以及做自己。

一些好問題

給男人：

- 意識到世界拒絕教我如何面對伴侶，甚至面對我自己的複雜情感——而這原來是一項非常重要的技能，我有什麼感覺？
- 為了獲得我夢寐以求的性聯繫，我願意做什麼？我願意學習和成長多少？

給女人：

- 意識到世界拒絕教導伴侶，如何面對我的複雜感受，我會有什麼感覺？
- 假如我將關係中雙方的難過感受當成「第三件事」、一種共同責任，而不全是我或他的責任，那麼接下來會發生哪些超糟的事情？會發生哪些超好的事情？

給所有人：

- 假如我們在關係、複雜感受或任何情況中，雙方都感到自己完全被對方歡迎，那會是什麼模樣？我們的個人和關係會怎麼改變？
- 假如我們決定朝那個方向邁進，我們可能需要什麼協助？

第十二章

情慾的魔術戲法

在最後一章，我想解釋我們的身體能夠辦到的情慾魔術戲法，它能解放我們，讓我們探索最狂野、最喜悅的生活層面。我之所以稱其為魔術戲法，是因為我在二十幾歲時無意間發現它的時候，覺得這就像魔法一樣。此後過了數十年，我已經學到它的生理學和神經生物學基礎。這些科學意味著我的寫法可以像是在寫一種「生物駭入法」（biohack），一種操縱你體現認知機制的方式，讓它做出很酷的事情。這背後的科學（多半以人際神經科學為基礎）很神奇，但我在這一章不是要談它，因為如果把它想成一種駭入身體的方式，會使你無法達成目標。我反而建議你把它想成一種通曉情慾智慧的方式。

但是，讓我們先從定義開始。「情慾」（erotic）是什麼意思？

情慾就是你的活力，一直都是

作家洛德寫道：「我把情慾形容為最深的生命力，這股力量會根本性地驅使我們活下去。」去問任何憋尿好幾小時、後來終於「解放」的人吧；去問任何餓了好幾天，終於咬下第一口食物的人吧；去問任何在大熱天慢跑許久才回家、直接用嘴巴接水龍頭的水喝、再用手掌將更多水潑在臉、頸部和手臂上的人吧。這種滿足身體需求的生理經驗，也是一種情緒經驗和感官經驗。這就是情慾。

整本書我一直在講情慾能量和情慾聯繫，是有理由的。我不只是在說性聯繫。我在談的是生活本身。

洛德在她的散文〈情慾的使用〉（Uses of the Erotic）中寫道：

情慾是一種標準，介於自我意識初萌的起點，與我們最強烈的情感所造成的混亂之間。這是一種內在的滿足感，一旦經歷過，我們就知道自己可以再度追求那種狀態。因為曾經感受過這種情感深度的豐富與其所蘊含的力量，出於對自我的尊重與敬重，我們不會再允許自己妥協於較低的標準⋯⋯一旦我們了解自己能夠感受到多深的滿足感與完整感，接著便能觀察，自己在生活中的哪些努力最能讓我們接近那份充實感。

你活在一具身體內。身體需要來自世界的事物，才能維持足夠的平衡以支持生命。身體必須呼吸這個世界的空氣、必須攝取水分。我們需要把自己當成家園的微生物，它們讓我們得以消化食物，而食物曾經是活的、而且仰賴地球，就跟我們一樣。無論年齡和能力，所有人體至少都需要一些溫柔的聯繫。

其中一種獲得這種聯繫的方式，就是透過性愛，而這就是情慾。但我們也可以透過擁抱、按摩、眼神接觸、微笑、一起玩樂、一起工作、唱歌、大笑、祈禱、跳舞來獲得這種聯繫。假如我們讓自己察覺，當我們從世界接受自己賴以維生的資源時，我們的身體是怎麼跟生命力共鳴的，就會發現，這一切也都是情慾。

「我活著嗎？我活著。這就是活著的感覺。」這就是通往情慾的大門。它取代了所有教條——所有讓我們忽視自己內在經驗的教條——並引導我們回到真實的自我。

許多人的身體和性能力，違背了他們出生時領到的手冊，所以他們已經在開始學習忽略規則，並為自己做選擇。LGBTQIA2+人士、BIPOC人士[i]、眾多身障或神經多樣性人士、肥胖人士及老年人，或許已經知道你可以選擇自己喜歡的事物，而不受限於性愛教條。在本書中，我想提供一些工具，我們都可以運用這些工具來找回情慾自我，無論世人怎麼控制、抹去或削弱我們的生命。

活在一具身體內，不代表一切都會很神奇、令人愉悅。但我們可以藉由練習一項叫做「品味」（savoring）的技巧，讓大腦更容易取得「活著」這件事之中，令人愉悅的部分。

先從品味開始

正向心理學越來越看重「品味」，技術上來說，它指的是人們注意、領會與強化生活中正向感受的能力[1]。

根據研究人員的評估，我們會利用一套特定策略，在心裡拍下一張正向時刻的快照，以強化我們對於正向時刻的意識和記憶。這些策略又被描述為「品味核對清單」（Savoring Checklist），其中包括[2]：

● **與別人分享：** 在這一刻，我們會跟某人談話、分享經驗，或者跟別人說我們有多珍惜這一刻。這招可以套用在你跟伴侶共享的情慾體驗上。當我們正在體驗時，大聲說出我們有多麼享受，或事後立刻說出我們多麼享受、這多麼有意義，這樣就能擴大愉悅，並將其固定在我們的記憶中。

● **時間意識：** 時間是我們最寶貴的資源，因為它是我們擁有的事物中，唯一一件「逝去就無法再擁有」的。我們的身體能量可以更新，金錢來來去去，但時間有限且稍縱即逝。時間意識在於提醒我們自己，時間有多麼短暫，因此我們會注意到這一刻，並在這瞬間過去之前好好珍藏。這個簡單的品味行為，可以融入情慾體驗。「時間短暫，而我選擇用我的時間做這件事。」

● **行為表現：** 此指我們表達正向情緒的方式。我們會大笑、跳上跳下、邊拍手邊歡呼，讓身體充滿這一刻的喜悅，以至於我們忍不住興奮地拍手。假如我們因為愉悅而感到羞恥（許多人會這樣），那這就是一個很棒的策略，能夠撬開羞恥的外殼，讓我們的愉悅自由飛翔。在性愛脈絡之外，練習正向情緒的行為表現，就能讓性愛脈絡內的行為表現更自然。

● **感官知覺銳利化：** 當人們想到「正念」時，多半都會想到這個策略。先慢下來，注意一種或一組特定的體感，排除其他事情。讓注意力集中在生殖器周圍的體感。或者，只注意伴侶跟你接吻時的體感，並將全世界隔絕於外。

---

i 譯註：Black, Indigenous, People of Color，黑人、原住民和有色人種的總稱。

也有一種反品味技巧，我們都很熟悉，叫做掃興思考（Killjoy Thinking）。這種想法會在我們享受事物期間出現，提醒我們還有其他事情要做（我們的確成功全裸躺在床上了，但還有一堆碗盤沒洗！）；或是批評我們，說這些正向活動可以或應該更好（這次性愛很享受，但我的伴侶沒有高潮——他不想高潮，但我還是……）；或者在正向時刻即將到來之際躊躇不前（我們終於進展到這裡了，但是，唉……有夠麻煩，又要協商、檢查進度，還有一大堆情緒……）。

有些人認為品味愉悅是一種放縱。他們並不是真的在享受愉悅，而是讓愉悅偷溜進來，就像是偷來的一樣，而不是光明正大的擁有。「品味」和「偷嚐」的差別在於，前者是既休閒又有燭光的自慰時段，你碰觸自己身體的每個部位，讓愉悅像迎面而來的浪潮一樣起伏；後者是在上班前淋浴時手淫兩分鐘。只要你不會感到罪惡感或羞恥，兩者都不是體驗愉悅的壞方法，但是品味會有額外的好處。

首先，**練習去注意**、**體會**、**強化正向感受**，**就能增加我們記得的愉悅數量**。假如愉悅是我在第二章描述的害羞動物，那品味就是趁那隻愉悅動物在草地打滾時，在心裡幫牠拍一張快照、一段循環播放短片。透過品味將愉悅鎖在記憶中，是一個值得學習的技能，尤其因為我們今天做的決定，多半並不是基於選項的利弊，而是基於過去的記憶。**記得過去的愉悅**，**能幫助我們在未來選擇愉悅**。當我們習慣性地擷取當下這一刻的愉悅，等到下次有機會從「熟悉的電視節目——簡單但乏味的愉悅」和「與伴侶纏綿——更費力但也更甜美、甚至更有意義的愉悅」挑選一個時，大腦就會記得，原來多花點力氣有多麼值得。

但請等一下，還有更多好處！根據時間管理專家蘿拉・范德康（Laura Vanderkam）在《要忙，就忙得有意義》（*Off the Clock*）中的描述，當我們品味愉悅、進而在記憶中凸顯其存在時，我們就會記得：我們的生活更值得去過。回顧我們的日子、歲月、甚至這一輩子，然後不再那麼執著於以前的掙扎，而是更聚焦於過去無數個愉悅時刻，從微小的愉悅（昨晚品嚐的餐點，或刻意拉長淋浴時間、享受水流過肌膚的感覺），到壓倒性的巨大愉悅（第一次看見你的小孩，墜入愛河，或者你在 TED 演講之後，看到三千人站起來，聽到他們鼓掌，而你的身體感受到你做對了一件事）。當我們花時間慢慢品味這些愉悅，它們會在記憶中閃閃發亮，變得更明亮、更豐富。

先從品味開始吧。它是針對「羞於愉悅」這個問題的強效解藥，但更棒的是，它讓你的生活變得更值得過。

感受你的情慾智慧

在上一章，我建議異性戀關係中的女性，承認她們睿智的部分——這個部分既不會落入付出者的陳腐習慣，也不會對勝利者有憤怒的反應。這些習慣和怒氣都真實存在，是所有人的一部分，我們勢必會花很多時間跟這些部分共處；但我們也會逐漸設法擺脫說明書一般的性愛教條與性別偏見，並邁向一種真正屬於我們的性——忠於自我、脆弱、好奇、自主、且被歡迎的性。我們會不斷在幾種狀態之間來回擺盪：從發現自己正在遵循舊有的規則，到憤怒地反抗，再開始向自己與伴侶尋找真正的答案。而這第三段過程——向自己與伴侶尋找真正的答案，就是情慾智慧（erotic wisdom）。

我希望你務必了解自己這個睿智的部分。你並非透過理性、科學的過程認識此部分，而是透過你的情慾求知管道，也就是透過你的身體和想像。

所以當你舒服地坐著、雙手放鬆（如果感覺舒服的話也可以閉上眼睛），我希望你慢慢、深深吸進一口氣……然後更慢地吐出這口氣。

然後再一次，慢慢、深深吸進一口氣……再慢慢吐出來。

隨著深呼吸的動作，你可以意識到腹肌和橫膈膜內（位於肺部下方）的緊張感，請放鬆它們。讓你的腹部變得寬敞。

在你很深、很深、很深的核心深處，你的骨盆橫膈會從一束肌肉（穿過你的生殖器）下方的尾骨，移動到你的恥骨。就讓它下沉吧。隨著你繼續慢慢深呼吸，假如發現肌肉裡有任何不必要的緊張感，你可以放下它。

隨著你打開內在的所有空間，你會開始察覺，有一道令人愉快且寧靜的光線，在你的核心深處發亮。而那道溫暖而寧靜的光線，開始在你於自己內心創造出的平靜空間中擴大。光線越是擴散，就越發感到你的身體跟一種強烈卻寧靜的喜悅產生共鳴，而隨著你繼續緩慢地深呼吸，這種喜悅會在你內心擴張。持續這麼呼吸，這道喜悅之光會擴散至整個腹部、心臟、充滿你的軀幹，再繼續擴大。這道寧靜之光會充滿你的四肢、包住你的脊椎，一路往上抵達你的頭骨，接著這道極樂、平靜、喜悅之光會充滿你的頭部。

你坐在這裡，仍然慢慢地深呼吸，感到自己充滿寧靜和平靜；你知道這種感覺，以及你內心這個地方，是你可以隨時找回來的。一個安全且靜謐的地方，你永遠帶在心中。

而且，隨著你繼續慢慢地深呼吸，我希望你讓內心中的「螢幕」（通常都很吵鬧）慢慢變得相對寧靜、空白和平靜。你會察覺，有些想法想要登上螢幕、引起你的注意。請察覺它們，知道你可以改天再重拾這個想法，然後就讓它們漫步經過吧。讓你的螢幕更寧靜、更平靜一點。假如你的心思跟我一樣，永遠無法完全沉默或靜止，那也沒關係。我們只要讓事情慢下來、調低音量，以創造一些空間，就像你在腹部內創造空間一樣。

在這個寧靜、平靜的螢幕上，你正在慢慢深呼吸，我希望你允許「內在嚮導」（inner guide）的浮現。

它可能以你認識的人的形式出現。

可能是你不認識的人。

可能是虛構角色或歷史人物。

也可能是動物。

你最需要聽取的，就是浮現出來的人的建議。

現在，這位嚮導是你心中的一部分，你的內在智者，很懂你這個人、你的心、你的性能力的專家，他會回答你任何問題，只要你持續慢慢深呼吸。

當你在這個安全的空間與你的嚮導共處，你可以問任何問題。

你可以問：

我需要什麼？

我要去哪裡？

我到底是誰？

什麼時候我最愛自己？

什麼時候我最容易有憐憫之心？

接下來五分鐘（仍在慢慢深呼吸），你可以跟你的嚮導閒聊，找出你需要知道的事情。五分鐘後，或等你準備好之後，再來找我。

你仍然舒服地坐著、慢慢地深呼吸，而你知道自己可以隨時回來跟嚮導交談，因為你知道你內心一直帶著他，就在這個安全而寧靜的地方。我希望你在這個空間，能夠對你的身體、雙手和內心產生集中的意識。你知道你帶進這個空間的平靜和喜悅，會觸及從現在到晚上就寢前發生的所有事情；你讓自己對肩膀、頭部和臉部產生集中意識，而現在你意識到你的腹部，並仍然感受到寧靜而穩定的喜悅；你意識到你的雙腿與雙腳；而現在輪到你的眼皮，假如它們閉著，你準備好的話隨時能張開。

我已經帶領這種內在嚮導冥想約三十年。有時人們會睡著，這也沒關係，因為睡眠很重要。但假如他們保持清醒的話，幾乎每個人都發現自己在跟某人對話，這個人知道他們的長處和困境，並總是把他們的最佳利益放在心上。一個既體貼又有耐心的某人，活在他們心中，卻懂得比他們自己還多。這種內在智慧既不是身體也不是心靈，而是情慾本身。它就是活力。

魔術戲法：它是什麼？

所以魔術戲法是什麼？感覺像什麼？怎麼運作？

魔術戲法會讓你內在的情慾智慧浮上表面，並創造一個脈絡，讓情慾智慧與其他智慧融合。夠單純吧？嘿嘿。

里查・史華茲（Richard Schwartz）在探討內在家庭系統（Internal Family Systems）的著作《沒有不好的你》（*No Bad Parts*）中，寫到自我領域（field of SELF），這是另一種體驗自我——我們與別人聯繫時的個體存在感——的方式。他寫道：

> 量子力學告訴我們，光子既是粒子也是波。我認為「自我」也是同理。大部分時間，我們體驗的自我都是粒子狀態——我們感到某種程度的「與別人和自我的聯繫感」，但也同時感覺到我們是

分開的實體，有著邊界和個體能動性。然而透過冥想或迷幻藥，我們可能失去這些邊界，並進入波動狀態——成為更大的自我領域的一部分，有種撼動心靈的感受……

我們已經知道磁場或重力場的存在，但理論物理學家尚・卡羅（Sean Carroll）指出：「宇宙中充滿了各種領域，而我們視為粒子的東西，只不過是那些領域的激發狀態，就像海洋的波浪。」……我認為自我領域是存在的。例如我們可以透過冥想進入這個領域，成為這個領域的一部分，並擺脫我們的「粒子性」。

我認為我所謂的魔術戲法，其實就是進入自我領域。

事實上，我讀到這種物理學和靈性交會的領域時，就想到魯米的詩句：

在是非對錯的想法之外，還有一片原野。我會在那裡與你相遇。

假如我們可以在一個尚未培養、無法培養的領域找到自己，我們的個體存在感逐漸消失，而我們曾經遵守的規則無法適用，那會怎麼樣？這裡並沒有和所愛的人分開的「你」（you），只有在一起的「你們」（YOU），在「我們」（我們所有人）的領域內玩樂，也就是人類靈魂的統一。

你問我，就像磁場或重力場一樣，真的有自我領域這種東西嗎？

¯_(ツ)_/¯

但我知道我可以去哪裡體驗到史華茲所描述的經驗。

你可能很熟悉這句名言：「任何足夠先進的科技，皆與魔法無異。」我在描述的就是「人類活力本身」這項科技。

如果你活在自己的身體內，無論這具身體還有什麼其他真相，你都能夠施展這種魔法。魔法在各種意義上都算是一種領域。

它感覺起來是什麼樣子？

感覺就像你的個體自我消失、削弱、溶解或融化了，與別人合而為一。感覺就像你的個體自我拓展了，包含更大的你。你感覺自己變大了。你感覺自己幾乎不再以「你」的形式存在，你感到安穩且平靜，感受到不斷擴充的能量蠢蠢欲動。我跟數百位曾體驗過自我領域的人談過，而以下是其中幾個人的描述：

● 感覺就像上帝或「愛」完全包容了我……就像我有一瞬間變成了其中一顆多面太陽捕手水晶[i]，而光線穿透了我。有一瞬間，我覺得自己跟地球上一切事物聯繫在一起。就像海洋、樹葉、

---

i 編按：suncatcher，一種小型反射、折射或虹彩裝飾物，通常掛在室內窗戶附近以「捕捉」陽光。

動物的伸展與呼吸、風雨與微生物的動作，全都是我的一部分。這就是我說「我感覺到上帝」的意思，我感到自己被所有生命包容著。它既強大又謙卑，通常還帶著喜悅的淚水。

●感覺就像我在宇宙中漂浮。我看見星星，聲音稍微減弱，我的皮膚變得敏感（好的那種），而我一直傻笑。

●感覺就像我跟宇宙中一些神聖的能量來源聯繫在一起，與此同時，我也與我的配偶深深聯繫、和諧共存。

有時你也會高潮。高潮的實際生理學，可能會幾乎消失在這個巨大的魔術戲法之間。你想試試看嗎？我們來談談怎麼做吧。

魔術戲法：該怎麼做？

你該怎麼做這件事？以下是我的魔術戲法訣竅：為了一個共享、自主選擇的目的，及時跟別人一起移動你的身體。

1. 移動你的身體：作為人類活力的科技，這套魔術戲法的重點在於體現，也就是把你的身體當成一個情慾狂喜之地來探索。移動身體是一種強大的方式，能夠促進並維持你與情慾智慧的接觸。

2.及時：你知道嗎？當幼童跟著成人的節奏跳躍，就能夠增加他跟這名成人之間的合作行為。我們的身體會自動改變生物節奏，這樣才能及時跟著我們周圍的身體移動。在電影《春風化雨》（*Dead Poets Society*）中，有一幕，男孩們本來按照自己的步調四處蹓躂，後來變成步伐一致地行走。這種真實現象叫做「環境同步」，你可能在舞蹈課、合唱團或社區健行時親自體驗過。它當然可以當成武器使用，但也可以當成通往自我領域的橋梁。

3.與別人一起：長期關係中的情慾聯繫，跟其他情慾體驗不同，因為它是在共享空間中共創出來的事物。你們將身體帶進一個彼此一起培養的共享空間。

4.為了一個共享目的：我們在本書開頭問的第一個問題是：「性愛很重要嗎？」在任何關係及任何人生階段中，每個人都必須自己回答這個問題，而答案會改變。當性愛很重要時，我們可以再問：為什麼要做愛？目的是什麼？它會把你（你自己，或是你跟伴侶一起）帶到哪裡？

5.自主選擇的：魔術戲法一定是自願的。魔術戲法不會透過強迫、義務感或權力感發生。

這五個要素之中，只有一個是絕對必要的……你猜到了嗎？沒錯，就是「自主選擇的」。假如你具備這個要素，就可以再任意結合其他四個要素，變出魔術戲法。你不一定要移動你的身體，不一定要有共同目的，不一定要跟別人一起，也不必刻意創造節奏。

魔術戲法發生於一個拓展自由度的脈絡中。它是好奇的探索、是玩樂、是到此為止所有章節中的一切，也是你活到現在所有時刻中的一切。

我希望你察覺，魔術戲法不一定是性經驗。艾蜜莉亞是在一個團體中唱歌時體驗到它；我曾經在跟伴侶跳搖擺舞時體驗到，在跳了一支特別出色的林迪舞（lindy hop）時，有人走到我和伴侶旁邊咕噥：「去開房間啦。」他和我做的事情就是情慾，而這位路人誤以為它是性愛。但我獨自在鄉間山腰騎腳踏車時、獨自自慰時、跟伴侶做愛時，也會體驗到它。當我坐在電腦前寫這本書時，我的感覺也很接近這些時刻。

當你在敬拜會與別人一起禱告、遊行抗議、與朋友大笑、參加團隊運動比賽、投入藝術企劃時，都可能體驗到它。魔術戲法會使你獲得情慾、也就是你的活力，而不是只是你的性能力。在不做愛時練習這件事，甚至會讓你在做愛時更容易獲得這種體驗！

獨自練習這個魔術

對某些人來說這是靈修（spiritual practice），對另一些人來說這是有療效的修行，對其他人來說，它真的是一場意外，一種偶然發現的東西，但他們沒有意識到自己發現了什麼。我第一次就是這樣子；而現在，它是一種「愛的修行」、一種儀式，我可以分享給我的長期伴侶，讓它帶領我們翻山越嶺，來到一個地方，找到某種不像地球上其他東西的事物。

你在這個練習中要做的事情，就是讓你的身體和身體的意識占據空間（take up space）。在情慾的脈絡中，尤其是性愛的脈絡中，「占據空間」是要求你做一件反直覺的事情：軟化。在緊張的途中放鬆。

這種性興奮循環會增加你體內的緊張感，而這種緊張感是因為對性相關刺激的反應而產生的。高潮本身就是不由自主、非自願地釋放這種緊張感，所以很多關於高潮、甚至創造緊張性愉悅的建議，都說你應該增加緊張感。

但魔術戲法的訴求是放鬆。讓你自然地處於你的身體內，察覺哪裡正在累積緊張感，接著軟化緊張感的鋒利邊緣，讓它發散。緊張感不會消失，只是讓等量的緊張感發散到體內。而當你跟伴侶在一起，這股緊張感不只會在你體內擴散，也會擴散到你和你伴侶之間的空間。

所以，與其只讓你的生殖器累積緊張感，你應該用柔軟的腹部吸氣，察覺緊張感，再吐氣，讓這股緊張感從你的生殖器消散到你整個骨盆。接著藉由更多刺激來累積更多緊張感，然後再度用柔軟的腹部吸氣，察覺這股緊張感在你的生殖器累積、橫跨整個骨盆，接著吐氣，讓這股緊張感消散到你的大腿和腹部。

一次又一次，讓緊張感溫和地填滿你。這感覺不像一般高潮之前的緊張感（你的肌肉會鎖緊、僵硬，呼吸會緊縮在肺部），反而更像波浪，隨著你的呼吸沖刷過你。這就是你身體的自然韻律。

如果你想深入體驗什麼叫做「活在體內」，你可以先讀艾夫揚．惠特尼（Ev'Yan Whitney）美麗的日記指南《感官自我：接觸你身體的提示和練習》（*Sensual Self: Prompts and Practices for Getting in Touch with Your Body*），本書提供數十種體現練習和反思，幾乎所有練習都適用於無性戀人士，因為重點是在於感官（所有體感），而不是性能力（偶爾會稍微提到，但不是中心主題）。我最喜愛的提示，從以下指導開始：

選擇你身體的一個部位（頭頂、小腳趾、左手肘、上顎），然後將意識集中在這裡。看看你是否能充分感受到身體的這個特定部位，隔絕於其他所有部位之外。將焦點和意識帶到身體這個部位的活力。

你一開始也可以一次只專注於一種伴侶的愉悅感。愛撫、親吻、刺激你的伴侶，讓愉悅在他體內擴大，接著在你們之間創造空間，讓愉悅消散。如果他體驗到生殖器的興奮感，那就讓這股興奮感放鬆：讓陰莖不再勃起，讓陰戶消腫，接著碰觸你的伴侶。你可以先碰觸身體的邊緣（指尖、腳趾、頭皮），經過一波又一波的刺激後，再逐漸轉移注意力，碰觸越來越靠近核心的身體部位。你要花很多時間，讓愉悅感和興奮感擴大與消散、擴大與消散，持續半小時、一小時或更多。

然後下次你和你伴侶情慾聯繫時，交換角色吧。

最後，受到刺激的人可能會來到一個境界，感覺很接近高潮，或是某種事物的邊緣。此時停止刺激、讓緊張感消散，就會變得越來越反直覺。你的身體會想要某個東西，想要前往某個境界，當你有這種感覺時，請把節奏放得更慢。

你正在接近高峰，而假如你處於緊張且持久的興奮感和愉悅感所造成的美妙混亂之際，仍然能待在你體內呼吸與放鬆，那你就會跳進領域之內。

如果你辦不到……嗯，最糟糕的情況就是你會體驗到更大的性愉悅。

阿瑪與迪

我想講一段迪使用這個魔術戲法的時刻，替阿瑪與迪的故事收尾。

「今天下午我替你口交一下子可以嗎？」迪在吃完早餐後問道。前一天晚上，家裡只有她們兩個人，距離上次的兩人時光已經很久了。這個晚上沒做愛，阿瑪太累了，她只想吃到迪煮的美味飯菜，不太想要情慾接觸。不過，她們的一千片拼圖有了很大的進展，還玩了很多填字遊戲。

迪建議口交之後，阿瑪微笑著聳肩。「聽起來不錯。沒什麼壓力。」她不知道迪的「一下子」是指「約一個半小時」。一起慵懶地淋浴之後，她們躺在床上，迪沒有先碰阿瑪的生殖器，而是先碰她身體的邊緣──指尖、手掌、腳趾、腳底；手肘內側、膝蓋後方；腋窩、耳朵與下巴相連處的曲線、乳房的下曲線、腹部的下曲線。等到迪靠近阿瑪的陰蒂時，阿瑪愉悅地呻吟和嘆息。

短暫接觸阿瑪的陰蒂之後，迪停下來，躺在她身邊；她們對彼此耳語著她們最喜歡彼此和她們戀情中的哪些地方。然後迪說：「你準備好再多做一點嗎？」

阿瑪點點頭，然後迪又開始了──但也不算真的從頭開始，她先花時間碰觸阿瑪的乳房、屁股、肚子，再回到生殖器。她停留了一下，而阿瑪擺脫了任何期望或表現要求，讓自己慢慢興奮起來。最後，她的腹肌開始緊張地顫抖……而迪又暫停，躺在她身邊，跟她閒聊那些愉悅的小事：晚餐要吃什麼，面向東北方的窗戶附近的那顆袖珍椰子長得如何。她一直碰觸阿瑪，用手撫摸阿瑪的軀幹、手臂和大腿。阿瑪的興奮感逐漸消散在她體內的淡淡溫暖中。

接著迪又開始動作，阿瑪又興奮起來，然後迪又暫停；阿瑪的興奮感又逐漸消散，而迪親吻她的脖子，並耳語著她們共享了好幾年、既好笑又沒意義的甜言蜜語。

阿瑪大笑一聲後說道：「抱歉，我覺得我的興奮感全沒了，你得重來一遍。」

「那個，我是故意的啦。」迪就事論事地說道。

「哦！」阿瑪一邊說，一邊用雙手摀住自己的臉。「你這招很騷耶。」

「我也這麼覺得！」迪大笑著回答她，接著又用嘴巴去親阿瑪的陰蒂。

慢慢來的好處在於，興奮感有時間在你體內每個部位中擴大，而不只是跟性興奮有關的部位。阿瑪這輩子花了許多時間在關心和恐懼空間，她很少有機會讓大腦不去擔心她的生活和家庭，並舒服地安頓在色慾空間中。

迪每次停下來，阿瑪的大腦就有機會溜出色慾，或許還會溜進不利的空間中，但迪一直很靠近她（用身體、聲音和愛意靠近），所以阿瑪絕對不會飄得太遠，也不會走到比關心和玩樂更遠的地方。迪的用意是不限制時間，讓愉悅盡情擴大。等到阿瑪知道迪在做什麼、還知道迪比她想像得更成功時，阿瑪笑個不停。她想解釋自己大笑的原因，但她每次試著講話，都會忍不住笑出來。笑聲隨著她的興奮感變大，而迪也跟著大笑，即使她嘴巴沒有離開伴侶的身體；迪的笑聲感染了阿瑪，讓她笑得更厲害、也變得更興奮，然後她的身體騎著愉悅和喜悅的浪潮，來到某種境界——她一直懷疑它可能存在，但從未體驗過。一種漂浮且閃爍的幸福感。寧靜得像是森林中的微風，但其實是她自己和迪的呼吸。

這有點像是戀愛小說的情節，對吧？「騎著愉悅的浪潮來到某種境界……」這太蠢了吧！我也知道，但這是真實故事。

我的朋友，我是在告訴你，它真的存在。或許你在目前的人生階段無法到達這個境界；或許你永遠沒機會到達。但光是知道它存在、知道你有可能到達……這不就是一種希望嗎？即使你和伴侶只是一起花時間，做關於它的白日夢，光是這樣就能讓你更接近它一點。

慢慢來。保持聯繫和在場陪伴。然後練習、練習、再練習。好事就會來。

魔術戲法：可是，我為什麼要這樣做？

如果你是像我一樣的讀者，你或許會跳過其他章節、直接讀這一章。「我們直接切入最高潮的部分吧。」對吧？

很可惜的是，你必須攀爬「愉悅之山」。

性愛研究者舍梅卡・索普（Shemeka Thorpe）在研究黑人女性的愉悅時，使用了「愉悅之山」

這個隱喻，而她的研究參與者用了一組工具和地標來攀爬這座山[3]。

同樣的，克萊因普拉茲和梅納德的著作《華麗性愛》的封面，就是一座高山（後面有太陽），因為他們使用的隱喻就是山。她們研究「最佳性經驗」（Optimal Sexual Experiences，簡稱ＯＳＥ）以及體驗到ＯＳＥ的「華麗愛人」時，發現華麗愛人們爬到山頂的路徑都不一樣。她們寫道：「山頂的景色一定很美，但通往山徑的路徑很難一致——它們是獨一無二的。」[4]

近期這兩項最有說服力的性愉悅研究計畫，都以「性能力經常被邊緣化的人們」的經驗為中心，這應該不是巧合；這些人包括年長者、性癖特殊者及非單一配偶的人（ＯＳＥ研究的案例）；還有美國南方的黑人女性（索普與其團隊的案例）。而且在ＯＳＥ和黑人婦女性能力研究中，山的隱喻都很重要。

魔術戲法的「戲法」，並不表示你可以像魔術一樣，傳送自己或伴侶到達狂喜高峰。你必須攀爬，可能要爬同一座山好幾次，探索不同的路徑，嘗試不同的攀爬方式。或許你是沿著之字型的步道往上走；或許你是用雙手和雙腳攀登；或許你是用繩子套住石頭上前一位登山客留下的錨點、再用繩子綁住自己，再由伴侶替你固定繩子。

聽起來很費力嗎？沒錯！

我再重複一次：你不一定要爬。這是額外附送的東西，給有興趣體驗共同情慾智慧的人；它是一種活力感，將人們從個體存在中傳送出來，進入一個神奇的空間。

所以為什麼要爬這座山？人們在上面會發現什麼？

我問過數百位人士「他們想要做愛時，是想要什麼」，也問過數百位人士「狂喜對於他們的生活有什麼好處」。人們一直說他們想要聯繫，也一直說這套魔術戲法讓他們得以聯繫：與伴侶聯繫、也與自己的身體聯繫，此外，也和比自己更大的東西聯繫，這種東西被我稱為「領域」，而他們稱為宇宙、終極來源、答案、萬物，以及……魔法。

與伴侶聯繫：

- 我感到自己與伴侶百分之百聯繫、也被對方愛著，這讓我在日常生活中感到更有愛意和憐憫之心。
- 它改善了我們緊張的聯繫關係，讓我有能力以全新、額外的脆弱角度來討論許多事情。感覺一切事物都屈服了，這種信任感不像我以前在別處體驗過、看過的事物。

與我的身體聯繫：

- 它讓我擺脫體內近乎常在的恐懼經驗，哪怕只有一點點。它讓我瞥見何謂真正的身體放鬆，體驗到一種安全的性，以及對自己身體的安心感。經歷性創傷後，我有很長一段時間與自己的身體失聯，而現在這些增強的性經驗，幫助我重新與性能力聯繫——它現在很安全，也是我的一部分。
- 它對我有一種特定的療效：我因為脊椎受傷／重建，每天都會痛；此外我還罹患一種免疫性疾病，需要每週進行痛苦的治療，所以我的肉體等於每天都有被「圍攻」的經驗。我非常需要有助於康復的運動生活和性生活，才能用腦內啡、催產素等體驗來「平衡」體內的痛苦和艱困體驗——但我也需要體驗到成功、喜悅，以及「我是誰」和「我的身體怎麼表達我是誰」之間的一致性，所以性愛狂喜是我的優先事項，我會重視並培育它（關於疼痛管理／物理治療的概念，在《愛、色慾與殘疾的顛簸之書》〔*The Bump'n Book of Love, Lust & Disability*〕一書提到的身障人士故事中很常見）[5]。

與「領域」聯繫：

- 我感覺自己就像有超能力。在非常糟糕的日子裡，只要我知道我有讓自己感覺非常好的能力，我就能度過難關，就像知道我有一大筆存款，或一塊私藏的美味巧克力蛋糕，想吃就可以拿出來吃。在我面臨疲勞和世上所有苦難時，它讓生活更甜美，並將我與希望聯繫起來。它帶給我感激、喜悅和驚奇，因為經歷過種種創傷之後，我的身體和存在居然能辦到這件事。
- 我的靈性覺醒跟性愛狂喜緊密相連。它不只讓我和伴侶的聯繫更深入，與萬物的聯繫也更加深入。我認為性愛狂喜是有神性的，它是我生活中一項重要（但罕見）的靈修。

這件事比性愛更大，甚至比愉悅更大。我認為當你設法進入神奇領域，就能改變別人，強化他們與自身內在智慧的聯繫，讓他們得以始終保持體貼與憐憫。如果你有時間、體力及情緒去嘗試，我相信你會發現，它能讓你成為更好的人，也讓你的關係成為世上的一股善意力量。

它作用於你的身體、伴侶的身體和別人的身體上，看起來都是獨一無二的，就像每個人做瑜珈時姿勢都不太一樣。不是所有人都能把雙腿擺到頭部後方，來練習進階瑜珈姿勢——有些人的構造就是辦不到。但是，把雙腿擺到頭後面並不是瑜珈，藉由姿勢來伸展身體才是瑜珈。請藉由這套魔法來伸展你的「性」吧。如果你能一路通往神奇領域，那就太棒了！但就算你「只是」更靠近它……哇！

哇！

你的生活可能會發生驚人的變化，只因為你觸及了這套魔法。

但我再說一次：這是額外附送的！千萬別強迫自己！除了獲得許可之外，本書沒有「教條」，只有工具、地圖和種子。

第十二章懶人包

- 請練習品味所有生活領域的愉悅感；跟別人分享，專注於你對它的感官意識，用你的身體和其他策略來表達。
- 請透過類似引導冥想的方式，與你體內睿智的部分聯繫在一起，部分知道你所有的問題的答案。這種認識世界的方式，會使你感到最有活力。
- 進入狂喜境界的「魔術戲法」，必須跟著別人及時移動你的身體，而且要有共同目的和互相許可。你可以跟伴侶一起練習或獨自練習——一開始獨自練習會比較簡單。
- 為什麼要練習狂喜？因為它不只跟性愛有關，也跟你的活力有關。它能夠加深你跟伴侶的聯繫，也能引導你達到更高的境界，一種與「活在體內的意義」聯繫的感覺。

一些好問題

- 聯繫我的情慾智慧時，會是什麼樣子？
- 我值得投入多少時間、注意力或精力在這套魔術戲法上？我的生活有哪些地方可以改變，進而改變我投入的時間、注意力或精力？
- 阻擋我觸及這套魔術的障礙是什麼？
- 當我探索未知的情慾，我的身體會發生什麼事？

結論

在任何持續夠久的關係中，總有一天，伴侶對於性愛的興致、他們有興趣的性體驗、各自的性能力都會不同。這不只正常，而是必然。正常。沒有問題。我自己就度過了這段時光，而我已經運用本書的工具，設法回到心上人的身邊。對我們來說，用來重建情緒可接近度的「假如呢」白日夢，以及更盡力克服「付出者訓練」，可說是這段過程中最重要的部分，再加上各種基礎工具：自信與喜悅、欣賞與信任、平靜而溫暖的好奇心以及情緒平面圖。本書出版時，我會再度開始旅行，而我們夫妻可能又會遇到乾旱期，但現在我很確定，我們總是有辦法回到彼此身邊。你也辦得到。

如果你對這個正常且必然的人生階段感到很擔心，那它很快就會變成問題。假如你捨棄性愛教條與性別幻覺設下的規則，並全心接受真正的你、現在的你，它們會想盡辦法讓你擔憂、讓你相信壞事會發生。這就是為什麼喜悅（喜愛真相）讓人感覺很可怕，就像在黑暗中跳下懸崖，不知道底下有什麼在等著你。

但人生不就像這樣嗎？我們每踏入新的一天，都無法保證接下來會發生什麼事，只能努力讓這一天和我們的人生成為值得留戀的事物。我們唯一確定的是，有一天，我們將不再有更多日子。

我寫這本書的這幾年，一位六十幾歲的朋友中風、我的雙胞胎手足被診斷出嚴重疾病，多位親友也面臨重病，而我自己也收到一個嚴重的醫學診斷。而我剛寫完這本書時，我朋友安娜（Anna）過世了；她四十幾歲，跟我差不多大，和太太才結婚十年。她是圖書館員、纖維藝術家兼社運人士，我愛她。這實在既不公平又令人憤怒，也是巨大且慘痛的損失。去你媽的癌症。

但安娜總是說：「酷兒的喜悅很重要。保持安全，保持鬥志，練習懷抱希望。」因此，即使每天都發生改變人生、危害前途，甚至讓你想結束生命的事件，我們仍在家練習懷抱希望、練習愉悅。人生太短、太不確定，所以你不該做你不喜歡（或沒興趣嘗試）的愛。

長期維持穩健性聯繫的情侶可能有許多相異之處，但都有一個共同點：他們合作創造一種讓更容易獲得愉悅的脈絡。其中最重要的一點是，他們能帶著自信、喜悅，以及平靜而溫暖的好奇心，坦然面對彼此完整且真實的自我。

做真正的你，安全待在一個被完全歡迎的聯繫中。去愛你愛的人。去愛你愛人的方式。別人會有意見嗎？當然會。

所以你要一直替花園除草。

《一起高潮》懶人包：

1. 愉悅是性愛幸福的衡量標準——衡量標準並不是你有多想做愛、多常做愛、跟誰做、在哪裡做、什麼時候做，或你是否有高潮。衡量標準是你是否喜歡現在做的愛。人生太短，你不該做你不喜歡的愛。

2.愉悅是脈絡中的體感——你在有壓力的脈絡中體驗到這種體感的話，可能會覺得不舒服，但同樣的體感在一個很棒、很性感的脈絡中，可能會令你感到愉悅。脈絡既是你的外在環境，也是內在狀態。外在環境包括你的人際關係和文化，而你的文化包括性愛教條和性別幻覺；內在狀態包括你的情緒平面圖，而情緒平面圖包括思考心智和觀測距離兩個附加空間，再加上你的肉體狀態。

3.長期維持穩健性聯繫的情侶，會共創一個脈絡，讓自己更容易獲得愉悅。他們把他們共享的脈絡當成「第三件事」，一種共同計畫或嗜好，令他們感到熱情和投入。把它當成你和伴侶的共同計畫，就能避免掉進「歸咎陷阱」——認為性愛困境是其中一方的錯。困境一定是脈絡出問題所產生的，而你們可以一起調整。

4.你的情緒平面圖包括利於愉悅的空間（色慾、尋求、玩樂、關心），以及有害愉悅的空間（恐懼、暴怒、恐慌／悲痛）。畫出你的情緒平面圖，看看為什麼你有時很容易進入性愛的心境、有時卻不可能進入。這樣也能協助你理解與表達，如何讓彼此輕易抵達與色慾相鄰的空間。

5.有幾個性積極心態可以讓你培養共享的花園：第一，自信（了解真相）和喜悅（喜愛真相）是關鍵，能夠創造非常適合你和你的戀情的性生活；第二，重新想像性能力的變化和差異，不是壞掉→正常→完美的線性流程，而是持續不斷的「從受傷到痊癒」循環，而且無論你位於循環的何處，你都已經很完美了。這些工具能夠解放你，讓你用體貼與憐憫的角度，面對你的性能力和情慾聯繫。

6.良好關係的基礎工具是「信任」（由情緒可接近度、情緒反應度、情緒參與度所組成）和「欣賞」。認出值得欣賞的特質，就能協助你挑選值得長期交往的伴侶，而記住長期伴侶值得欣賞的特質，就能激勵你度過任何難關。

7.行為變化的科學，以及平靜而溫暖的好奇心，是解決問題的最重要工具。好奇心能讓你處理「活在體內」的現實（會隨著時間改變），甚至解決長期聯繫中出現的棘手問題，像是：「我該怎麼讓伴侶接受改變？」以及：「我們該怎麼走出舊傷痛？」

8.性愛教條希望你感到一股急迫的衝動，想改變你的個體性能力和你的性聯繫，讓它更像「該有的樣子」。別被它騙了。沒有任何性愛困境值得你去傷害一段很棒的關係。

9.我們與「我們完全的情慾潛力」之間，最普遍存在、也最隱密的障礙，或許是性別幻覺——因為你天生有一組特定的身體部位，所以你必須遵守非常具體的規則（如何活在這具身體內、成為能夠引起性慾的人）。異性戀關係的性別幻覺最為嚴重，因為這種關係跟幻覺的規則在本質上並不矛盾。

10.當我們不只處理外在環境（包括性愛教條和性別幻覺），也學習怎麼走過自己和伴侶的情緒平面圖，藉此合作共創一個脈絡、讓愉悅變得更容易時，我們就能學會所謂的「魔術戲法」——這種狂喜的狀態，會將我們與更廣大的人生意義聯繫起來。

附錄 1

十個「可是艾蜜莉！」問題

1.可是艾蜜莉，我只是希望伴侶跟我做愛。我該怎麼讓伴侶跟我做愛？

請重讀第一章，並思考這個更具體的問題：「當我想多跟伴侶做愛時，我是想要什麼？」（提示：不是高潮，這件事你自己就可以辦到。）你也可以跟伴侶討論，當他不想跟你多做愛時，他是不想要什麼。

你認為你需要性愛嗎？請查閱第十章的「你是男孩！」手冊（不只因為你是男孩〔你當然是〕，而是因為我在這裡提到：性愛並非生物需求，就算你沒做愛也不會受到傷害）。更多細節請參考《性愛好科學》第七章。

這也是重讀第六章（探討欣賞）的好時機。回想你覺得伴侶令人欣賞的地方，這麼做能幫你重新調整注意力，將注意力從你的挫折，移到你選擇的人和選擇你的人上。

我還要提醒你：性愛不是我們「要」別人做的事情，而是我們經過選擇後共創的經驗。當你希望可以多跟伴侶做愛時，你是想要什麼，才必須勉強伴侶陪伴你？

2.可是艾蜜莉，我只是希望伴侶別再吵著要跟我做愛。我該怎麼讓他別再煩我？

我極度建議你說類似「拜託你別再吵著要跟我做愛」的話。你可以補充：「你這樣煩我，就是在拉緊我的剎車，讓我更難想要或喜歡做愛。」你甚至可以說：「我們來談談，當你想要做愛，你是想要什麼？當我不想要做愛，我是不想要什麼？」如果你能夠不把性愛當成權力鬥爭（見第十一章），而把它當成共同嗜好和共享愉悅，這樣你就有一個很厚實的起點，能夠好好對話、相互學習。你也可以讓他思考本附錄的問題一。

3.可是我該上哪找必要的時間／精力／動機，才能創造一個脈絡，讓我的大腦獲得愉悅？

人們問我：「我該怎麼在這些不利的情況下，想要／喜歡／真的去做愛？」這還真是奇怪的新現象。自從新冠疫情之後，人們開始一字不差地問我：「我該怎麼做這件事？」我察覺，關於性能力的文化對話好像有某種東西改變了，人們（尤其是女人）覺得自己有燃起性慾的義務，無論脈絡為何。

而答案當然是：你不必這樣，你不該這樣。如果你的生活狀況（壓力、責任、關係、身心健康）使你無法創造出更容易獲得愉悅的脈絡，那你的這個人生階段的真相就是這樣。我真希望你的真相不是這樣，畢竟我希望你能幸福。除非絕對必要，你的愛人也不該希望你待在這個狀態。但我們並不一定能決定生活和關係中發生的事情。

不過我可以說，假如你和伴侶合作改變這些狀況，或伴侶真正採取行動、讓這些狀況變得沒那麼麻煩，你可能會發現你的能量被解放了，得以追求愉悅。

4.假如討論性愛就會澆熄我的慾火呢？我知道性方面的「許可」應該是件性感的事，但我（或伴侶）覺得被要求做某件事，就更難答應對方；又或是，假如我必須提出要求，感覺就像伴侶不夠在乎這件事。

這個問題很難回答，不是因為它很複雜，而是因為沒有人會對真相感到滿意。問你自己（和／或伴侶）：討論性愛會拉緊剎車的原因是什麼？是你覺得自己不該討論嗎？那這麼做當然會拉緊剎車！假如你認為討論就代表事情有差錯，這種評斷就跟大多數評斷一樣，會拉緊剎車。

難道你認為不用溝通，伴侶就應該要知道你想要什麼，或你就應該知道伴侶想要什麼？那這當然會導致剎車。

無論理由是什麼，拉緊剎車的都不是討論，而是「你對討論的想法」。討論也可以讓人慾火中燒。但性愛教條顯然希望你認為：討論你的愉悅或慾望、尋求指引或許可，都會減少愉悅。性愛應該是不費力的，你就是該知道怎麼做，你不該討論它。所以假如它不容易、假如你必須討論，那麼一切就搞砸了。

請回顧我與柯恩的經驗（見第二章）。我阻止了他，因為我們必須討論性愛。自發式慾望立刻就消散了，但我們還是共享了許多愉悅。你是否讓慾望教條擋在你和你能夠體驗的愉悅之間？只要你不要這麼執著於自發性，就能體驗愉悅。

5.可是艾蜜莉，安排行程既不浪漫也不色情。我才不管你講什麼，我只希望伴侶可以非常渴望我，渴望到克制不住自己！

如果安排行程不是能讓愉悅感更容易獲得的脈絡，那你就不用安排！

我要趁這個機會再度強調一件事：慾望不是重點，愉悅才是。將愉悅置於「性愛幸福」定義的中心，其他細節就會到位了。

但我們知道，「被人渴望」是人們想要做愛時，最普遍想要的東西。假如你希望伴侶渴求你、渴求到無法克制自己，那你們就要合作創造一個脈絡，讓這件事更容易——增加能夠踩動油門的事物，以及更重要的，減少會拉緊剎車的事物（見第一章，如果想知道更多細節，請參考《性愛好科學》第二章與《性愛好科學》的練習簿）。

我也建議你思考第一章那個問題的新版本，問你自己：「當我希望伴侶渴望我、渴望到無法克制自己，我是想要什麼？」這可能是很難的問題，因為它要求你承認：你想要的東西是很脆弱的。或許你想知道的是：伴侶想要你的全部，包括你自己很難接受的部分——而我敢說，你在很棒的戀情中是可以達到這個境界的。或許你想感覺到你是可以被愛、可以被上的，生活中沒有任何事物能夠影響伴侶的愛慕之情……但我不敢保證伴侶一定能夠對你這樣；對我們許多人來說，生活就是在拉緊剎車，無論我們覺得伴侶有多麼值得被愛、被上。被人渴望是一種核心需求，跟我們對於真實聯繫的需求有關。除了自發式慾望，還有其他經驗能夠滿足你的需求——在情慾關係中感到自我被完全且深深地接受？

你會注意到，我不會提供毫不費力的方法。我們無法長期維持熱情且自發的性慾，我們只能一次又一次地重新創造它。能有效重新創造慾望的方式，通常跟上次有效的方式不同。還記得電影《今天暫時停止》（*Groundhog Day*）嗎？比爾．莫瑞（Bill Murray）注定只能反覆過著同一天。有一次他過得很愉快，於是他試著重新創造那一天，做同樣的事情，強迫某件事發生（這件事第一次是自然發生的）。但你無法強迫，你只能創造一個脈絡，讓事情變容易。

重要警告：以上方法只適用於「伴侶也想要這樣渴望你」的情況。假如他沒興趣這樣渴求你，那麼對話就是：「當我希望我的伴侶渴望我，我是想要什麼？」以及：「當你不想要這樣渴望我，你是不想要什麼？」

6.可是艾蜜莉，要下這麼多苦功才能讓性生活變成它該有的樣子，我才不要！你應該讓它變簡單，而不是變困難！拜託你用心一點！

是啊，別人就是這樣教我們的，對吧？「性愛就是要很容易發生才對，無論我們生活其他方面過得如何。」我很不想潑你冷水，但性愛絕對不是這樣運作的。性愛取決於愉悅；愉悅取決於脈絡；而脈絡……不一定在我們的掌控中。我百分之百知道我的建議比「試試情趣手銬」或甚至「安排時間做愛」還複雜很多，你說得沒錯。我有時也很不爽自己，為什麼不能更簡單一點？

我建議你把表達方式改成正向的：它不是難題或苦功，而是嗜好！這是一種需要你和伴侶合作的共同興趣，因為你們都喜歡它。而假如你們都不喜歡……好吧，問題不在於它太困難，而是它不夠讓人享受，也就不值得花力氣。修復愉悅，剩下的事情就會水到渠成。

如果你覺得提不起勁，因為「這件事不應該這麼費力」，我建議你去讀《情緒耗竭》的第二章，它在談怎麼評估我們的目標，以及我們認為這些目標要花多少力氣。我們會感到挫折，通常是因為這件事花的力氣比預期還多，但其實它本來就要花這麼多力氣，假如我們別再判斷它有多麼費力，就會覺得更有幹勁和希望，並能注意到我們的進步。

從來就沒人說這會很簡單。但我敢說，這麼做絕對值得。

7. 好吧艾蜜莉，但假如我按照你的建議，請伴侶嘗試新事物，那會怎樣？我溫和地開啟對話，要求他慢慢來、回答時盡可能不帶評斷，但他不只不答應，甚至還批評我，我最糟糕的惡夢就這麼成真了。你能用腦科學解釋這件事嗎？

我無法用腦科學解釋這件事，但這個問題很重要！

你在那一刻有很多選項。你當然可以再也不跟這個人說話，在半夜收拾好所有家當，搬到千里之外，然後改變身分。

開玩笑的。但假如你的「新事物」是「我是跨性別」、「我是酷兒」或「我的性癖很奇怪，只要我經常花時間待在從屬或臣服空間，我這個人就會感到非常滿足」，那會如何？假如伴侶的反應不只是當下的反應，而是根深蒂固的道德判斷，那會如何？假如你跟對方表明你是誰，而他說「不行」，那會如何？

在這種對話中，你要事先知道，這種風險高到足以結束關係。請先跟專精於酷兒／特殊性癖／跨性別的治療師談談。請抱持自信（因為你了解真相）和喜悅（因為你喜愛真相）去找伴侶。不要犧牲你的真實自我來換取別人的認可。請參考第十章的「你需要的東西」：你必須做真實的自己，並在一個有愛的社群中被歡迎。或許你要犧牲好幾年的自我，才能感到被歡迎。當你開始跟伴侶進行這種對話，等於你希望能創造一個脈絡，讓你這種人被徹底接受。或許對方需要大量時間才能消化這件事，他也可能無法接受。總是有人會愛你的全部，而這些人值得你去尋找。

但我們帶給伴侶的事物，有很多都跟我們的身分無關，而是跟好奇心、興趣、愉悅和疑問有關。它們的風險就沒那麼高。伴侶對於「新事物」的冷淡反應，可能不只是針對你所要求的特定事物。可能是你們在交往時，他即使心裡感到矛盾、還是配合你的需求，可是他現在終於跟你坦白了；或許對方經歷過你正在討論的事情，或以前聽別人說過，要對不同的性經驗抱持某種感覺和看法。雖然我想說「帶著平靜而溫暖的好奇心，跟他一起探索他的反應」，但我也很清楚，當伴侶的反應傷害到你，你真的很難在身旁陪伴他。

回到基本概念：「處理一個問題所造成的感受」的過程，跟「處理這個問題本身」的過程是分開的。在這一刻，你們兩人都有許多複雜的感受。複雜的感受會傷人，甚至會傷到身體，但只要你們去愛那些感受、正如你們愛彼此讓人舒適的部分，傷痛就會稍微小一點。

我知道說比做容易。這也是為什麼我在《性愛好科學》中，刻意用了一個很蠢的隱喻來解釋該怎麼做：想像你體驗到的每個複雜感受，都是在你最愛的椅子上打瞌睡的小刺蝟。你如果不處理這個不速之客，你就無法放鬆。

找出牠的名字。牠的名字應該類似於我在第三章提到的主要情緒：孤獨、悲傷、憤怒、憂慮。找出牠的需求。牠可能有一段特定的故事，或許是感到被背叛或筋疲力竭，因此需要更多幫助。牠所渴望的東西，終究是被放生、回到牠真正的家：一隻在你情緒生活之外的刺蝟。唉，當牠一開始晃進你的「心理之家」，你不能把牠抓起來扔出門外，而必須幫牠達成牠來這裡的目的。若要找出牠的需求，你必須以體貼且憐憫的態度傾聽（我知道這很難，對不起啦），也要抱持耐心與好奇心。

此外，也要尋求治療。這些對話都很艱難，因此你可以請求專家的協助。

8.可是艾蜜莉，慾望教條深植於我的腦海；我以後該怎麼停止怪罪自己的反應式慾望？

沒錯，你不可能完全不擔心慾望，它是從受傷到痊癒的循環，你一定要度過它。慾望教條有很長的時間，讓自己根深蒂固地植入你的腦海，在你的性愛花園中刻出一條又深又寬的傷口。你可能要經歷好幾次這種過程：感覺自己擺脫了慾望教條、接著又感覺自己壞掉了、接著又感覺自己解放了、接著又感覺自己很丟臉，但這種感覺壞掉或丟臉的階段，會變短、變輕鬆，而覺得自己正常、自信、喜悅的階段將會擴大，充滿更多日子。

重點不在於永遠不感覺自己壞掉，而是接受自己壞掉的感覺，把它當成機會，練習記住一件事：你沒有壞掉，而且永遠不會壞掉。

9. 我知道耐心很重要，也知道陪伴伴侶很重要，可是艾蜜莉，在我因為失去希望而放棄之前，我該耐心等待多久？

這個問題說白了就是「我怎麼知道何時該放棄」；這種問題太大了，不是一本性愛書籍能回答的。幸好我跟艾蜜莉亞在《情緒耗竭》第二章就回答過了。有一種機制，我們稱之為「監測器」；只要理解它怎麼運作，你就知道該怎麼辨別自己是否跨越了門檻、因此必須停止投入時間和精力。接著，假如你決定放棄，問題就會變得更複雜。你到底是要放棄什麼？這整段關係？任何性聯繫的可能性？放棄多久？你是在喘口氣嗎？還是這是永久的改變？假如嘗試之後，沒有任何獲得改變的希望，那你可以停止嘗試。

（我建議你去讀《情緒耗竭》第二章，因為書中有一些重要細節，探討該怎麼了解你的目標，並評估那個目標是否真的適合你；以及該怎麼改變你的大腦對於某特定目標達成難度的看法，也就是「準則速度」。有些目標比別人所說的還費力許多。）

10. 可是艾蜜莉，問題真的出在我伴侶身上。我已經試過所有方法了，他拒絕改變——甚至不願意考慮改變。他不願意把我們的共同脈絡，當成我們用共同好奇心去面對的第三件事。他覺得

我應該閉嘴、忍耐。

好吧。我提供了很多做法，讓你能跟伴侶一起創造改變、處理舊傷、更加清楚地理解他的經驗、表達你的經驗。假如你帶著自信和喜悅及平靜而溫暖的好奇心接近伴侶，但他不願意回報你，或許問題真的出在伴侶身上——例如他們受到性別幻覺束縛，甚至深陷其中。不是所有關係都可以被拯救，不是所有關係都值得拯救。

附錄2
「因為：生物學」

雖然跨性別、非二元、無性別、性別流動及其他性別多元者，光是存在就已經能夠證明性別並非二元的，但有些人很難接受這項事實：不是每個人的內在性別經驗都跟他們的生殖器形狀直接相關。假如你或你認識的人很難接受，我希望這段附錄能幫到忙。

確實，當我們討論人類這個物種時，我們是在討論一種雌雄二型性（sexually dimorphic）的物種，意思是我們有些個體的結構會製造大量的極小配子，而其他個體的結構會製造數量有限的巨大配子。但總人口層級的描述，並沒有個體層級的描述這麼準確。

也就是說，關於總人口的真實陳述（如雌雄二型性的物種），並不能代表總人口中的每一個人。巧的是，除了性別認同之外，我們還對身體和性能力強加了許多二元性，但當我們更靠近觀察，就會發現它們並非真的是二元性。

以染色體為例：一般的情況，是一個卵子結合一個帶有Y染色體或X染色體的精子。於是我們就有了染色體性別。我們把XY稱為染色體男性、XX稱為染色體女性好了。但還有其他各種性染色體組合，例如XXY，也就是克氏症；XYY，被很有創意地稱為XYY症候群；或者只有一個

X，另一個X不見或一部分不見——這叫做透納氏症。這些都不是一個人的身分，只是他們的染色體，而染色體是非二元的。

那麼解剖學呢？我已經提過間性人，他們出生時的生殖器並非明顯的「她是女孩」或「他是男孩」形狀，他們就是解剖學性別並非二元的證據。就跟染色體一樣，一般的情況是XX胎兒會長出讓大人稱新生兒為「女孩」的外生殖器，而XY胎兒會長出讓大人稱新生兒為「男孩」的外生殖器。一般來說，「女孩」生殖器的意思是尿道跟陰蒂分開，而「男孩」生殖器的意思是尿道位於陰莖的龜頭上某處。但有些有XY染色體的人患有尿道下裂，尿道的開口是在陰莖體而不是在龜頭上。而罹患先天性腎上腺增生症（CAH）的XX染色體人士，她的陰道和尿道可能會在接近陰蒂的地方交會並打開，使得陰蒂變得很大，看起來很像陰莖。這兩種間性人疾病是遺傳變異造成的，跟性染色體無關。人類的生殖器就跟染色體一樣，都是非二元的（再次強調，某人的生殖器形狀不會決定他的身分；只有他的內在經驗會決定其身分）。

我們稱之為性（sex）的東西，還有其他生物學層面（例如生殖腺的性〔gonadal sex〕和荷爾蒙的性〔hormanal sex〕），而且都不只有兩種選項。體內沒有任何分析層次的「生理性別」是真的只有兩種。

但是，基於歷史上根深蒂固的複雜理由，我們成長時學到的是：只有XX和XY，只有陰戶和陰莖，只有女孩和男孩。我認為這是性別幻覺的一部分——別人教導我們，染色體只有兩種可能性，沒有其他。別人教導我們看待生物學的觀點，而這種觀點創造出一種幻覺——你絕對可以看見它，但它並不真的存在。一旦你學到生理性別的多樣性、藉此改變你的觀點，幻覺通常就會消失。

想到人們在這方面聽到的謊言，我有時會很生氣。它使既有智慧又有同情心的人們，在思考性別認同不符合解剖學分派之角色的人時，會非常困惑。他們說：「只有兩種！」因為沒人告訴他們，其實不只有兩種。人類的「性」有許多層次，而且沒有任何層次真的「只有兩種」。

所以，生物學是存在的，但在性方面，它沒有任何二元性。人類心理學（與人類生物學分不開）也存在，但在性別認同方面，它沒有任何二元性。文化（與心理學分不開）也存在，但我們從各種文化的性別類型可以得知，它們也不是二元的。二元性只不過是一種幻覺，閃爍於「人類非常多元化」這個現實中。

阿爾弗雷德．金賽（Alfred Kinsey）是二十世紀中期的開創性性研究者，職涯初期是一位生物學家。他是癭蜂（gall wasp）的世界首席專家，一九三〇年針對這個主題發表了一篇五百頁的論文。我一再從他身上尋求靈感、尋求那種關鍵的精確度——他就是用這種精確度寫下種內變異（intraspecies variety）的本質：

> 我們可以藉由檢視領域內的少數個體來開始物種分析。接著我們會對斬釘截鐵的真相感到印象深刻——沒有兩名個體是完全相同的。假如我們擴大調查數十名個體，應該會很困惑：任何人口中都有各式各樣的特性，但他們通常都算是同一個物種。但另一方面，假如我們擴大檢視數百位個體，我們應該會對另一種意見感到印象深刻：個體之間的共同點遠比差異還多……[1]

以他的研究為基礎，我開始傳授我的核心訊息之一：所有人都是由同樣的部位構成，只是組織方式不同。我們都一樣，我們都不一樣，沒有兩個人是相同的，這很正常。

致謝

寫書這件事，正如愛咪・波勒（Amy Poehler，美國女演員）所說：「糟透了。」之所以能完稿，不是因為我與世隔絕、坐在鍵盤前讓自己文思泉湧，而是因為我跟我欣賞的人促膝長談，歡迎他們給我重要回饋。此外，也是因為當我忘記吃飯或洗澡時，有許多人幫我打理日常生活。

這一頁我要感謝你們所有人。

感謝試讀者，他們讀了早期的草稿並提供寶貴的回饋，告訴我什麼東西會有幫助、什麼東西可以寫：史蒂芙・奧特里、史蒂芬妮・艾利斯（Stephanie Ellis）、凱爾西・彼得森（Kelsey Peterson）、凱蒂・梅（Kitty May）、葛蕾絲（Grace）、艾莉卡・莫恩（Erika Moen）、莎拉・納塞爾扎德、切薩・格拉索・希科克斯（Chessa Grasso Hickox）、凱倫・雷恩（Karen Rayne）、伊莉斯・克拉克（Elise Clark）、艾利斯・岡薩雷茲（Ellice Gonzalez）、伊麗莎白・古德斯坦（Elizabeth Goodstein）、凱特・史塔克（Kat Stark）、漢娜・馬庫斯（Hannah Marcus）、露西・菲爾丁、娜汀・桑希爾、賈克琳・弗里德曼（Jaclyn Friedman），希瑟・柯琳娜，以及其他許多想維持匿名的人，更別提數千位時事簡報訂閱者，對於問卷和提問的回答都非常深思熟慮。

接著感謝我的老師們，他們的書改變了這本書。閱讀本書的人也請閱讀他們的書：愛卓恩・

瑪麗・布朗（Adrienne Maree Brown），安德魯・加爾薩（Andrew Garza）、朱利安・B・卡特（Julian B. Carter）、譚凱成、露西・菲爾丁、佩姬・克萊因普拉茲、賽迪亞・哈特曼、席本・塞拉西、蘇珊・強森以及崔西亞・赫塞（Tricia Hersey）。

也要感謝：

我的朋友，安娜・克拉特巴克—庫克（Anna Clutterbuck-Cook）。

我的姊妹，艾蜜莉亞。

我的作家經紀人，琳賽・艾奇庫姆（Lindsay Edgecombe）。

我的編輯，莎拉・韋斯（Sara Weiss）。

最後也最感謝我的插畫家和結婚對象，R・史蒂文斯。我愛你。

附註

引言

1. 除非、或許，只要人類對頻率有期望，而且達成這些期望的話，人們就會更滿足。但我們達成任何期望都會比沒達成還要滿足，不是嗎？See Anthony Smith, et al., “Sexual and Relationship Satisfaction Among Heterosexual Men and Women: The Importance of Desired Frequency of Sex,” *Journal of Sex & Marital Therapy* 37 (2), (2011): 104–15, and Elizabeth A. Schoenfeld, et al., “Does Sex Really Matter? Examining the Connections Between Spouses’ Nonsexual Behaviors, Sexual Frequency, Sexual Satisfaction, and Marital Satisfaction,” *Archives of Sexual Behavior* 46 (2), (2017): 489–501.

2. Anik Debrot, et al., “More Than Just Sex: Affection Mediates the Association Between Sexual Activity and Well-being,” P*ersonality and Social Psychology Bulletin* 43 (3), (2017): 287–99; Amy Muise, Elaine Giang, and Emily A. Impett, “Post Sex Affectionate Exchanges Promote Sexual and Relationship Satisfaction,” *Archives of Sexual Behavior* 43 (7), (2014): 1391–1402.

3. 這些替代方案中，共識或同意是它們的共同主題。See Aleta Baldwin, et al., “Sexual Satisfaction in Monogamous, Nonmonogamous, and Unpartnered Sexual Minority Women in the US,” *Journal of Bisexuality* 19 (1), (2019): 103–19; Rhonda N. Balzarini and Amy Muise, “Beyond the Dyad: A Review of the Novel Insights Gained from Studying Consensual Non-monogamy,” *Current Sexual Health Reports* 12 (4), (2020): 398–404; Terri D. Conley and Jennifer L. Piemonte, “Are There ‘Better’ and ‘Worse’ Ways to Be Consensually Non-monogamous (CNM)?: CNM Types and CNM-Specific Predictors of Dyadic Adjustment,” *Archives of Sexual Behavior* 50 (4), (2021):

1273–86; Jeffrey T. Parsons, et al., “Non-monogamy and Sexual Relationship Quality Among Same-Sex Male Couples,” *Journal of Family Psychology* 26 (5), (2012): 669; Jenna Marie Strizzi et al., “BDSM: Does It Hurt or Help Sexual Satisfaction, Relationship Satisfaction, and Relationship Closeness?” *The Journal of Sex Research*, 59 (2), (2022): 248–57.

4. Peggy Kleinplatz and A. Dana Ménard, *Magnificent Sex: Lessons from Extraordinary Lovers* (Routledge, 2020).

5. 「肥胖光譜」（The Fat Spectrum）起源於「肥脣」（The Fat Lip）Podcast，包括「小胖」、「中胖」、「大胖」、「超胖」等。這個光譜的目的，不是讓我們弄清楚我們是哪種肥胖，而且幫助我們分辨我們能夠享有瘦子特權到什麼程度，即使我們的身體比較大。這些名詞跟我們的感受無關——身材精瘦和中等的人，或許跟胖子一樣會批評自己的身體，而較胖的人假如更加擺脫比基尼工業複合體那種內在批評，感覺就會比瘦的人更自在。

這些名詞代表自己不被接受的程度。你的醫生會評論你的體重、將體重歸咎於健康議題、甚至要求你在尋求治療之前減肥嗎？你的朋友或家人會對你的身體表達「擔心」嗎？你在實體店面找得到合身的衣服嗎？大眾運輸的座位適合你的身材嗎？上述這些，都是你的身體是否「屬於」一個文化的暗示，無論你對身體的感受如何。身為小胖子，我保有一些瘦子特權（或者「更接近瘦子」），而且有責任不批評那些比我更胖的人，因為他們經歷了更多且不同的壓迫（例如被接受度較低）。For more, see Midnight and Airborne, 2020. “Community Origins of the Term ‘Superfat.’ ” Medium, December 2. Accessed on May 24, 2023. cherrymax.medium.com/community-origins-of-the-term-superfat-9e98e1b0f201; Fluffy Kitten Party, 2021. “Fategories—Understanding the Fat Spectrum.” Accessed May 24, 2023. fluffykittenparty.com/2021/06/01/fategories-understanding-smallfat-fragility-the-fat-spectrum/; and Michelle Scott. 2019. “Fat Privilege: Revelations of a Medium Fat Regarding the Fat Spectrum.” Medium, August 14. Accessed May 24, 2023. medium.com/@michellevscott/fat-privilege-revelations-of-a-medium-fat-regarding-the-fat-spectrum-ec70dc908336.

第一章

1. Anders Ågmo and Ellen Laan, "The Sexual Incentive Motivation Model andIts Clinical Applications," *The Journal of Sex Research*: 1–20 (2022); Frank A. Beach, "Characteristics of Masculine 'Sex Drive,' " *Nebraska Symposium on Motivation* 4 (1), (1956): 32; and Barry Singer and Frederick M. Toates, "Sexual Motivation," *The Journal of Sex Research* 23 (4), (1987): 481–501. See also *Come as You Are*, chapter 7.

2. 如果你從來沒有高潮過、但你想要高潮，有幾本書專門在談這項主題，遠遠超過《性愛好科學》的附錄 1。我也納入一些比較概略的書籍，它們是專門寫給性創傷倖存者、跨性別和非二元性別人士的。每本書都是它們那個時代的產物，所以會展現出自己時代的特性。See Lonnie Garfield Barbach, *For Yourself: The Fulfillment of Female Sexuality* (Signet, 1976); Vivienne Cass, *The Elusive Orgasm: A Woman's Guide to Why She Can't and How She Can Orgasm* (Brightfire Press, 2002); Betty Dodson, *Sex for One: The Joy of Selfloving* (New York: Harmony Books, 1987); Lucie Fielding, *Trans Sex: Clinical Approaches to Trans Sexualities and Erotic Embodiments* (Routledge, 2021); J. R. Heiman and J. LoPiccolo, *Becoming Orgasmic: A Sexual and Personal Growth Program for Women* (Prentice Hall, 1988); August McLaughlin and Jamila Dawson, *With Pleasure: Managing Trauma Triggers for More Vibrant Sex and Relationships* (Chicago: Chicago Review Press, 2021); Holly Richmond, *Reclaiming Pleasure: A Sex Positive Guide for Moving Past Sexual Trauma and Living a Passionate Life* (New Harbinger Publications, 2021).

3. 請別將這些答案誤認為科學，它們只是一群陌生人（多半在網路上），剛好在追我的作品。我沒有追蹤任何人的人口統計資料，我不知道我在此引用的人們的性別、種族、宗教、年齡、性傾向或交往狀態，但這些都不重要。假如某人的字句引起你的共鳴，寫這句話的人並不重要。你沒有共鳴的事情也一樣。我是在分享我聽到的話，幫助你的大腦開始回答這個問題。

4. 無性戀性教育者奧布里・蘭卡斯特（Aubri Lancaster）在其研討會傳授了這件事。請向她脫帽致意！www.AceSexEducation.com.

第二章

1. 「教條」這個語言，我是從巴克等人的《媒合的親密關係：媒體文化中的性愛建議》中借來的。第十章會詳談這件事。

2. Peggy Kleinplatz and A. Dana Ménard, *Magnificent Sex: Lessons from Extraordinary Lovers* (Routledge, 2020); Barry McCarthy and Emily McCarthy, *Contemporary Male Sexuality: Confronting Myths and Promoting Change* (Routledge, 2020); Jane Fleishman, *The Stonewall Generation: LGBTQ Elders on Sex, Activism, and Aging* (Skinner House Books, 2020).

3. 親愛的書呆子們，沒錯，主觀的愉悅體驗和享樂影響的神經過程，有很大的不同，主觀的慾望體驗和誘因相關的神經過程也不同。假如你知道不同之處是什麼，那就表示我也知道，但愉悅和慾望之間的區別，就已經讓人很難搞懂了，更別說還要討論各分析層次的互動；而且我發現，傳授分析層次並不能幫助人們擁有更好的性生活（這也是本書的目的）。

科學在這裡的作用是隱喻。我為了幫助大家擁有更好的性生活而抄了許多捷徑，這只是其中一條。你若感到失望就儘管失望吧，但接著你要提醒自己，你讀這本書是為了讓自己的性生活變好，而這種隱喻會幫助你辦到這件事。如果你想讀科學，請洽肯特・貝里奇（Kent Berridge）！

4. 研究人員衡量過情侶為了在衝突期間恢復信任和正向情緒、而採取的「修復」舉動，他們發現女性的修復舉動通常最有效。See John M. Gottman, The Science of Trust: Emotional Attunement for Couples (New York: W. W. Norton & Company, 2011), 274–9.

5. *Science of Trust, chapter* 7.

6. Donald Hall, "The Third Thing," Poetry 185 (2), (2004): 113–21. Hat tip to John Green, *The Anthropocene Reviewed: Essays on a Human-Centered*

Planet (Penguin, 2023), for pointing readers to this essay.

7. Kleinplatz and Ménard, Magnificent Sex.

第三章

1.「有利於」這個字眼，我是從無性戀社群中借來的；有人會認為某件事「有利於性愛」，意思是有些脈絡就算缺乏性吸引力（無性戀的經驗多半都是如此），性愛仍然很有趣。他們用這個字眼代替「性積極」，因為「性積極」有各式各樣的含意。我用「有利於」取代「正向」，是因為我承認有許多人聽信別人、結果對主要情緒抱持「次要情緒」；也就是說，我們對於這些「正向」感受會感到自我批評、羞恥、恐懼或憤怒。此外我用「有害」代替「不利」，以強調恐慌／悲痛、恐懼和暴怒都會使我們本能性地避開它們。

2. 警告：我在這裡提到的書籍，不適合想了解人類性能力科學的人；它是在談哺乳類，而很多可以適用於哺乳類的科學，並不適用於人類。See Jaak Panksepp and Lucy Biven, *The Archaeology of Mind: Neuroevolutionary Origins of Human Emotion* (New York: W. W. Norton & Company, 2012).

3. 或許你會想把這些主要情緒過程想成我們的人格特質；約翰．高曼在 2001 年的著作《關係療癒》（*The Relationship Cure*）中提供了這種隱喻，以便理解這些核心情緒系統。他替每個系統取了一個名字、並賦予一個任務：弄臣、築巢者、探索者等。你可以如法炮製，想想當你的脈絡改變時，哪一種特質會出現在你心理狀態的最前方。

或者，或許每個空間都是一種顏色，而你可以用你喜歡的顏色來辨別自己的位置。或者每個空間都是一首歌，會喚起一種特定的情緒。

或者你覺得更字面的語言最適合用來描述主要情緒過程—那就是把它當成神經網路來啟動。太讚了！請畫出啟動點、從一個啟動點過渡到另一個啟動點的過程、以及一次啟動好幾個網路的過程。懷斯在2020 年著作《為什麼好好做愛很重要》有詳細探討。如果你還想更徹底了解與此相關的科學，潘克賽普和露西．拜文（Lucy Biven）的著作《心靈考古學》（*The Archaeology of Mind*）是個很詳盡的起點。

4. John M. Gottman and Joan DeClaire, *The Relationship Cure: A 5 Step Guide to Strengthening Your Marriage, Family, and Friendships* (Harmony, 2001); Nan Wise, *Why Good Sex Matters: Understanding the Neuroscience of Pleasure for a Smarter, Happier, and More Purpose-Filled Life* (Houghton Mifflin, 2020).

5. 這個框架中的「羞恥」是一種次要情緒過程，但色慾等空間都是主要情緒過程。只要羞恥是對於社會制約的後天反應，它就是次要的。See Panksepp and Biven, *Archaeology of Mind*, 10.

6. Barry McCarthy and Emily McCarthy, *Couple Sexuality After 60: Intimate, Pleasurable, and Satisfying* (Routledge, 2021).

7. C. D. Lynch, "How Long Does It Take the Average Couple to Get Pregnant? A Systematic Review of What We Know," *Fertility and Sterility* 96 (3), (2011): S115.

8. "Jealousy Is My Kink," *Dear Jessamyn*, podcast episode 210, originally aired July 2021. Accessed May 24, 2023. dearjessamyn.com/episode-210.

9. 他們也搞砸了夏綠蒂（Charlotte）一角。真是史上最爛的改編。

10. Amit Bernstein, Yuval Hadash, and David M. Fresco, "Metacognitive Processes Model of Decentering: Emerging Methods and Insights," *Current Opinion in Psychology* 28, (2019): 245–51; Steven C. Hayes, *A Liberated Mind: How to Pivot Toward What Matters* (Penguin, 2020); Richard C. Schwartz, *No Bad Parts: Healing Trauma and Restoring Wholeness with the Internal Family Systems Model* (Sounds True, 2021).

11. Laura Schmalzl and Catherine E. Kerr, "Neural Mechanisms Underlying Movement-Based Embodied Contemplative Practices," *Frontiers in Human Neuroscience* 10, (2016): 169.

第五章

1. 當我請教性積極的提供者，人們做愛時感到疼痛需要協助的話，我該介紹他們去哪裡？他們推薦赫爾曼和華勒斯骨盆腔復健研究所（Herman

& Wallace Pelvic Rehabilitation Institute）。

第六章

1. Sara Nasserzadeh, *Love by Design: 6 Ingredients to Build a Lifetime of Love* (Balance, 2024).

2. Terrence Real, *Us: Getting Past You and Me to Build a More Loving Relationship* (Rodale Books, 2022).

3. Michael H. Boyle et al., "Differential-Maternal Parenting Behavior: Estimating Within-and Between-Family Effects on Children," *Child Development* 75 (5), (2004): 1457–76; Edward Tronick, et al., "The Infant's Response to Entrapment Between Contradictory Messages in Face-to-Face Interaction," *Journal of the American Academy of Child Psychiatry* 17 (1), (1978): 1–13.

4. Lynne Murray, "Emotional Regulations of Interactions Between Two-Month-Olds and Their Mothers," *Social Perception in Infants* (1985): 177–97.

5. Gottman, *The Science of Trust*, 67.

6. Ibid., 74.

7. 我一直在等待一本以成人為焦點、關於氣質這門科學的書籍，但到目前為止，我最想推薦的是一本育兒書籍。但是，我跟推薦我這本書的實習主管說道：「我也算是母親，因為我的靈魂就像個小孩。」意思是說，我必須教導自己為了成功而擬定計畫，畢竟我的氣質就是這樣。See Mary Sheedy Kurcinka, *Raising Your Spirited Child: A Guide for Parents Whose Child Is More Intense, Sensitive, Perceptive, Persistent, and Energetic* (HarperCollins, 2015).

8. Gottman, *The Science of Trust*; Sue Johnson, *Hold Me Tight: Seven Conversations for a Lifetime of Love* (Little, Brown Spark, 2008); David Richo, *How to Be an Adult: A Handbook on Psychological and Spiritual Integration* (Paulist Press, 1991); Richard C. Schwartz, *No Bad Parts: Healing Trauma and Restoring Wholeness with the Internal Family Systems Model*

(Sounds True, 2021); Mark Wolynn, *It Didn't Start with You: How Inherited Family Trauma Shapes Who We Are and How to End the Cycle* (Penguin, 2017).

第七章

1. Squirmy and Grubs, "Intimacy & Disability—How We Make It Work— Q&A Part 1." YouTube, May 20, 2022. youtube.com/watch?v =8iBRO cohmxk; Squirmy and Grubs, "Does Shane's Disease Affect His Sex Drive?—Intimacy and Disability Q&A Part 3." YouTube, June 22, 2020. youtube.com / watch?v=3LJJnULUyFY.

2. StyleLikeU, "Laughing at Your Ableist BS: Shane & Hannah Burcaw Hold a Mirror Up to Your Limited Idea of Love." YouTube, January 20, 2022. youtube.com/watch?v=Y-T39djpGRo&ab_channel=StyleLikeU.

3. Jessica Kellgren-Fozard, "My wife is not an angel// Part I [CC]." YouTube, May 2, 2020. youtube.com/watch?v=-s9GaEha2Nw; Jessica Kellgren-Fozard, "Are there benefits to dating a disabled person?// Part 2: My wife is not an angel [CC]." YouTube, May 5, 2020. youtube.com/watch?v=qUxdPIMTCB8.

4. Staci Haines, *Healing Sex: A Mind-Body Approach to Healing Sexual Trauma* (Cleis Press Start, 2007); August McLaughlin and Jamila Dawson, *With Pleasure: Managing Trauma Triggers for More Vibrant Sex and Relationships* (Chicago: Chicago Review Press, 2021); Holly *Richmond, Reclaiming Pleasure: A Sex Positive Guide for Moving Past Sexual Trauma and Living a Passionate Life* (New Harbinger Publications, 2021); Erika Shershun, *Healing Sexual Trauma Workbook: Somatic Skills to Help You Feel Safe in Your Body, Create Boundaries, and Live with Resilience* (New Harbinger Publications, 2021); David A. Treleaven, Trauma-Sensitive Mindfulness: Practices for Safe and Transformative Healing (New York: W. W. Norton & Company, 2018); Bessel A. Van der Kolk, *The Body Keeps the Score: Brain, Mind, and Body in the Healing of Trauma* (Penguin Books, 2015).

第八章

1. 這是「跨理論模型」或「改變階段理論」的簡略描述，再加上應用於階段的動機式晤談。歡迎來到公共衛生碩士班第一學期！See Stephen Rollnick, *Motivational Interviewing: Preparing People for Change* (Guilford Press, 2002); James O. Prochaska, "Transtheoretical Model of Behavior Change," *Encyclopedia of Behavioral Medicine*, (2020): 2266–70; James O. Prochaska and W. F. Velicer, "The Transtheoretical Model of Health Behavior Change," American Journal of Health Promotion 12 (1), (1997).

2. 任何提出「階段」的理論模型，並不是真的建議人們要從一個明顯的階段轉變到另一個，只是提供一個框架，將真實人類行為的模糊與矛盾之處，予以脈絡化和操作化。你不必太執著於一個人處於什麼階段，我們隨時都處於某個過程中。

3. 而且還有「復發」這回事，任何成癮治療都會納入這種狀況，將它正常化，這樣當它發生時，人們就不會恐慌。它也適用於改變你們的共同性聯繫，因為「人們學習性愛，應用所學，接著遇到瓶頸，就回到舊模式」非常常見。這不是問題，而是這個過程的正常部分。在這個階段（跟所有階段一樣），你要大量運用信任和欣賞，練習自信和喜悅，用「從受傷到痊癒的循環」來面對任何自我批評和挫折，並且用平靜而溫暖的好奇心，看待想要進一步改變的興致。你正在做，你正在讓它發生。

4. 艾蜜莉亞很親切地允許我將這張照片分享給世人。來自作者的收藏。

5. Allegra Gordon et al., "Eating Disorders Among Transgender and Gender Non-binary People," *Eating Disorders in Boys and Men*, (2021): 265–81.

6. Maria Fernández-Capo, et al., "Measuring Forgiveness: A Systematic Review," *European Psychologist* 22 (4), (2017): 247.

第九章

1. Carey Noland, "Communication and Sexual Self-Help: Erotica, Kink and the *Fifty Shades of Grey* Phenomenon," Sexuality & Culture 24 (5), (2020): 1457–79.

2. 藉由書籍來學習奇特的性癖會使你受益良多，只要你加入的社群會主動練習和傳授安全技巧，包括同意／溝通技巧。但就算只讀書也很棒！以下列舉幾本在BDSM社群廣受推薦的書籍：Molly Devon and Philip Miller, *Screw the Roses, Send Me the Thorns: The Romance and Sexual Sorcery of Sadomasochism* (Fairfield, CT: Mystic Rose, 1995); Lee Harrington and Mollena Williams, *Playing Well with Others: Your Field Guide to Discovering, Navigating and Exploring the Kink, Leather and BDSM Communities* (SCB Distributors, 2012); Tristan Taormino, *50 Shades of Kink: An Introduction to BDSM* (Cleis Press, 2012); Jay Wiseman, *SM 101: A Realistic Introduction* (CA: Greenery Press, 1996).

3. Jacqueline N. Cohen and E. Sandra Byers, "Beyond Lesbian Bed Death: Enhancing Our Understanding of the Sexuality of Sexual-Minority Women in Relationships," *The Journal of Sex Research* 51 (8), (2014): 893–903; Suzanne Iasenza, "Beyond 'Lesbian Bed Death' the Passion and Play in Lesbian Relationships," *Journal of Lesbian Studies* 6 (1), (2002): 111–20.

4. Karen L. Blair and Caroline F. Pukall, "Can Less Be More? Comparing Duration vs. Frequency of Sexual Encounters in Same-Sex and Mixed-Sex Relationships," The Canadian Journal of Human Sexuality 23 (2), (2014): 123–36; David A. Frederick et al., "Debunking Lesbian Bed Death: Using Coarsened Exact Matching to Compare Sexual Practices and Satisfaction of Lesbian and Heterosexual Women," *Archives of Sexual Behavior* 50 (8), (2021): 3601–19.

5. Karen L. Blair, Jaclyn Cappell, and Caroline F. Pukall, "Not All Orgasms

Were Created Equal: Differences in Frequency and Satisfaction of Orgasm Experiences by Sexual Activity in Same-Sex Versus Mixed-Sex Relationships," The Journal of Sex Research 55 (6), (2018): 719–33; Jacqueline N. Cohen and E. Sandra Byers, "Beyond Lesbian Bed Death: Enhancing Our Understanding of the Sexuality of Sexual-Minority Women in Relationships," *The Journal of Sex Research* 51 (8), (2014): 893–903; Justin R. Garcia et al., "Variation in Orgasm Occurrence by Sexual Orientation in a Sample of US Singles," *The Journal of Sexual Medicine* 11 (11): 2645–52.

6. Malachi Willis, et al., "Are Women's Orgasms Hindered by Phallocentric Imperatives?" *Archives of Sexual Behavior* 47 (6), (2018): 1565–76.

7. 我在寫這本書時，州立法機構提出了數百條反跨性別法案，其中 63 條正在審議，73 條沒通過……還有 98 條通過了，而且每年通過的法律都比前一年多（2021 年 20 條；2022 年 29 條；2023 年截至 5 月下旬我寫這段文字的時候，已經通過了 49 條）。「2023 年反跨性別法律」，tracktranslegislation.com/。

年分	未通過	審議中	通過	提案
2023（截止 5 月）	29	39	49	413
2022	24	11	29	188
2021	19	13	20	213
合計	73	63	98	814

8. Michele O'Mara, "Lesbian Bed Death Meaning and History," *The Correlation of Sexual Frequency and Relationship Satisfaction Among Lesbians*, 2012. Accessed May 24, 2023. micheleomara.com/lesbian-bed-death-lesbian-sexual-frequency/.

9. American Civil Liberties Union. "Mapping Attacks," Human Rights Watch "LGBT Rights."

10. For details, see chapter 7 of *Come as You Are; chapter* 5 of Burnout; Lindo Bacon, *Health at Every Size: The Surprising Truth about Your Weight* (Dallas, TX: BenBella Books, Inc., 2010); and Sonya Renee Taylor, T*he Body Is Not an Apology: The Power of Radical Self-love* (Berrett-Koehler Publishers, 2021).

11. Sonalee Rashatwar, "How I Made Peace with My Fat Body and Disappointed My Parents," *Health*, March 19, 2023. Accessed May 24, 2023. health.com/mind-body/sonalee-rashatwar-how-i-made-peace-with-my-fat-body-health-at-every-size.

12. Diana-Abasi Ibanga, "The Concept of Beauty in African Philosophy," *Africology: The Journal of Pan African Studies* 10 (7): (2017). But also it's complicated, when it comes to gender: see Molly Manyonganise, "Oppressive and Liberative: A Zimbabwean Woman's Reflections on Ubuntu," *Verbum et Ecclesia* 36 (2), (2015): 1–7.

13. Fitz, "The Pieces of the Puzzle," in *Trans Sex: Clinical Approaches to Trans Sexualities and Erotic Embodiments*, ed. Lucie Fielding (Routledge, 2021), 171.

14. Rae McDaniel, *Gender Magic* (Balance, 2023), 113.

第十章

1. 我描述的是正向情境，但由於政策的緣故，全世界發生更糟情境的頻率當然還是很高。例如波士頓兒童醫院（Boston Children's Hospital）這間首席小兒科，直到2020年才宣布不再提供間性人手術，除非患者年紀足以同意此事。以患者為中心的指導方針確實存在，但醫療實務花了很長的時間才跟上這個方針。See interACT: Advocates for Intersex Youth, Lambda Legal, and Proskauer Rose LLP, 2018, "Intersex-Affirming Hospital Policy Guide: Providing Ethical and Compassionate Health Care to Intersex Patients."

legacy.lambdalegal.org/publications/intersex-affirming.

2. Eustace Chesser, *Love Without Fear: A Plain Guide to Sex Technique for Every Married Adult* (Rich & Cowan, 1941); Betty Friedan, *The Feminine Mystique* (New York: W. W. Norton & Company, 1963); Mike Grace and Joyce Grace, *A Joyful Meeting* (St. Paul, MN: International Marriage Encounter, 1980); Kate Manne, *Down Girl: The Logic of Misogyny* (Oxford University Press, 2017); Barry McCarthy and Emily McCarthy, *Contemporary Male Sexuality: Confronting Myths and Promoting Change* (Routledge, 2020); Jo Barraclough Paoletti, *Pink and Blue: Telling the Boys from the Girls in America* (Indiana University Press, 2012); Sari M. van Anders et al., "The Heteronormativity Theory of Low Sexual Desire in Women Partnered with Men," *Archives of Sexual Behavio*r 51 (1), (2022): 391–415.

3. Nagoski and Nagoski, *Burnout*, xiii and 62–65.

4. Ågmo and Laan, "The Sexual Incentive Motivation Model." See also chapter 7 of *Come as You Are*.

5. McCarthy and McCarthy, *Contemporary Male Sexuality*.

6. Yoko Kanemasu and Asenati Liki, " 'Let Fa'afafine Shine Like Diamonds': Balancing Accommodation, Negotiation and Resistance in Gender-Nonconforming Samoans' Counter-hegemony," *Journal of Sociology* 57 (4), (2021): 806–24.

7. Wesley Thomas, "Navajo Cultural Constructions of Gender and Sexuality," T*wo-Spirit People: Native American Gender Identity, Sexuality, and Spirituality*, (1997): 156–73.

8. Sharyn Davies, *Challenging Gender Norms: Five Genders among Bugis in Indonesia* (Gale Cengage, 2007).

9. Oyèrónkẹ́ Oyěwùmí, *The Invention of Women: Making an African Sense of Western Gender Discourses* (University of Minnesota Press, 1997).

10. Sandy O'Sullivan, "The Colonial Project of Gender (and Everything Else)," *Genealogy* 5 (3), (2021): 67.

11. Joseph M. Currin, et al., "Gender Normative Behavior as a Predictor of Acceptance of Transgender Individuals in the Workplace by Cisgender Coworkers," *Journal of LGBTQ Issues in Counseling* 16 (2), (2022): 169–85.

12. McCarthy and McCarthy, *Couple Sexuality After* 60, 57.

第十一章

1. 這還沒算進「太太對丈夫的十大抱怨」、「男人無法忍受老婆的五件事」之類的線上文章，更別提婚姻回憶錄，這些也是有臨床實務和實證研究基礎的。See John M. Gottman, "How Marriages Change," *Depression and Aggression in Family Interaction*, edited by G. R. Patterson (1990): 75–101. Lawrence Erlbaum Associates, Inc.: 89; Heather Havrilesky, *Foreverland: On the Divine Tedium of Marriage* (Ecco, 2022); Harrison Scott Key, *How to Stay Married: The Most Insane Love Story Ever Told* (Avid Reader Press / Simon & Schuster, 2023); Kate Mangino, *Equal Partners: Improving Gender Equality at Home* (St. Martin's Press, 2022); Terrence Real, *How Can I Get Through to You?: Closing the Intimacy Gap Between Men and Women* (Scribner, 2010).

2. 瑪麗・史托普斯（Marie Stopes）在她著名（且符合優生學）的性愛建議手冊《已婚之愛》（*Married Love*）中，用了一整章來探討「女性的叛逆」，並將其歸因於驚奇。一百年後，我們知道經期和性趣、性感受、性行為之間的連結，並沒有她說的這麼直接，反而還差遠了。See Lisa M. Diamond., et al., "Menstrual Cycle Changes in Daily Sexual Motivation and Behavior Among Sexually Diverse Cisgender Women," *Archives of Sexual Behavior* (2022): 1–12; Urszula M. Marcinkowska, et al., "Hormonal Underpinnings of the Variation in Sexual Desire, Arousal and Activity Throughout the Menstrual Cycle–A Multifaceted Approach," *The Journal of Sex Research* (2022): 1–7; Marie Stopes, *Married Love: A New Contribution to the Solution of Sex Differences* (London: G. Putnam's Sons, 1918); Sari M. van Anders et al., "The Heteronormativity Theory of Low Sexual Desire in

Women Partnered with Men," Archives of Sexual Behavior 51 (1), (2022): 391–415.

3. Ernest Jones, *The Life and Work of Sigmund Freud, Vol. 1. The formative years and the great discoveries*, 1856–1900 (1953).

4. *The American Magazine*, Crowell-Collier Publishing Company, 1911, 619.

5. Editor, "Training for Freedom: We Want Bread—and Roses Too."

6. Saidiya Hartman, *Wayward Lives, Beautiful Experiments: Intimate Histories of Riotous Black Girls, Troublesome Women, and Queer Radicals* (New York: W. W. Norton & Company, 2019).

7. Sigmund Freud, "The Psychical Consequences of the Anatomic Distinction Between the Sexes." *Complete Psychological Works of Sigmund Freud: "The Ego and the Id" and Other Works* 19 (1925) 2014: 242–60.

8. Heidi Staufenberg, "8.6 Female Psychosexuality," *Freud-Handbuch Leben Werk Wirkung Sonderausgabe*, edited by Hans-Martin Lohmann and Joachim Pfeiffer (Stuttgart, Germany: Springer-Verlag, 2006): 162–67.

第十二章

1. Fred B. Bryant and Joseph Veroff, *Savoring: A New Model of Positive Experience* (Psychology Press, 2017).

2. Ibid., xx. 剩下的品味技巧仍然適用於情慾，但可能有點沒那麼直接，包括：

● 記憶建構。主動挑選正向時刻，在你的意識中凸顯它們，並且儲存它們、等到未來再回想。

● 自鳴得意。暫停下來私下慶祝，告訴自己你有多麼驕傲、或是別人必定多麼佩服你。

● 比較。對比你自己與別人的感受，或將當下的情況與過去的類似時刻或其他可能結果做比較。這種策略就是「有可能更糟糕！」。

● 知足惜福。提醒你自己：你擁有、經歷過許多好事，即使你處於沒那麼好的事情之中。

●全神貫注。有許多人會用「心流」的概念描述這種策略。只存在於當下，而不是擔心未來或反思過去。

3. Shemeka Thorpe, et al., “The Peak of Pleasure: US Southern Black Women’s Definitions of and Feelings Toward Sexual Pleasure,” *Sexuality & Culture* 26 (3), (2022): 1115–31; Shemeka Thorpe, et al., “Black Queer Women’s Pleasure: A Review,” *Current Sexual Health Reports*, (2023): 1–7. 索普從她的研究參與者記述發現，愉悅之山有三個基礎層面、以及四個「高峰愉悅促進因素」。

三個層面：

●性愉悅的情緒層面指「在情緒上親近和聯繫伴侶的經驗」，包括憐憫、溫柔、關心和脆弱性之類的亢奮經驗。參與者用「愛」這個字眼描述這個層面。

●性愉悅的心理層面指「處在當下，心無旁騖、能夠放下」。它就像我在第一章所說的「自由」經驗，感到自己擺脫生活中其他雜音，再加上自己的期望和慾望被滿足的感覺。參與者用「滿足、滿意、愉快」等字眼描述這個層面。

●性愉悅的肉體層面跟體感有關，尤其是（這是這個層面的關鍵特徵）這個經驗的性愛後的「決心」階段。肉體緊張感的釋放就跟高潮本身一樣，都是性愉悅經驗的一部分。這個層面跟情緒無關，但是跟體感本身有關，包括全身刺痛、生殖器發紅發熱，以及解放肉體的經驗。

四個促進因素：

●陪伴互動是指感到相互滿足、或有能力帶給伴侶愉悅，例如聽他們呻吟。

●解放跟性愉悅的心理層面尤其有關。大約19%的研究參與者形容性愉悅是「感到完全無拘無束和不受妨礙」。這不只是我在第一章描述的「自由」——也就是真正擺脫壓力、煩惱和拘束。這種解放經驗更大，是從「黑人女性應該怎麼引起性慾」徹底解放。這樣會創造一種脈絡，讓他們可以根據自己的主張，盡情享受性愉悅。而解放會考慮到性愛動力的經驗，尤其是同時「完全掌控」和「擺脫掌控」的雙重經驗。

●身心靈意識類似克萊因普拉茲和梅納德對於參與者「完全處於自己體內並有意識，卻也能理解伴侶身體」之能力的描述。

●高潮。無論是一個人或一起高潮。重要的是，許多參與者形容這個促進因素不只是「達到高潮」，而是一整段過程：逐漸興奮和愉悅、增加肉體緊張感、接著是高潮。高潮作為高峰愉悅的促進因素，就不只是高潮而已，而是一段橫越性愛地帶、達到高潮境地的旅程。

4. Kleinplatz and *Ménard, Magnificent Sex*.

5. Jess Tarpey, et al., *The Bump'n Book of Love, Lust & Disability*.

附錄 2

1. Alfred Kinsey, *The Gall Wasp Genus Cynips: A Study in the Origin of Species, in Indiana University Studies vol. XVI* (Bloomington, IN: Indiana University, 1930), 18.

參考資料

Ågmo, Anders, and Ellen Laan. 2022. "The Sexual Incentive Motivation Model and Its Clinical Applications." *The Journal of Sex Research*: 1–20.

American Civil Liberties Union. "Mapping Attacks on LGBTQ Rights in U.S. State Legislatures." Accessed May 24, 2023. aclu.org/legislative-attacks-on -lgbtq-rights.

Bacon, Lindo. 2010. Health at Every Size: *The Surprising Truth about Your Weight*. Dallas, TX: BenBella Books, Inc.

Baldwin, Aleta, Debby Herbenick, Vanessa R. Schick, Brenda Light, Brian Dodge, Crystal A. Jackson, and J. Dennis Fortenberry. 2019. "Sexual Satis-faction in Monogamous, Nonmonogamous, and Unpartnered Sexual Minor-ity Women in the US." *Journal of Bisexuality* 19 (1): 103–19.

Balzarini, Rhonda N., and Amy Muise. 2020. "Beyond the Dyad: A Review of the Novel Insights Gained from Studying Consensual Non-monogamy." *Current Sexual Health Reports* 12 (4): 398–404.

Barbach, Lonnie Garfield. 1976. *For Yourself: The Fulfillment of Female Sexual-ity*. Signet.

Beach, Frank A. 1956. "Characteristics of Masculine 'Sex Drive.' " *Nebraska Symposium on Motivation* 4 (1): 32.

Bernstein, Amit, Yuval Hadash, and David M. Fresco. 2019. "Metacognitive Processes Model of Decentering: Emerging Methods and Insights." *Current Opinion in Psychology* 28: 245–51.

Blair, Karen L., Jaclyn Cappell, and Caroline F. Pukall. 2018. "Not All Orgasms Were Created Equal: Differences in Frequency and Satisfaction of Orgasm Experiences by Sexual Activity in Same-Sex Versus Mixed-Sex Relationships." *The Journal of Sex Research* 55 (6): 719–33.

Blair, Karen L., and Caroline F. Pukall. 2014. "Can Less Be More? Comparing Duration vs. Frequency of Sexual Encounters in Same-Sex and Mixed-Sex Relationships." *The Canadian Journal of Human Sexuality* 23 (2): 123–36.

Boyle, Michael H., Jennifer M. Jenkins, Katholiki Georgiades, John Cairney, Eric Duku, and Yvonne Racine. 2004. "Differential-Maternal Parenting Behavior: Estimating Within- and Between-Family Effects on Children." *Child Develop-ment* 75 (5): 1457–76.

Bryant, Fred B., and Joseph Veroff. 2017. *Savoring: A New Model of Positive Ex-perience*. Psychology Press.

Cass, Vivienne. 2002. The Elusive Orgasm: *A Woman's Guide to Why She Can't and How She Can Orgas*m. Brightfire Press.

Chesser, Eustace. 1941. Love Without Fear: *A Plain Guide to Sex Technique for Every Married Adult*. Rich & Cowan.

Cohen, Jacqueline N., and E. Sandra Byers. 2014. "Beyond Lesbian Bed Death: Enhancing Our Understanding of the Sexuality of Sexual-Minority Women in Relationships." *The Journal of Sex Research* 51 (8): 893–903.

Conley, Terri D., and Jennifer L. Piemonte. 2021. "Are There 'Better' and 'Worse' Ways to Be Consensually Non-monogamous (CNM)?: CNM Types and CNM-Specific Predictors of Dyadic Adjustment." *Archives of Sexual Behavior* 50 (4): 1273–86.

Currin, Joseph M., Lindsay Rice, Amelia E. Evans, Hannah R. Snidman, and Cameron D. Taylor. 2022. "Gender Normative Behavior as a Predictor of Acceptance of Transgender Individuals in the Workplace by Cisgender Co-workers." *Journal of LGBTQ Issues in Counseling* 16 (2): 169–85.

Davies, Sharyn. 2007. *Challenging Gender Norms: Five Genders among Bugis in Indonesia*. Gale Cengage.

Debrot, Anik, Nathalie Meuwly, Amy Muise, Emily A. Impett, and Dominik Schoebi. 2017. "More Than Just Sex: Affection Mediates the Association Be¬tween Sexual Activity and Well-being." *Personality and Social Psychology Bul¬letin* 43 (3): 287–99.

Devon, Molly, and Philip Miller. 1995. Screw the Roses, Send Me the Thorns: *The Romance and Sexual Sorcery of Sadomasochism*. Fairfield, CT: Mystic Rose.

Diamond, Lisa M., Janna A. Dickenson, and Karen L. Blair. 2022. "Menstrual Cycle Changes in Daily Sexual Motivation and Behavior Among Sexually Di-verse Cisgender Women." *Archives of Sexual Behavior*: 1–12.

Dodson, Betty. 1987. *Sex for One: The Joy of Selfloving*. New York: Harmony Books.

Editor. 1918. "Training for Freedom: We Want Bread—and Roses Too." Life and Labor: *A Monthly Magazine* 8: 189.

Fernández-Capo, Maria, Silvia Recoder Fernández, María Gámiz Sanfeliu, Juana Gómez Benito, and Everett L. Worthington Jr. 2017. "Measuring Forgive-ness: *A Systematic Review." European Psychologist* 22 (4): 247.

Fielding, Lucie. 2021. *Trans Sex: Clinical Approaches to Trans Sexualities and Erotic Embodiments*. Routledge.

Fleishman, Jane. 2020. "The Stonewall Generation: LGBTQ Elders on Sex, Ac-tivism, and Aging." Skinner House Books.

Fluffy Kitten Party. 2021. "Fategories—Understanding the Fat Spectrum." Accessed May 24, 2023. fluffykittenparty.com/2021/06/01/fategories -understanding -smallfat -fragility-the-fat-spectrum/.

Frederick, David A., Brian Joseph Gillespie, Janet Lever, Vincent Berardi, and Justin R. Garcia. 2021. "Debunking Lesbian Bed Death: Using Coarsened Exact Matching to Compare Sexual Practices and Satisfaction of Lesbian and Heterosexual Women." *Archives of Sexual Behavior* 50 (8): 3601–19.

Freud, Sigmund. (1925) 2014. "The Psychical Consequences of the Anatomic Distinction Between the Sexes." *Complete Psychological Works of Sigmund Freud: "The Ego and the Id" and Other Works* 19: 242–60.

Friedan, Betty. 1963. *The Feminine Mystique*. New York: W. W. Norton & Com-pany.

Garcia, Justin R., Elisabeth A. Lloyd, Kim Wallen, and Helen E. Fisher. "Varia¬tion in Orgasm Occurrence by Sexual Orientation in a Sample of US Sin¬gles." *The Journal of Sexual Medicine* 11 (11): 2645–52.

Gignac, Gilles E., Joey Darbyshire, and Michelle Ooi. 2018. "Some People Are Attracted Sexually to Intelligence: A Psychometric Evaluation of Sapiosexual-ity." *Intelligence* 66: 98–111.

Gordon, Allegra R., L. B. Moore, and Carly Guss. 2021. "Eating Disorders Among Transgender and Gender Non-binary People." *In Eating Disorders in Boys and Men*, edited by J. M. Nagata et al., 265–81. Springer International Publishing.

Gottman, John M. 1990. "How Marriages Change." In *Depression and Aggres-sion in Family Interaction*, edited by G. R. Patterson, 75–101. Lawrence Erl¬baum Associates, Inc.: 89.

———. 2011. *The Science of Trust: Emotional Attunement for Couples*. New York: W. W. Norton & Company.

Gottman, John M., and Joan DeClaire. 2001. The Relationship Cure: A 5 *Step Guide to Strengthening Your Marriage, Family, and Friendships*. Harmony.

Grace, Mike, and Joyce Grace. 1980. "A Joyful Meeting." St. Paul, MN: Interna¬tional Marriage Encounter.

Green, John. 2023. *The Anthropocene Reviewed: Essays on a Human-Centered Planet*. Penguin.

Haines, Staci. 2007. *Healing Sex: A Mind-Body Approach to Healing Sexual Trauma*. Cleis Press Start.

Hall, Donald. 2004. "*The Third Thing*." Poetry 185 (2): 113–21.

Harrington, Lee, and Mollena Williams. 2012. *Playing Well with Others: Your Field Guide to Discovering, Navigating and Exploring the Kink, Leather and BDSM Communities*. SCB Distributors.

Hartman, Saidiya. 2019. *Wayward Lives, Beautiful Experiments: Intimate Histo¬ries of Riotous Black Girls, Troublesome Women, and Queer Radicals*. New York: W. W. Norton & Company.

Havrilesky, Heather. 2022. Foreverland: *On the Divine Tedium of Marriage*. Ecco.

Hayes, Steven C. 2020. *A Liberated Mind: How to Pivot Toward What Matters*. Penguin.

Heiman, J. R., and J. LoPiccolo. 1988. *Becoming Orgasmic: A Sexual and Per-sonal Growth Program for Women. Prentice* Hall.

Human Rights Watch. "LGBT Rights." Accessed May 24, 2023. hrw.org /topic/lgbt-rights.

Iasenza, Suzanne. 2002. "Beyond 'Lesbian Bed Death' the Passion and Play in Lesbian Relationships." *Journal of Lesbian Studies* 6 (1): 111–20.

Ibanga, Diana-Abasi. 2017. "The Concept of Beauty in African Philosophy." *Africology: The Journal of Pan African Studies* 10 (7).

interACT: Advocates for Intersex Youth, Lambda Legal, and Proskauer Rose LLP. 2018. "Intersex-Affirming Hospital Policy Guide: Providing Ethical and Compassionate Health Care to Intersex Patients." legacy.lambdalegal.org /publications/intersex-affirming.

Johnson, Sue. 2008. *Hold Me Tight: Seven Conversations for a Lifetime of Love*. Little, Brown Spark.

Kanemasu, Yoko, and Asenati Liki. 2021. " 'Let *Fa'afafine* Shine Like Diamonds': Balancing Accommodation, Negotiation and Resistance in Gender-Nonconforming Samoans' Counter-hegemony." *Journal of Sociology* 57 (4): 806–24.

Key, Harrison Scott. 2023. *How to Stay Married: The Most Insane Love Story Ever Told*. Avid Reader Press / Simon & Schuster.

Kleinplatz, Peggy, and A. Dana Ménard. 2020. *Magnificent Sex: Lessons from Ex-traordinary Lovers*. Routledge.

Kurcinka, Mary Sheedy. 2015. *Raising Your Spirited Child: A Guide for Parents Whose Child Is More Intense, Sensitive, Perceptive, Persistent, and Energetic*. HarperCollins.

Lynch, C. D. 2011. "How Long Does It Take the Average Couple to Get Preg¬nant? A Systematic Review of What We Know." *Fertility and Sterility* 96 (3): S115.

Mangino, Kate. 2022. *Equal Partners: Improving Gender Equality at Home*. St. Martin's Press.

Manne, Kate. 2017. *Down Girl: The Logic of Misogyny*. Oxford University Press.

Manyonganise, Molly. 2015. "Oppressive and Liberative: A Zimbabwean Wom-an's Reflections on *Ubuntu." Verbum et Ecclesia* 36 (2): 1–7.

Marcinkowska, Urszula M., Talia Shirazi, Magdalena Mijas, and James R. Roney. 2022. "Hormonal Underpinnings of the Variation in Sexual Desire, Arousal and Activity Throughout the Menstrual Cycle–A Multifaceted Approach." *The Journal of Sex Research*: 1–7.

McCarthy, Barry, and Emily McCarthy. 2020. *Contemporary Male Sexuality*: Confronting Myths and Promoting Change. Routledge.

———. 2021. *Couple Sexuality After 60: Intimate, Pleasurable, and Satisfying*. Routledge.

McDaniel, Rae. 2023. *Gender Magic: Live Shamelessly, Reclaim Your Joy, & Step into Your Most Authentic Self*. Balance.

McLaughlin, August, and Jamila Dawson. 2021. *With Pleasure: Managing Trauma Triggers for More Vibrant Sex and Relationships*. Chicago: Chicago Review Press.

Michael, Darcy, and Jeremy Baer. "Pop Quiz Throwback." YouTube. Accessed on May 24, 2023. youtube.com/shorts/dye9J17UfFg.

Midnight, Cherry, and Max Airborne. 2020. "Community Origins of the Term 'Superfat.' " Medium, December 2. Accessed on May 24, 2023. cherrymax .medium.com/community-origins-of-the-term-superfat-9e98e1b0f201.

Muise, Amy, Elaine Giang, and Emily A. Impett. 2014. "Post Sex Affectionate Exchanges Promote Sexual and Relationship Satisfaction." *Archives of Sexual Behavior* 43 (7): 1391–1402.

Murray, Lynne. 1985. "Emotional Regulations of Interactions Between Two-Month-Olds and Their Mothers." *Social Perception in Infants*: 177–97.

Nasserzadeh, Sara. 2024. *Love by Design: 6 Ingredients to Build a Lifetime of Love*. Balance.

Noland, Carey. 2020. "Communication and Sexual Self-Help: Erotica, Kink and the *Fifty Shades of Grey* Phenomenon." *Sexuality & Culture* 24 (5): 1457–79.

O'Mara, Michele. 2012. "*Lesbian Bed Death Meaning and History." The Correlation of Sexual Frequency and Relationship Satisfaction Among Lesbians*. Accessed May 24, 2023. micheleomara.com/lesbian -bed -death -lesbian -sexual -frequency/.

O'Sullivan, Sandy. 2021. "The Colonial Project of Gender (and Everything Else)." *Genealogy* 5 (3): 67.

Oyěwùmí, Oyèrónkẹ́ . 1997. *The Invention of Women: Making an African Sense of Western Gender Discourses*. University of Minnesota Press.

Panksepp, Jaak, and Lucy Biven. 2012. *The Archaeology of Mind: Neuroevolu-tionary Origins of Human Emotion*. New York: W. W. Norton & Company.

Paoletti, Jo Barraclough. 2012. *Pink and Blue: Telling the Boys from the Girls in America*. Indiana University Press.

Parsons, Jeffrey T., Tyrel J. Starks, Kristi E. Gamarel, and Christian Grov. 2012. "Non-monogamy and Sexual Relationship Quality Among Same-Sex Male Couples." *Journal of Family Psychology* 26 (5): 669.

Prochaska, James O. 2020. "Transtheoretical Model of Behavior Change." In *Encyclopedia of Behavioral Medicine*, 2266–70.

Prochaska, James O., and W. F. Velicer. 1997. "The Transtheoretical Model of Health Behavior Change." *American Journal of Health Promotion* 12 (1).

Rashatwar, Sonalee. 2023. "How I Made Peace with My Fat Body and Disap¬pointed My Parents." *Health*, March 19. Accessed May 24, 2023. health .com/mind-body/sonalee-rashatwar-how-i-made-peace-with-my-fat -body -health -at-every-size.

Real, Terrence. 2010. *How Can I Get Through to You?: Closing the Intimacy Gap Between Men and Women*. Scribner.

———2022. *Us: Getting Past You and Me to Build a More Loving Relationship*. Rodale Books.

Richmond, Holly. 2021. *Reclaiming Pleasure: A Sex Positive Guide for Moving Past Sexual Trauma and Living a Passionate Life*. New Harbinger Publica¬tions.

Richo, David. 1991. *How to Be an Adult: A Handbook on Psychological and Spir¬itual Integration*. Paulist Press.

Rollnick, Stephen. 2002. *Motivational Interviewing: Preparing People for Change*. Guilford Press.

Rumi. (2004). *The Essential Rumi* (New Expanded Edition). Translated by Coleman Barks. San Francisco: HarperOne.

Schmalzl, Laura, and Catherine E. Kerr. 2016. "Neural Mechanisms Underlying Movement-Based Embodied Contemplative Practices." *Frontiers in Human Neuroscience* 10: 169.

Schoenfeld, Elizabeth A., Timothy J. Loving, Mark T. Pope, Ted L. Huston, and Aleksandar Štulhofer. 2017. "Does Sex Really Matter? Examining the Con¬nections Between Spouses'

Nonsexual Behaviors, Sexual Frequency, Sexual Satisfaction, and Marital Satisfaction." *Archives of Sexual Behavior* 46 (2): 489–501.

Schwartz, Richard C. 2021. *No Bad Parts: Healing Trauma and Restoring Wholeness with the Internal Family Systems Model*. Sounds True.

Scott, Michelle V. 2019. "Fat Privilege: Revelations of a Medium Fat Regarding the Fat Spectrum." Medium, August 14. Accessed May 24, 2023. medium .com/ @michellevscott/fat-privilege-revelations-of-a-medium-fat-regarding -the -fat-spectrum-ec70dc908336.

Shershun, Erika. 2021. *Healing Sexual Trauma Workbook: Somatic Skills to Help You Feel Safe in Your Body, Create Boundaries, and Live with Resilience*. New Harbinger Publications.

Singer, Barry, and Frederick M. Toates. 1987. "Sexual Motivation." *The Journal of Sex Research* 23 (4): 481–501.

Smith, Anthony, Anthony Lyons, Jason Ferris, Juliet Richters, Marian Pitts, Julia Shelley, and Judy M. Simpson. 2011. "Sexual and Relationship Satisfaction Among Heterosexual Men and Women: The Importance of Desired Fre-quency of Sex." *Journal of Sex & Marital Therapy* 37 (2): 104–15.

Staufenberg, Heidi. 2006. "8.6 Female Psychosexuality." *In Freud-Handbuch Leben Werk Wirkung Sonderausgabe*, edited by Hans-Martin Lohmann and Joachim Pfeiffer, 162–67. Stuttgart, Germany: Springer-Verlag.

Stopes, Marie. 1918. "Married Love: A New Contribution to the Solution of Sex Differences." London: G. Putnam's Sons.

Strizzi, Jenna Marie, Camilla Stine Øverup, Ana Ciprić, Gert Martin Hald, and Bente Træen. 2022. "BDSM: Does It Hurt or Help Sexual Satisfaction, Relationship Satisfaction, and Relationship Closeness?" *The Journal of Sex Research* 59 (2): 248–57.

StyleLikeU. 2022. "Laughing at Your Ableist BS: Shane & Hannah Burcaw Hold a Mirror Up to Your Limited Idea of Love." YouTube, January 20. youtube.com/watch?v=Y-T39djpGRo&ab_channel=StyleLikeU.

Taormino, Tristan. 2012. 50 *Shades of Kink: An Introduction to BDSM*. Cleis Press.

Tarpey, Jess, Andrew Gurza, and Katy Venables. *The Bump'n Book of Love, Lust & Disability*. Sydney: getbumpn.com/products/e-book -the -bumpn -book -of -love-lust-disability.

Taylor, Sonya Renee. 2021. *The Body Is Not an Apology: The Power of Radical Self-love*. Berrett-Koehler Publishers.

Thomas, Wesley. 1997. "Navajo Cultural Constructions of Gender and Sexual-ity." *Two-Spirit People: Native American Gender Identity, Sexuality, and Spiri-tuality*: 156–73.

Thorpe, Shemeka, Natalie Malone, Candice N. Hargons, Jardin N. Dogan, and Jasmine K. Jester. 2022. "The Peak of Pleasure: US Southern Black Women's Definitions of and Feelings Toward Sexual Pleasure." *Sexuality & Culture* 26 (3): 1115–31.

Thorpe, Shemeka, Natalie Malone, Rayven L. Peterson, Praise Iyiewuare, Monyae Kerney, and Candice N. Hargons. 2023. "Black Queer Women's Pleasure: A Review." *Current Sexual Health Reports*: 1–7.

Treleaven, David A. 2018. *Trauma-Sensitive Mindfulness: Practices for Safe and Transformative Healing*. New York: W. W. Norton & Company.

Tronick, Edward, Heidelise Als, Lauren Adamson, Susan Wise, and T. Berry Brazelton. 1978. "The Infant's Response to Entrapment Between Contradic-tory Messages in Face-to-Face Interaction." *Journal of the American Academy of Child Psychiatry* 17 (1): 1–13.

van Anders, Sari M., Debby Herbenick, Lori A. Brotto, Emily A. Harris, and Sara B. Chadwick. 2022. "The Heteronormativity

Theory of Low Sexual Desire in Women Partnered with Men." *Archives of Sexual Behavior* 51 (1): 391–415.

Van der Kolk, Bessel A. 2015. *The Body Keeps the Score: Brain, Mind, and Body in the Healing of Trauma*. Penguin Books.

Willis, Malachi, Kristen N. Jozkowski, Wen-Juo Lo, and Stephanie A. Sanders. 2018. "Are Women's Orgasms Hindered by Phallocentric Imperatives?" *Archives of Sexual Behavior* 47 (6): 1565–76.

Wise, Nan. 2020. *Why Good Sex Matters: Understanding the Neuroscience of Plea-sure for a Smarter*, Happier, and More Purpose-Filled Life. Houghton Mifflin.

Wiseman, Jay. 1996. *SM 101: A Realistic Introduction*. CA: Greenery Press.

Wolynn, Mark. 2017. I*t Didn't Start with You: How Inherited Family Trauma Shapes Who We Are and How to End the Cycle*. Penguin.

飛
鳥 —————— 0002
BIRDS OF A FEATHER

一起高潮

從無性關係到極致性愛，在生活中創造屬於你們的愉悅

作　　者　艾蜜莉・納高斯基（Emily Nagoski PhD）
譯　　者　廖桓偉
封面設計　Dinner Illustration
內頁設計　陳相蓉
主　　編　李芊芊
校對編輯　張祐唐
行　　銷　林舜婷
總 編 輯　林淑雯

國家圖書館出版品預行編目（CIP）資料

一起高潮：從無性關係到極致性愛，在生活中創造屬於你們的愉悅 / 艾蜜莉・納高斯基（Emily Nagoski PhD）著；廖桓偉譯 . -- 初版 . -- 新北市：方舟文化，遠足文化事業股份有限公司，2025.05
400 面；17×23 公分（飛鳥；02）
譯自：Come Together: The Science (and Art!) of Creating Lasting Sexual Connections
ISBN 978-626-7596-76-0（平裝）

1.CST：性關係　2.CST：性心理　3.CST：性別關係

544.7　　114003352

出 版 者　方舟文化／遠足文化事業股份有限公司
發　　行　遠足文化事業股份有限公司（讀書共和國出版集團）
231 新北市新店區民權路 108-2 號 9 樓
電話：（02）2218-1417
傳真：（02）8667-1851
劃撥帳號：19504465
戶名：遠足文化事業股份有限公司
客服專線 0800-221-029
E-MAIL service@bookrep.com.tw
網　　站　www.bookrep.com.tw
印　　製　東豪印刷事業有限公司
法律顧問　華洋法律事務所 蘇文生律師
定　　價　520 元
初版一刷　2025 年 5 月